Katharina Möller | Claudia Weingand

DEHNUNGS HALTUNG

Biomechanik und klassisches Reiten

Osteo DRESSAGE

Müller Rüschlikon

Einbandgestaltung: R2 I Ravenstein, Verden

Titelfoto: Phillip Weingand

Bildnachweis:
Fachschule für osteopathische Pferdetherapie: S. 18, 67
Phillip Weingand: S. 85
acceptphoto/Shutterstock.com: S. 48
taylon/Shutterstock.com: S. 50, 117
Claudia Weingand: S. 14, 16, 23, 29, 45, 52, 79, 103

Alle übrigen Fotos stammen von Maresa Mader.

ISBN 978-3-275-02164-2

Postfach 103743, 70032 Stuttgart
Ein Unternehmen der Paul Pietsch Verlage GmbH & Co. KG

3. Auflage 2024

Sie finden uns im Internet unter www.mueller-rueschlikon-verlag.de

Lektorat: Claudia König, Claudia Weingand
Innengestaltung: R2 I Ravenstein, Verden
Druck und Bindung: Graspo CZ, 76302 Zlin
Printed in Czech Republic

INHALT

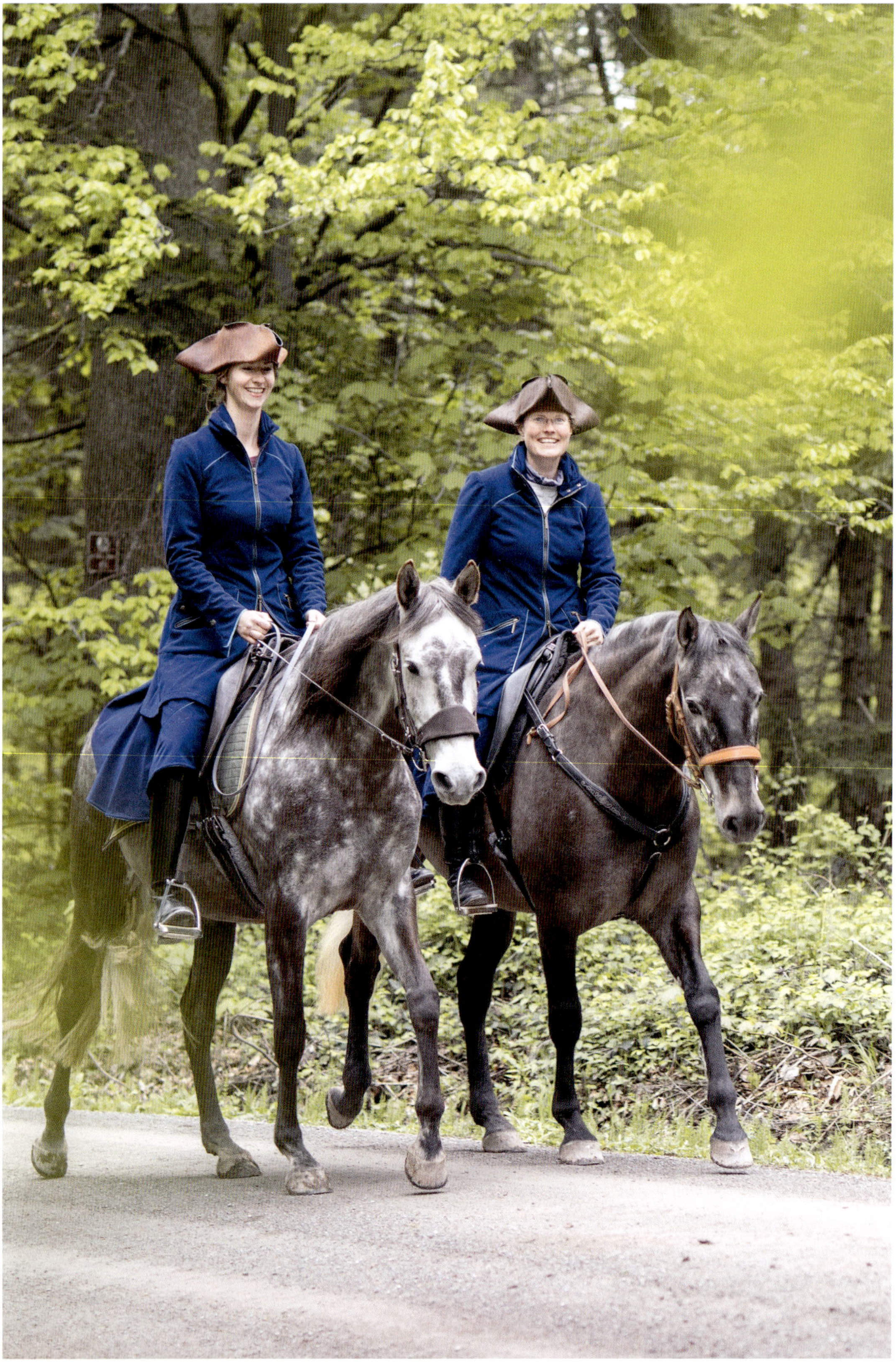

EINLEITUNG

Die Dehnungshaltung ist heutzutage umstritten. Hitzig wird in Reitställen, Foren, Publikationen und sozialen Netzwerken diskutiert, ob sie dem Pferd schadet oder nutzt, die Ausbildung voranbringt oder verzichtbar ist. **Nicht selten wird auf beiden Seiten sehr emotional gewettert, aber wenig fachlich argumentiert. Das möchten wir ändern.** Wir haben anatomische Fakten zusammengetragen, historische Quellen und aktuelle wissenschaftliche Arbeiten durchforstet und diese natürlich um unsere langjährige Praxiserfahrung mit einer Vielzahl an unterschiedlichen Pferden aus Sicht der Ausbilderin sowie der Therapeutin ergänzt.

Dieses Buch wendet sich an Reiter, Trainer, Tierärzte und Therapeuten – also an all jene, die die genauen Zusammenhänge interessieren und Reiten sowie Gerittenwerden tiefgründig verstehen und anschließend in der Praxis korrekt anwenden und fundiert anleiten wollen.

Um Biomechanik, Anatomie und die in der Reitlehre festgehaltenen Zusammenhänge wirklich detailliert und genau beschreiben zu können, benutzen wir sowohl reiterliche als auch anatomische Fachbegriffe und definieren diese. Das macht den Text etwas dichter und womöglich anspruchsvoll zu lesen. Falls Sie in der Anatomie des Pferdes bisher noch nicht so bewandert sind oder aber die Fachbegriffe der Reitlehre bislang noch nicht so klar definiert wahrgenommen haben, soll dieses Buch Sie dazu anregen, sich diese zu erarbeiten, gerne auch mit der angegebenen weiterführenden Literatur. Dann hat man nämlich eine gute Basis, auf der man auch andere Texte einordnen und mit Reitern, Kunden und Kollegen fachlich diskutieren kann. Wir möchten Sie dazu befähigen, die Grundlagen tatsächlich zu studieren, zu verstehen und daraus ihre eigenen Schlüsse zu ziehen. Wir haben Studien und Dissertationen gelesen und verweisen an den entsprechenden Textstellen darauf. Sie sind damit herzlich dazu eingeladen, sich über dieses Buch hinaus weiter mit der Materie zu befassen.

Wir empfehlen Ihnen, das gesamte Buch tatsächlich von vorne nach hinten zu lesen, denn wir bewegen uns ausgehend von der Natur des Pferdes entlang der klassischen Ausbildungsschritte von der Remonte über die Grundausbildung in Richtung der weiterführenden Dressurausbildung. An vielen Stellen verweisen wir auf bestimmte anatomische Strukturen und Fachbegriffe, zu denen Sie bei Bedarf springen können, bevor Sie weiterlesen. Damit die Praxis nicht zu kurz kommt, enthält dieses Buch außerdem mehrere praktische Übungen, die sich in unseren Seminaren und Reitkursen für zahlreiche Menschen als hilfreich erwiesen haben.

Danke

Dieses Buch gäbe es in dieser Form nicht ohne das Mitwirken besonderer Menschen. Wir danken Claudia König vom Verlag Müller Rüschlikon für ihr Angebot, das Buch in diesem Verlag zu veröffentlichen. Auch danken wir Barbara Welter-Böller für ihre Zeit, den immer respektvollen und trotzdem unkompliziert-freundschaftlichen Austausch und den hervorragenden fachlichen Input. Maresa Mader hat den Hauptteil der wunderschönen Fotos im Innenteil geschossen. Ihr Auge und ihre angenehme Art haben dafür gesorgt, dass auch unsere ganz jungen Pferde und unsere Berittpferde im bestmöglichen Licht erstrahlen. Danke auch an Phillip Weingand, Claudias Mann, für das spontane Cover-Shooting und das schöne Foto von Vince und Katharina. Danke an Caro Pragua und Birgit Bacher, dass wir eure Pferde Nói und Chandor für das Buch fotografieren lassen durften. Auch danke an Madlen »Kamerad« Brückner fürs »Modeln« mit dem schönen Glenn und nicht zuletzt unseren Familien und Mitarbeitern, dass ihr uns den Rücken freigehalten habt in der Produktionsphase des Buches.

Wir wünschen Ihnen viel Freude beim Lesen und beim losgelassenen Reiten!

Katharina Möller & Claudia Weingand

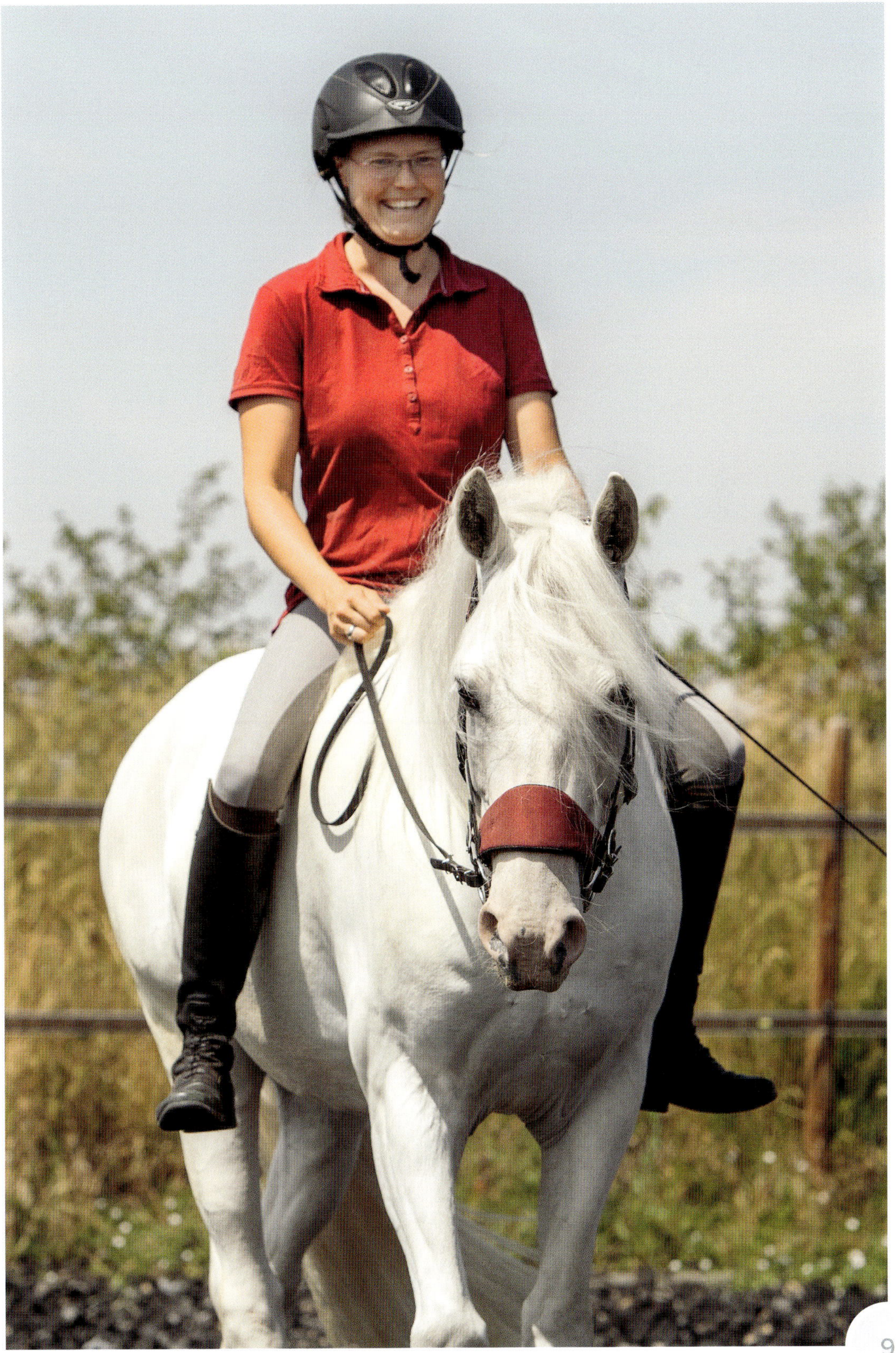

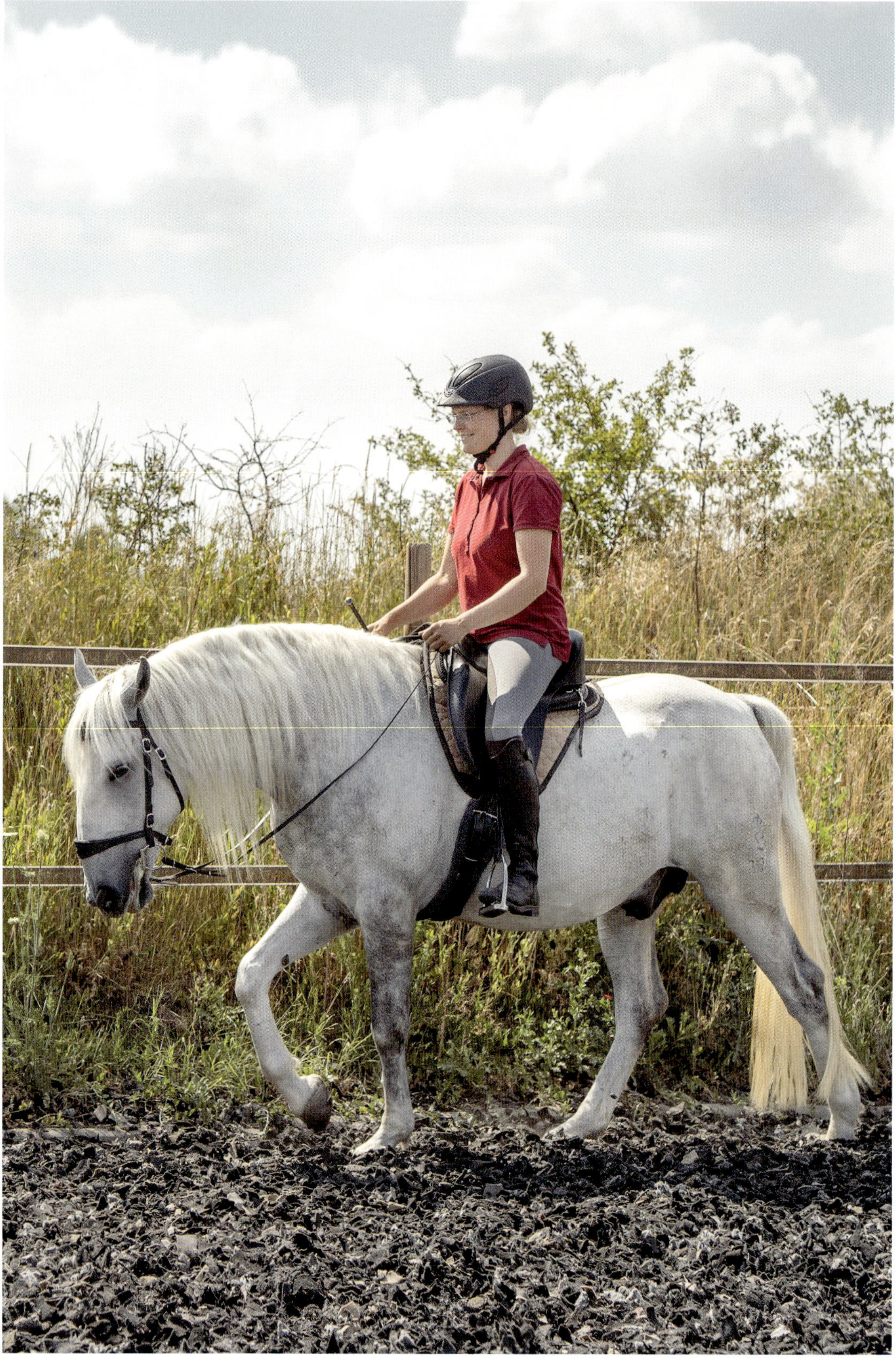

ZWANGLOSIGKEIT und anatomische Grundlagen

Gerittenwerden ist für Pferde nicht natürlich, das ist jedem Reiter klar. Wollen wir Menschen uns dennoch auf ein Pferd setzen, müssen wir versuchen, die natürliche, **physiologische Bewegungsweise des Pferdes** so wenig wie möglich durch unsere Anwesenheit zu stören. Physiologisch bewegen heißt, das Pferd gemäß seiner natürlichen Anlagen zu trainieren und es trotz der Reitnutzung eben nur auf eine Weise zu belasten, die ihm entspricht. Unphysiologische Belastungen durch unnatürliche Bewegungsweisen verschleißen und stressen das Pferd.

Um physiologisch reiten zu können, müssen wir Reiter die Natur des Pferdes aber erst einmal kennen! Wir wollen im Laufe dieses Buches die Anatomie und Biomechanik des Pferdes in Zusammenhang mit reiterlichen Fachbegriffen bringen und auf diese Weise erklären, wieso die klassische Reitlehre seit Jahrhunderten so funktioniert, wie sie funktioniert, wenn man sie anzuwenden vermag.
Die reiterliche Grundlage dafür bildet die sogenannte Zwanglosigkeit – ein Fachbegriff, der heutzutage leider nicht mehr in aller Munde ist, aber sehr viel mit der Natur des Pferdes zu tun hat.

Definition: Was ist Zwanglosigkeit?

Zwanglosigkeit ist eine unabdingbare Voraussetzung für das Erreichen der Losgelassenheit *(vgl. Richtlinien für Reiten und Fahren, Band 1)* und damit eine

Vorstufe der korrekten Dehnungshaltung. Leider wird der Zwanglosigkeit oft zu wenig Beachtung geschenkt, worin Probleme im gesamten weiteren Verlauf der Ausbildung begründet sein können.

»Zwanglosigkeit ist der seelische und körperliche Zustand, bei dem ein Pferd seine Muskeltätigkeit nur soweit aktiviert, wie es unter Vermeidung von unnötigem Kräfteverbrauch für die Fortbewegung seiner eigenen Last (und evtl. der eines Reiters) bedarf.« (Michael Strick, **Denk-Sport Reiten**, FN-Verlag).

Ein zwangloses Pferd schlendert also unter dem Reiter dahin, wie es etwa auch auf der Weide zum nächsten Grashalm schlendern würde: Es nutzt seinen gesamten Hals zur Schwerpunkt-Vorverlagerung und läuft mit Hilfe seines Fasziennetzes ganz energiesparsam der eigenen Nase hinterher, wofür es von Natur aus gebaut ist.

Was Zwanglosigkeit mit der Natur des Pferdes zu tun hat

Pferde sind vornehmlich Grasfresser. Ihr Futter befindet sich seit vielen Millionen Jahren in Bodennähe. Vor rund 55 Millionen Jahren zogen sie noch als kleine laubfressende Urpferdchen durch die Wälder. Im Laufe der Jahrmillionen änderte sich das Klima und die Vegetation, damit also das Nahrungsangebot und die damals lebenden dreizehigen Urpferde hatten bereits Zähne, die auch für das Abrupfen und Kauen von Gräsern taugten. Pferde fressen energiearmes Futter und benötigen davon entsprechend große Mengen. Für den Dauerfresser Pferd ist es deshalb sehr natürlich, sich für viele Stunden am Tag mit tiefem Hals und Kopf vorwärts zu bewegen. 50 bis 75 Prozent ihrer Lebenszeit verbringen frei lebende Pferde mit dem Kopf in der Fresshaltung dicht über dem Boden und bewegen sich langsam grasend fort. Ihr Körper hat sich optimal an diese Lebensweise angepasst – nicht nur Zähne und Verdauungsorgane, auch die Anatomie ihres Bewegungsapparates.

Faszien vs. Muskeln

Muskeln

Die Bedeutung der Muskulatur für die Fortbewegung ist allgemein bekannt: Muskeln sind von Faszien umhülltes kontraktiles Gewebe, das unter Energieverbrauch Bewegungs- und Wärmeenergie erzeugt. Muskelgewebe macht 40 bis 55 Prozent des Körpergewichts eines Pferdes aus. Reiter sind begeistert, wenn ein Pferd »gut bemuskelt« ist, denn dann sind Trainings- und Futterzustand in Ordnung und das Pferd offensichtlich gesund. Allerdings haben Skelettmuskeln auch ungünstige Eigenschaften: 1. Sie ermüden – je nach Fasertyp mehr oder weniger schnell. 2. Sie benötigen Energie (ATP), um arbeiten zu können.

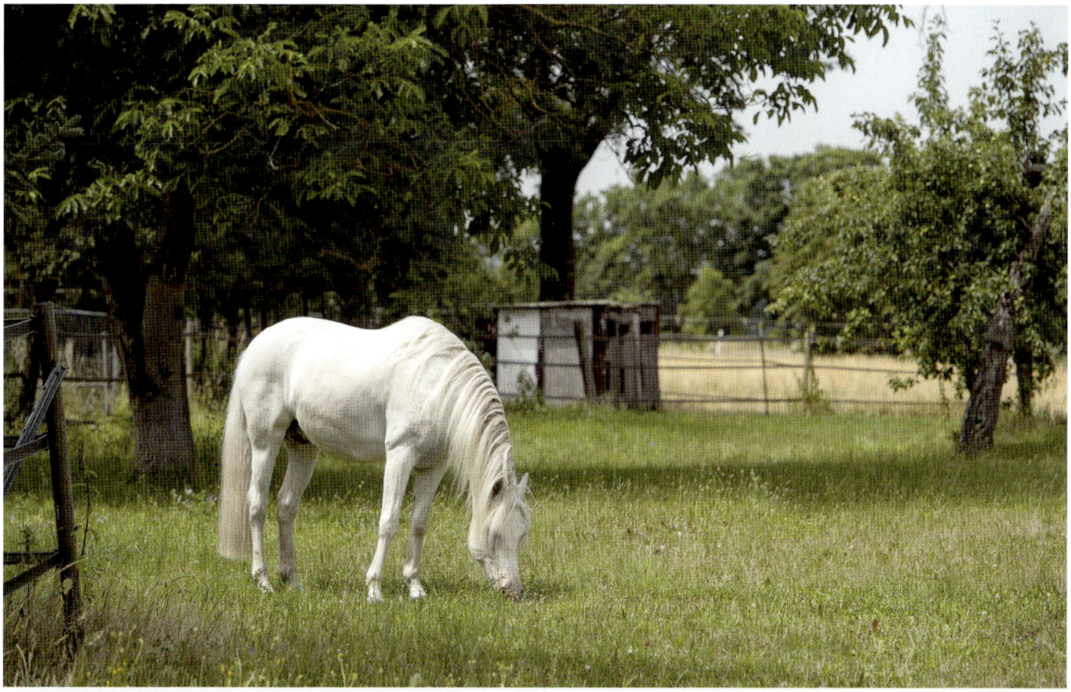

Viele Stunden am Tag bewegt sich das Pferd gemächlich grasend vorwärts.

Diese Energie muss das Pferd erstmal aufnehmen. Damit aus Gras (oder Heu, also getrocknetem Gras) Energie wird, die den Muskeln zur Verfügung steht, muss das Verdauungssystem des Pferdes wiederum Energie aufwenden.
Für Wildpferde oder die Vorfahren unserer Pferde wäre es lebensgefährlich gewesen, wenn sie allein durch Muskelkraft ihr Körpergewicht halten und sich 16 Stunden täglich mit viel Aufwand im Weideschritt fortbewegen müssten. Sie würden so viel Energie verbrauchen, dass nichts mehr für Flucht oder Fortpflanzung zur Verfügung stehen würde und spätestens im nächsten Winter verhungern. Dass das nicht der Fall ist, liegt daran, dass zum Teil mächtige Faszienzüge energieeffizient für Stabilität sorgen.

Faszien

Über Faszien wird seit einigen Jahren intensiv gesprochen – aber was sind Faszien überhaupt? Nach dem ersten Internationalen Faszienkongress in Boston im Jahre 2007 wurden Faszien definiert als *»alle faserigen Bindegewebsstrukturen, die den Körper als ein kontinuierliches Netzwerk durchdringen, umhüllen und strukturieren.«*

Zu den Faszien zählen seitdem per definitionem nicht nur die bindegewebigen Muskelhüllen, sondern auch Gelenkkapseln, Bänder (Ligamente) und Sehnen. Faszien sind es, die Wirbelsäule und Gliedmaßen des Pferdes stabilisieren – und das, im Gegensatz zu Muskeln, völlig ohne Energieverbrauch.

Ermüdungsfrei satt werden

Damit ein Pferd ohne viel Energieverbrauch bis zu 16 Stunden am Tag grasen kann, hängt es seinen Kopf in sein Nacken-Rückenband-System (Faszien). Am Hinterhauptsbein entspringt paarig der Nackenstrang *(Funiculus nuchae)*. Dieser überspringt den ersten Halswirbel (Atlas), besitzt einen Ansatzpunkt am zweiten Halswirbel *(Axis)* und zieht dann, den Rest der Halswirbelsäule überspannend, zum Dornfortsatz des dritten Brustwirbels. Ausgehend vom Nackenstrang setzt die Nackenplatte *(Lamina nuchae)* am dritten bis fünften Halswirbel an und hängt diese sozusagen am Nackenstrang auf. Die australische Pferdeanatomin Sharon May-Davis fand an 35 sezierten Pferden keine Verbindung zwischen Nackenstrang und den letzten beiden Halswirbeln – der sechste und siebte Halswirbel wird also zumindest nicht ligamentär, also nicht über fasziale Strukturen, gehalten, was uns in den folgenden Kapiteln noch beschäftigen wird.

Lamina und *Funiculus nuchae* zusammen bezeichnet man als Nackenband. Ab dem dritten Brustwirbel spricht man vom Rückenband *(Ligamentum supraspinale)*. Dieses ist mit den Dornfortsätzen jedes weiteren Wirbels bis zum Ende des Kreuzbeins verbunden.
Die Dornfortsätze im Widerristbereich (dritter bis ca. 12. Brustwirbel) müssen das Gewicht von Kopf und Hals über das

Das Nacken-Rückenband-System ermöglicht dem Pferd das ermüdungsfreie Grasen.

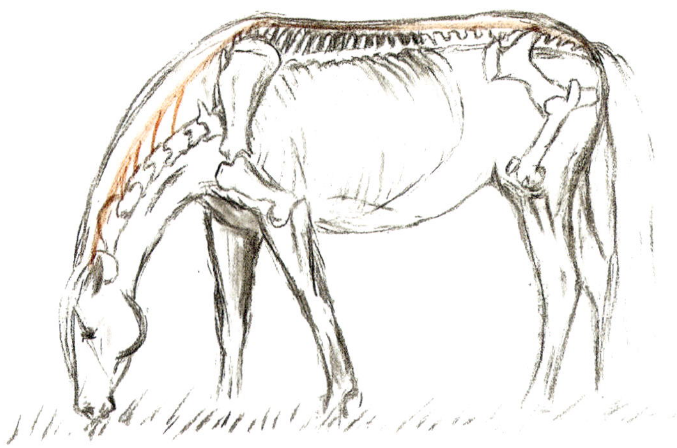

Seilzugsystem dieser großen Bandstruktur halten. Je länger der Pferdehals und somit der Hebel ist, desto länger sind die Dornfortsätze. Sie sind nach hinten, schweifwärts, geneigt. Das zeigt, dass der Zug, der von hinten auf sie wirkt, größer ist als der, der von vorne wirkt. Senkt das Pferd Kopf und Hals, kommt also Zug auf das Nacken-Rückenband-System, entfernen sich die Dornfortsätze im Widerristbereich, röntgenologisch messbar, leicht voneinander.

Hinter dem Widerrist werden die Dornfortsätze kürzer und sind weniger schräg nach hinten geneigt. Der Dornfortsatz des 14. Brustwirbels steht schließlich gerade, ab dem 15. neigen sich die Dornfortsätze kopfwärts. Hier dreht sich also die Zugrichtung um.

Ist eine Streckung der Lendenwirbelsäule schädlich?

Dehnungshaltungsgegner sehen das übrigens als Begründung dafür, dass die tiefe Kopf-Hals-Haltung schädlich ist, weil die hintere Brust- und die Lendenwirbelsäule dabei in Streckung kommen. Aber: Ist das wirklich schlimm? Hat die Evolution sich hier einen gefährlichen Fehler geleistet, der die Pferde verschleißt? Natürlich nicht. *»Der Natur bis ans Ende vertrauen«* ist einer der bekanntesten Aussagen von Andrew Taylor Still (1828 – 1917), dem Begründer der Osteopathie und er hat damit völlig recht: An der Lendenwirbelsäule eines durchschnittlichen Warmblutpferdes hängen rund 200 Kilogramm Darmgewicht. Dass sie bei gesenktem Hals etwas in die Streckung geht, sorgt zunächst für eine völlig physiologische Stabilität. Kein Pferd könnte stundenlang die Lendenwirbelsäule mit Bauchmuskelspannung von unten unterstützen! Außerdem würde ein dauerhaft hoher Bauchmuskeltonus die Verdauung behindern. In der Natur trägt die Lendenwirbelsäule des Pferdes natürlich kein zusätzliches Reitergewicht. Man kann aber davon ausgehen, dass ein (für das entsprechende Pferd nicht zu schwerer Reiter!) in Dehnungshaltung mit stabilisierter Lendenwirbelsäule definitiv leichter zu tragen ist als in Aufrichtung. Langfristig ist es natürlich ein Trainingsziel, die Bauchmuskulatur des Pferdes aufzutrainieren (siehe folgende Kapitel), damit durch das Reiten keine Schäden entstehen und das Pferd auch in relativer Aufrichtung geritten werden kann.

Die großen Dornfortsätze der miteinander verwachsenen fünf Kreuzwirbel zeigen dann wieder schweifwärts. Hier muss ein starker Zug von hinten auf die Wirbelsäule wirken und quasi ein Gegengewicht zum Halshebel vorn bilden. Erreicht wird das durch die mächtigen Hosenmuskeln. Die prominent ausgeprägte Hinterhand unserer Pferde ist also von der Natur zunächst als Widerlager zum Hebel von Hals und Kopf beim Grasen gedacht – und nicht zur »Lastaufnahme« beim Reiten.

Auswirkungen der Körperhaltung beim Grasen

In der Grasehaltung stehen die Schneidezähne von Ober- und Unterkiefer optimal übereinander und die Kiefergelenke arbeiten physiologisch. Das Genick ist entlastet, die kurzen Nackenstrecker, kurze Muskeln hinter den Ohren, die zwischen Okziput, Atlas und Axis verlaufen, werden für das Abzupfen des Grases benutzt und dabei konzentrisch angespannt und wieder entspannt. Der Übergang zwischen Hals- und Brustwirbelsäule (cervikothorakaler Übergang oder CTÜ) ist in optimaler Stellung. Der Brustkorb des Pferdes ist nur über Muskeln und Faszien mit den Vordergliedmaßen verbunden. Senkt das Pferd den Kopf, rotiert die am Nackenband ansetzende Muskulatur *(M. trapezius pars cervicis)* das Schulterblatt nach vorn. So sind das Schulter- und weiterlaufend auch das Ellbogengelenk stabilisiert und davor geschützt, nach vorne wegzuknicken. Die schweifwärts mit dem Schulterblatt verbundenen Faszien und Muskeln geraten unter Spannung. Dadurch spannt sich auch der *M. serratus ventralis pars thoracis*, der hintere Anteil des Hauptrumpfträgers. Der Rumpf wird ökonomisch gehalten, die Organe im Brustkorb arbeiten störungsfrei. Wie erwähnt wird die Lendenwirbelsäule über den Zug des Nacken-Rückenband-Systems optimal stabilisiert. Der Zug der Hosenmuskulatur

Der Halsteil des *M. trapezius* rotiert beim Grasen das Schulterblatt nach vorne und hilft so, das Schultergelenk in Streckung zu stabilisieren.

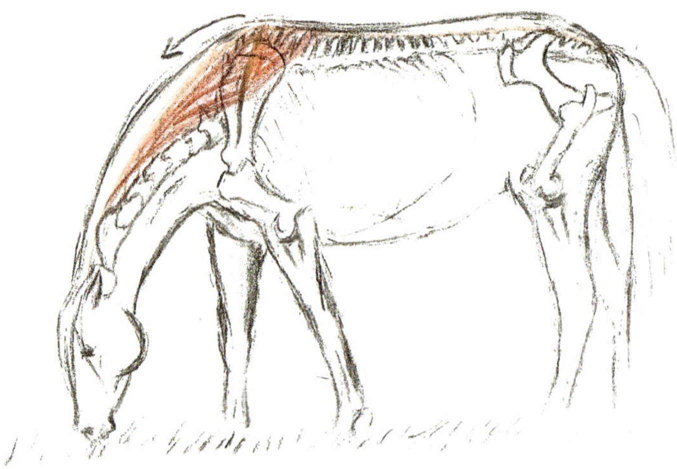

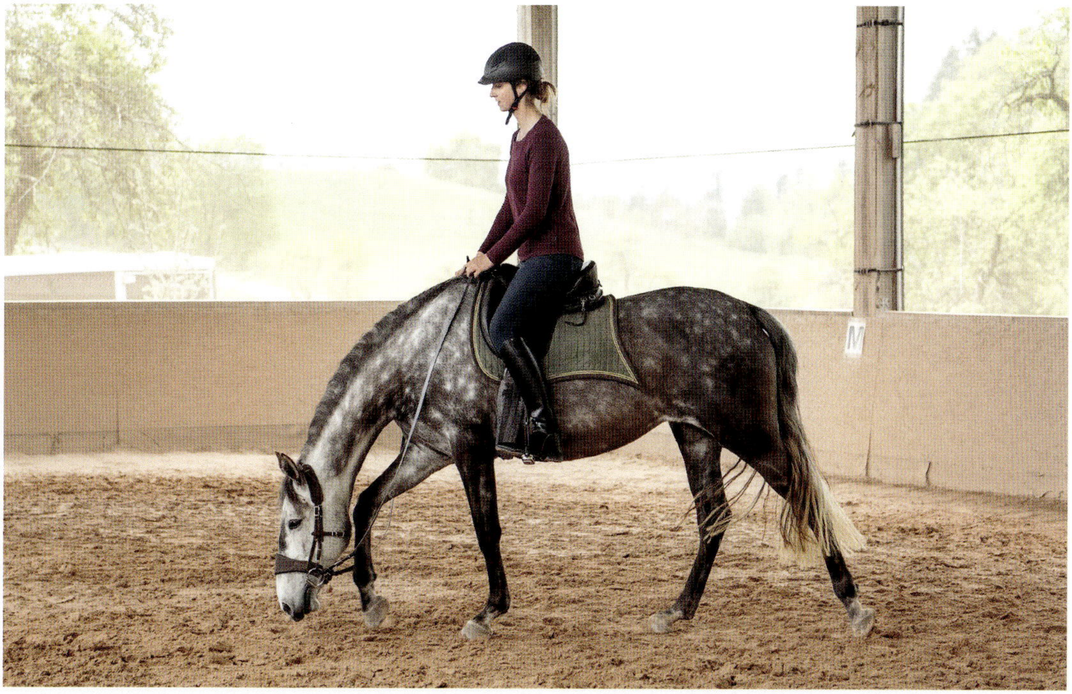

Ein zwangloses Pferd lässt den Hals freiwillig fallen – und zwar so tief es gerade möchte.

umspannt den Kniewinkel und bewirkt über die am Fersenbeinhöcker ansetzende Sehne eine Streckspannung der Sprunggelenke. Insgesamt kann sich das Pferd so ermüdungs- und verschleißfrei im ruhigen Weideschritt fortbewegen (all das lesen Sie unter anderem in **Gutes Training schützt das Pferd** von Barbara Welter-Böller und Maximilian Welter, Cadmos Verlag, ausführlich).

»Weideschritt«: Grasehaltung unterm Sattel

All diese Vorteile des »Weideschrittes« finden sich wieder im reiterlichen Fachbegriff der Zwanglosigkeit. Sie zeigt sich beim Reiten mit hingegebenem Zügel: Dazu lässt der Reiter die Zügel maximal lang (»an der Schnalle anfassen«), sodass das Pferd in seiner Kopf-Hals-Haltung völlig frei ist. Der Reiter lässt sich einfach passiv tragen und steuert das Pferd möglichst ausschließlich über Gewichts- und gegebenenfalls impulsartige Schenkelhilfen, ohne es in seiner Haltung zu beeinflussen. Ein zwangloses Pferd darf den Hals auch gänzlich hängen lassen, also gegebenenfalls mit der Nase am Boden gehen, wird jedoch auch immer mal wieder beiläufig in der Gegend umherschauen und zeigt im Schritt die natürliche Nick- und Pendelbewegung des Halses. Es bewegt sich gemütlich und sprichwörtlich »auseinandergefallen«, also noch ohne besonderen Ausdruck in den Bewegungen. Dabei handelt es sich

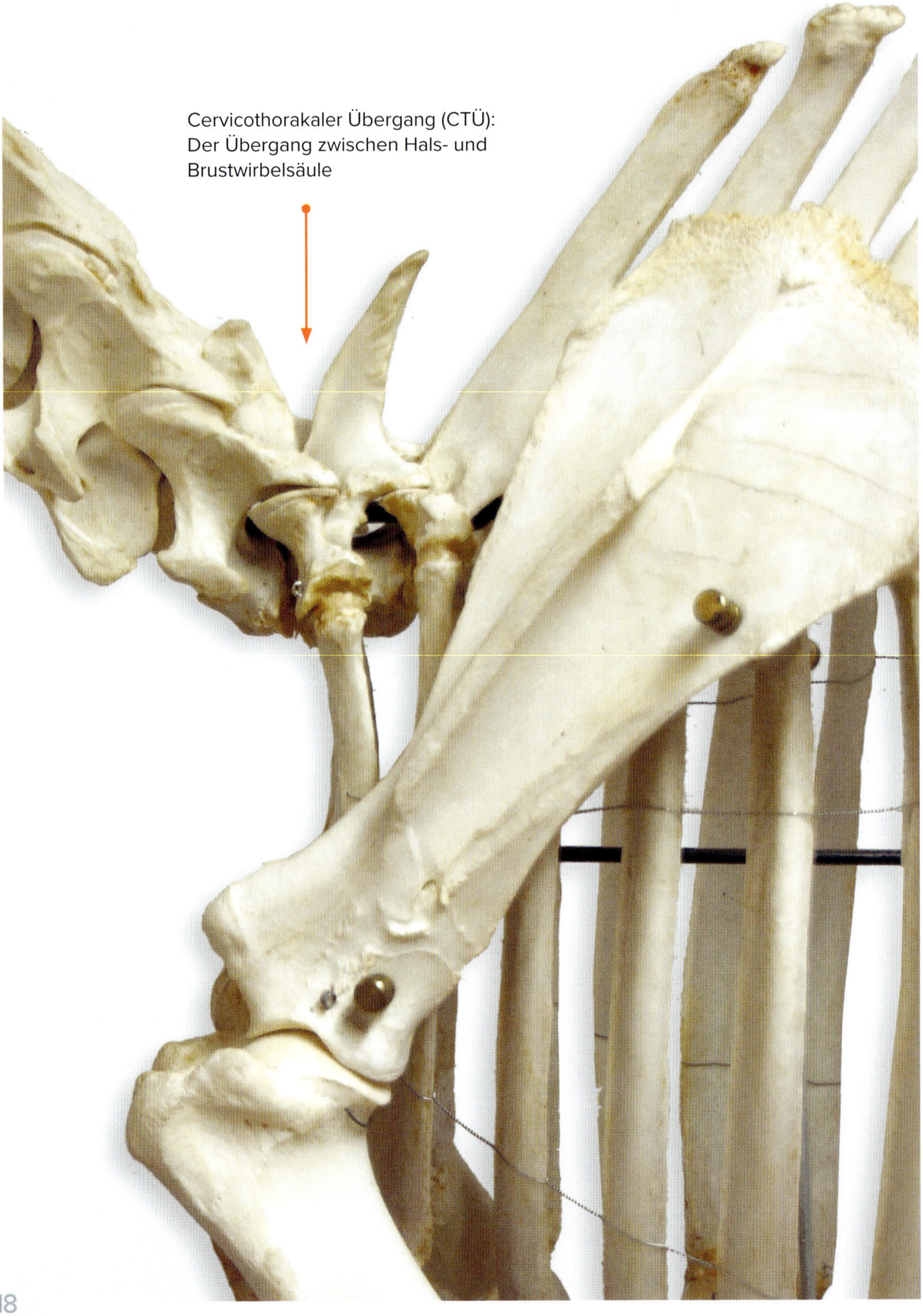
Cervicothorakaler Übergang (CTÜ):
Der Übergang zwischen Hals- und
Brustwirbelsäule

selbstverständlich nicht um nennenswertes körperliches Training, und völlig unabhängig von der Halshöhe noch nicht um eine sinnvolle Dehnungshaltung, aber wie gesagt um eine wichtige Voraussetzung, diese zu erreichen.

Schwachstelle CTÜ: Der Übergang von Hals- und Brustwirbelsäule

Als CTÜ (cervikothorakaler Übergang) wird das Wirbelgelenk zwischen dem siebten Halswirbel und dem ersten Brustwirbel bezeichnet. Um zu verstehen, warum der CTÜ in der Aufrichtung unter massiven Stress geraten kann, beschreiben wir hier ein wenig die Anatomie der Facettengelenke, die aufeinanderfolgenden Wirbel über Gelenkfortsätze miteinander verbinden. Ein Gelenkfortsatz eines vorderen Wirbels verbindet sich unter dem Gelenkfortsatz des folgenden Wirbels zu einem Facettengelenk. Jeder Wirbel besitzt einen rechten und linken vorderen und hinteren Gelenkfortsatz. Die Gelenkflächen sind so geformt, dass sie überlappen können. Sie ermöglichen durch ein Ineinandergleiten (Konvergenz) Streckung oder, wenn sie nur einseitig ineinandergleiten, Längsbiegung. Das Auseinandergleiten (Divergenz) ermöglicht Beugung. Einseitiges Auseinandergleiten passiert in der Längsbiegung auf der Außenseite. Wichtig dabei sind die Zwischenwirbellöcher *(Foramina intervertebralia)*. Das sind paarige Öffnungen des Wirbelkanals, die von zwei aufeinanderfolgenden Wirbeln gebildet werden. Sie dienen den Rückenmarksnerven und Blutgefäßen als Austrittsstelle. Bei der Überstreckung der Wirbel verengen sich die Zwischenwirbellöcher, weil die Facettengelenke ineinandergleiten (Konvergenz) – die austretenden Nerven, Arterien und Venen werden mehr oder weniger stark komprimiert.

Divergenz der Facettengelenke bewirkt also immer eine Vergrößerung der Zwischenwirbellöcher und somit eine ungestörte Durchblutung und Innervation. Bei der (Über-)Streckung der Wirbel verengen sich die Zwischenwirbellöcher (Konvergenz) und die austretenden Nerven, Arterien und Venen werden mehr oder weniger stark komprimiert.

Der CTÜ steht beim aufgerichteten Pferd dauerhaft in mehr oder weniger starker Streckung. **Am gesündesten für diesen Bereich ist dagegen die Haltung beim Grasen.** Dabei sind die Gelenke gebeugt, was mit einer Öffnung der Wirbelgelenke, den Facettengelenken, einhergeht. In der Dehnungshaltung vermindert sich die Beugung abhängig von der Höhe der Kopfhaltung des Pferdes. Die Wirbelgelenke bleiben aber weiter geöffnet als in Aufrichtung. Das bestätigt auch Dr. Kevin Haussler von der Colorado State University. In seinem Fachartikel »Functional Anatomy and Clinical Biomechanics of the Equine Cervical Spine« (2016) schreibt er: ***»Extension of the equine cervical spine causes a significant***

decrease in intervertebral foramina dimensions through C4–T1, compared to the neutral position. Conversely, neck flexion causes a significant increase in intervertebral foramina dimensions at segments C4–T1, with the largest dimensional changes at C6-C7.«

(Die Streckung der Halswirbelsäule des Pferdes (hohe Kopf-Hals-Position) bewirkt eine signifikante Verengung der Zwischenwirbellöcher vom vierten Halswirbel (C4) bis zum ersten Brustwirbel (T1) gegenüber der neutralen Position [Anm. Damit meint er ein Pferd in Ruhehaltung, Nase auf Buggelenkshöhe]. *Dagegen bewirkt eine Beugung der Halswirbelsäule (tiefere Kopf-Hals-Position) eine signifikante Erweiterung der Zwischenwirbellöcher in den Segmenten von C4 bis T1, die stärkste Veränderung ist am Gelenk zwischen C6 und C7 messbar.)*

Ligamentär, also durch bandartige Strukturen, werden die Halswirbel durch die Nackenplatte *(Lamina nuchae)* gehalten, die aber gerade im Bereich der letzten zwei Halswirbel schwach ist oder nach neueren Untersuchungen ganz fehlen kann: So ist dieser Bereich instabil und kann leicht überstreckt werden. Wird der Kopf in Aufrichtung getragen, verändert sich die Stellung der Wirbelgelenke. Ab dem sechsten Halswirbel werden diese Wirbel bis einschließlich zum dritten Brustwirbel überstreckt und die Facettengelenke zusammengeschoben.

Kompression ist der höchste Schadensmechanismus für den Körper

Der Körper kann Kompression, anders als etwa Muskelkraft oder Knochenstärke, nicht trainieren. Sie schadet immer. Wenn sich in der Wirbelsäule die Facettengelenke zusammenschieben werden die Gelenkpartner komprimiert. Im Wirbelsäulenabschnitt vom fünften bis siebten Halswirbel werden häufig Arthrosen diagnostiziert.

Interessant dazu ist die Dissertation von Dr. med. vet. Eva Lautenschläger: *»Die röntgenologische und ultrasonographische Darstellung der Facettengelenke der Halswirbelsäule beim Warmblutpferd«* (TiHo Hannover, 2007). Sie untersuchte die Halswirbelsäule von 80 Warmblütern röntgenologisch und mit Ultraschall und fand Veränderungen an den Facettengelenken und Zwischenwirbellöchern:

»Die klinisch auffälligen Pferde hatten deutlich häufiger Befunde als die unauffälligen Pferde. Dennoch waren die gut rittigen, klinisch unauffälligen Pferde nicht befundlos.« 20 bis 30 Prozent der unter dem Sattel unauffälligen Pferden hatten Befunde. Pferde, die »wehrig« waren, wiesen allerdings gravierendere sichtbare Befunde auf.

Das zeigt uns, dass dieser Bereich bei gerittenen Pferden grundsätzlich häufig durch Kompression gefährdet ist, bei sehr vielen Pferden hier irreversible Verände-

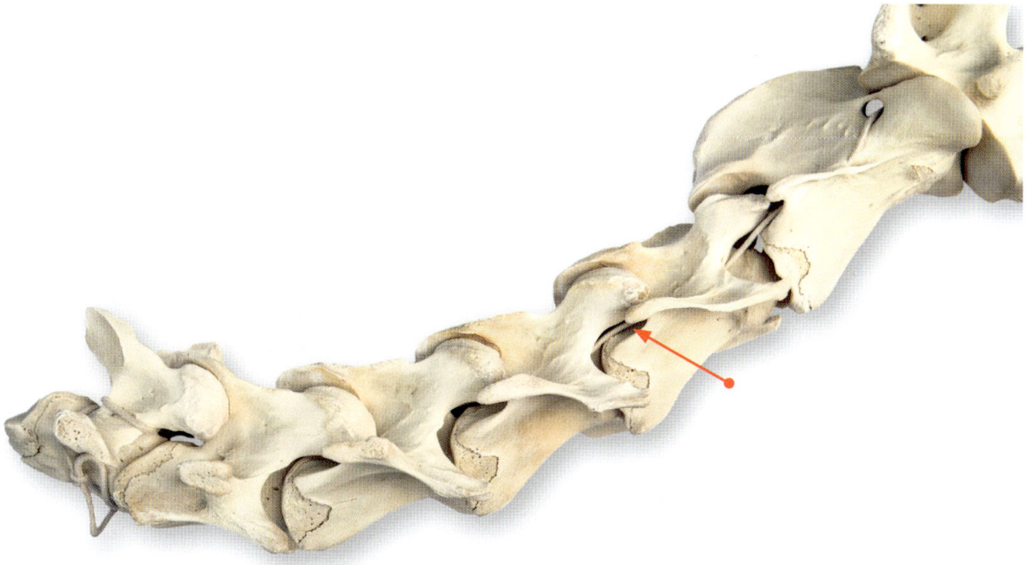

In Streckung schieben sich die Gelenkpartner der Facettengelenke übereinander, die Zwischenwirbellöcher (siehe Pfeil) verengen sich. In Beugung erweitern sie sich, aus dem Spinalkanal austretende Nerven und Blutgefäße werden nicht komprimiert.

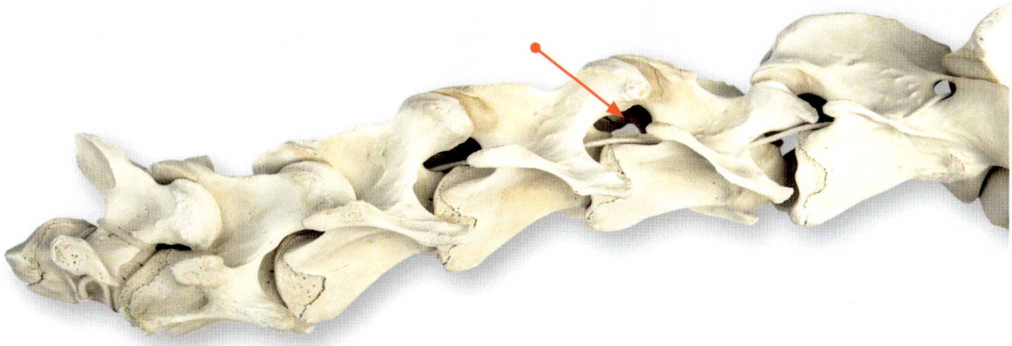

rungen zu finden sind und dass betroffene Pferde beim Reiten umso mehr Abwehr und damit »Problemverhalten« zeigen, je schlimmer die krankhaften Veränderungen. Unter »wehrig« versteht man beispielsweise Kopfschlagen, nach unten Stoßen des Kopfes, Gebissklappern bis hin zum Nicht-aufsitzen-Lassen und Steigen.

Der Knorpel in den Facettengelenken wird durch Kompression abgerieben und durch den verstärkten Druck können sich knöcherne Randzacken (Osteophyten) bilden. Diese können den Rückenmarkskanal einengen und Gangunsicherheit, ataktisches Gehen, Koordinationsprobleme der Vorhand bis hin zu Stolpern und Stürzen verursachen. Manchmal bilden sich dort auch Gelenksgallen, die eine langsam beginnende oder plötzliche Ataxie auslösen können.

Im Bereich des CTÜ liegen sehr wichtige Strukturen, etwa das Armgeflecht, der *Plexus brachialis*, der Teile der Schultermuskulatur wie den *M. rhomboideus* und den Hauptrumpfträger *(M. serratus ventralis cervicis)* sowie die Schultergliedmaße und Teile der Rumpfwand versorgt. Wird das Armgeflecht etwa durch langanhaltendes Reiten in Aufrichtung gestört, kann es zu Schmerzen oder auch Taubheit im Vorderbein und im Widerristbereich kommen. Viele Pferde steifen sich mit dem Vorderbein, sind zügellahm oder stolpern häufig, andere Pferde zeigen eine fast ataktische exaltierte Bewegung mit der Vorhand, die man ja leider immer mal wieder in Dressurprüfungen sieht.

Auch ein trockener Husten oder Kehlkopfpfeifen kann ein Symptom einer Störung in diesem Bereich sein, weil auch ein den Kehlkopf versorgender Nerv *(N. laryngeus recurrens)* im CTÜ-Bereich aus dem Spinalkanal austritt. Die Zwerchfellmuskulatur wird von dem *N. phrenicus* versorgt, der auch aus diesem Gebiet entspringt – CTÜ-Probleme machen somit auch Atemstörungen. Ein Fallbeispiel aus unserer praktischen Arbeit findet sich im Kapitel über Islandpferd Nói.

Muskelketten

Häufig werden einzelne Muskeln beschrieben, die offenbar in irgendeiner Form wichtig für gesunderhaltendes Reiten sind. Das ist auch gut, denn natürlich muss man Verlauf und Arbeitsweise wichtiger Muskeln zunächst verstehen. Wichtig ist aber, das große Ganze nicht aus den Augen zu verlieren: Muskeln arbeiten nämlich nicht isoliert, sondern immer synergistisch in Muskelketten, die über Faszienzüge miteinander verbunden sind, um eine bestmögliche Wirkung zu erzielen. Wenn Sie ohne nachzudenken völlig automatisch eine Buchseite umblättern, spüren Sie die Bewegung bis in Ihr Schultergelenk: mehrere Muskeln sind daran beteiligt die Bewegung auszuführen!

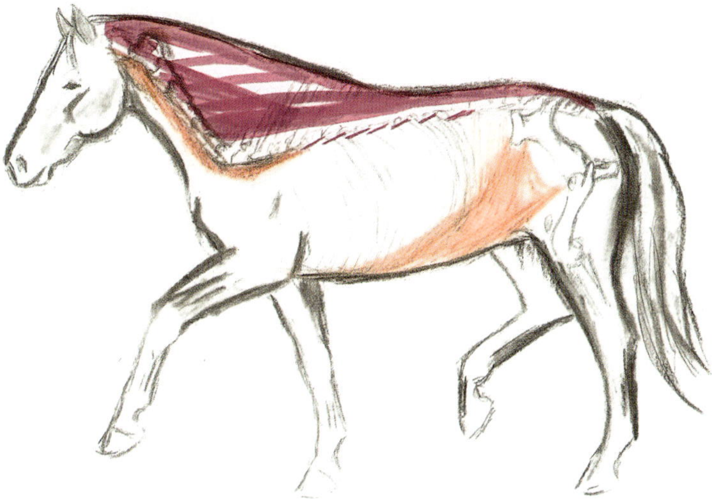

Die Muskeln der dorsalen Muskelkette (pink) strecken, die der ventralen Muskelkette (rot) beugen die Wirbelsäule.

Die wichtigsten Muskelketten beim Pferd sind die dorsale und die ventrale Muskelkette. Die dorsale Kette ist die Streckerkette, die Oberlinie. Das sind alle Muskeln, die vom Kopf an die gesamte Wirbelsäule strecken. Diese Muskeln liegen alle oberhalb der Wirbelsäule. Ein Pferd, das mit hochgerecktem Hals, weggedrücktem Rücken und aufgestelltem Schweif davongaloppiert, zeigt die höchste Aktivität der dorsalen Kette.

Dagegen gibt es die Beugerkette, die sogenannte ventrale Kette oder Unterlinie. Alle diese Muskeln krümmen oder beugen die Wirbelsäule, am Kopf beginnend, und liegen unterhalb der Wirbelsäule.

Das vegetative Nervensystem

Neben dem somatischen oder willkürlichen Nervensystem besitzen Pferde (wie wir Menschen auch) das vegetative oder unwillkürliche Nervensystem. Dieses reguliert automatisch ablaufende Vorgänge im Körper und kann nicht willentlich beeinflusst werden. Das vegetative Nervensystem steuert und kontrolliert Herzschlag, Atmung, Verdauung und Stoffwechsel. Auch andere Strukturen und Organe werden vom vegetativen Nervensystem beeinflusst und gesteuert, etwa endokrine Drüsen (Hormone), exokrine Drüsen (etwa die Schweißdrüsen),

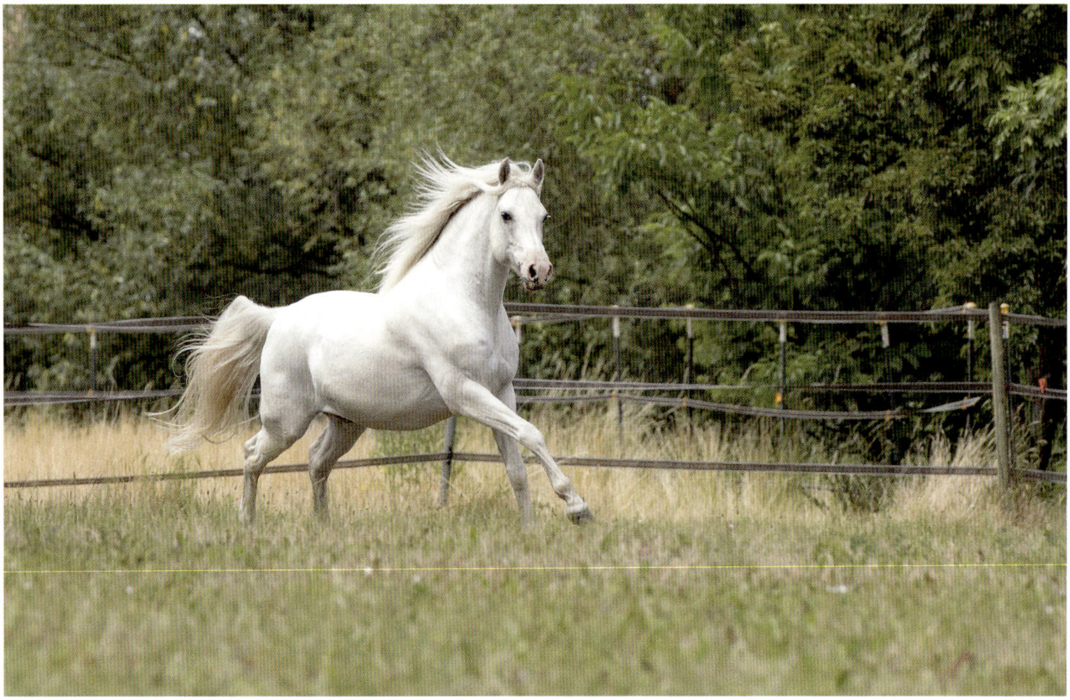

Die aktive, also verkürzte, dorsale Muskelkette ist mit dem Sympathikus verknüpft und lässt das Pferd maximal beschleunigen.

Sexualorgane oder das Blutgefäßsystem. Zum vegetativen Nervensystem zählen der Sympathikus, der Parasympathikus und das enterische Nervensystem des Magen-Darm-Trakts, das aber auch von Sympathikus und Parasympathikus beeinflusst wird. Sympathikus und Parasympathikus sind Gegenspieler und beeinflussen die erwähnten Organsysteme unterschiedlich.

Der Sympathikus bewirkt eine Leistungssteigerung: Er ist aktiv, wenn das Pferd Stress hat und/oder viel leisten muss. Seine Aktivität erhöht den Blutdruck, steigert die Herzfrequenz und die Durchblutung der Muskulatur. Er macht das Pferd in Sekundenschnelle flucht- oder kampfbereit. Er hemmt gleichzeitig alles, was für das akute Überleben nicht nötig ist, etwa die Darmtätigkeit, die Durchblutung der Nieren oder der Haut (ein Grund, warum wir bei Angst zunächst »blass werden«). Der Muskeltonus der Skelettmuskulatur steigt. In den Faszien befinden sich kleine glatte Muskelzellen, die bei Sympathikusaktivität kontrahieren – die Faszienspannung nimmt zu.

Der Sympathikus hat auch Einfluss auf Schweiß- und Speichelproduktion: stark gestresste Pferde schwitzen am ganzen Körper und haben schaumigen, flockigen Speichel, weil der Muzingehalt (Schleimstoffgehalt) im Speichel bei Sympathikusaktivität steigt.

Der Parasympathikus dagegen ist aktiv, wenn die akute Gefahr vorüber ist und das Pferd im »Ruhemodus« ist. Er fördert die Verdauungstätigkeit, verlangsamt den Herzschlag, senkt den Blutdruck und sorgt dafür, dass der Körper wieder regenerieren und das Pferd sich erholen kann.

Vegetatives Nervensystem und Muskelketten

Wer etwas Erfahrung mit Pferden hat, weiß: ein aufgeregtes Pferd hebt Hals und Kopf, spannt demnach die Muskeln der Oberlinie an. Der Sympathikus sorgt für eine erhöhte Aktivität der dorsalen Kette. Das ist bei uns auch so: Wer viel Stress hat, neigt zu Verspannungen im Rücken. Ein Pferd mit angespannter Oberlinie ist fluchtbereit. In der Natur passiert es immer mal wieder, dass das Pferd für wenige Minuten am Tag in den »Stressmodus« schaltet oder gar vor einem Raubtier flieht. Die Fluchtdistanz eines Wildpferdes liegt bei 200 Metern bis einem Kilometer – das ist eine erstaunlich kurze Strecke, die ein Pferd auf der Flucht mit erhöhter Aktivität der dorsalen Kette zurücklegt.

In dieser Manier unterm Reiter für viele Minuten zu laufen ist grob verschleißend, dafür sind Pferde nicht gebaut: Der CTÜ wird komprimiert und die Dornfortsätze der Brustwirbelsäule nähern sich an, was zu sich berührenden Dornfortsätzen (Kissing spines) führen kann. Der Hauptrumpfträger, der *M. serratus ventralis* wird insuffizient: Das heißt, dass das Pferd auf diese Weise seinen eigenen Rumpf dann nicht gesunderhaltend trägt, geschweige denn, wenn er mit zusätzlichem Gewicht durch einen Reiter belastet wird. In Folge dessen werden Beugesehnen und Fesselträger vermehrt belastet. Im Abschnitt über den Hauptrumpfträger in diesem Kapitel wird dieser für Reitpferde essentielle Muskelapparat und die Zusammenhänge mit Erkrankungen näher erläutert.

Wenn es ums Überleben in freier Wildbahn geht, ist das ein kalkulierbares Risiko, denn dafür beschert die angespannte Oberlinie dem Pferd einen guten Beschleunigungseffekt. Je stärker das Pferd im Fesselgelenk durchtritt, desto mehr werden die Sehnen zwar belastet, aber desto mehr schnellen sie auch wieder zurück. Faszien funktionieren nämlich nach dem Sprungfedermechanismus (Katapulteffekt, siehe **Gutes Training schützt das Pferd)** und beschleunigen das Pferd reflektorisch. Starkes Durchtreten des Fesselgelenks in den Einbeinstützen des Renngalopps ist eine wahre Zerreißprobe für die Sehnen – aber besser schnell sein und Verschleiß riskieren, als gefressen zu werden.
Nach der Flucht kehrt ein Pferd in der Natur sehr schnell wieder zur Ruhe- oder Grasehaltung zurück. Dabei sinkt die Muskelaktivität insgesamt und das Pferd hängt sich in seine faszialen Strukturen, um ermüdungsfrei grasen oder ruhen zu können. Die beanspruchten Strukturen erholen sich.

Reziproke Hemmung

Die ventrale Muskelkette ist der Gegenspieler der dorsalen Kette. Reiter kennen das Phänomen: Wer ein aufgeregtes Pferd auf eine Volte gelenkt und vielleicht sogar gebogen bekommt, bekommt es auch psychisch entspannt. Verantwortlich dafür ist die reziproke Hemmung: zwei, sich eigentlich ausschließende Reaktionen laufen zeitgleich ab, nämlich Biegung, die mit Bauchmuskelaktivität und einer Dehnung der dorsalen Kette auf der Außenseite einhergeht und die sympathikusgesteuerte Verspannung der Oberlinie.
Dabei hemmen sie sich gegenseitig und es kann sich letztlich nur die stärkere durchsetzen. Agonist und Antagonist (dorsale Muskelkette und ihr Gegenspieler, die ventrale Muskelkette) können also nicht gleichzeitig angespannt werden.
Setzt sich sozusagen die ventrale Kette, die in der Biegung aktiviert wird, gegenüber der dorsalen durch, entspannt das Pferd und lässt den Hals wieder etwas mehr fallen. Die Wirkung des Sympathikus wird sprichwörtlich gebrochen.

Zwanglosigkeit in der Praxis

Sobald es irgend geht startet jede Reiteinheit mit hingegebenem Zügel, um die Zwanglosigkeit zu überprüfen und dabei bereits Probleme zu identifizieren, die es auf dem Weg zur Losgelassenheit zu bearbeiten gilt.

Die Art, wie ein Pferd sich bewegt, wenn man ihm den Hals vollständig frei gibt, sagt nämlich einiges: geht der Hals dabei komplett in die Länge, entspannt das Pferd also seine dorsale Kette weitestgehend, dann wissen wir, dass das Pferd derzeit im Parasympathikus unterwegs ist. Der CTÜ ist bei einem wirklich zwanglosen Pferd mit langem Hals in seiner natürlichen Stellung, also keinem besonderen Stress durch Kompression ausgesetzt. Befindet sich der Hals dabei außerdem ganz natürlich mitten vor dem Rumpf und knickt zu keiner Seite ab, kann man davon ausgehen, dass alle Zwischenwirbellöcher frei sind und damit die gesamte Versorgung der Vorhand normal funktioniert. Auf dieser Grundlage kann der Reiter nachher »zum Treiben kommen«, die Losgelassenheit und damit eine dynamischere Bewegung »über den Rücken« erreichen. Bleibt der Hals jedoch oberhalb der Ruhehaltung (siehe Kapitel zur Dehnungshaltung) und nickt entweder überhaupt nicht oder optisch dem Reiter entgegen anstatt nach vorne in Bewegungsrichtung, dann ist daran auf jeden Fall auch der Sympathikus beteiligt, das

Pferd ist in irgendeiner Weise also gestresst und dieser Stress verkürzt die Oberlinie und komprimiert den cervicothorakalen Übergang (CTÜ), stellt also verschleißende Bewegung mit allen oben angesprochenen Folgeproblemen dar.

Gründe für fehlende Zwanglosigkeit

Fehlende Zwangslosigkeit kann kurzfristig etwa am vorbeifahrenden Traktor oder dem Interesse an anderen Pferden liegen, aber auch auf Schmerzen oder grundsätzliche Probleme mit dem Gerittenwerden hindeuten. Häufig sind es bereits in dieser Phase der Reitstunde Sitz- und Einwirkungfehler des Reiters wie ein schiebender Sitz, unpassendes Treiben, keine korrekte Handhaltung oder schlicht zu kurz bemessene Zügel, die das entspannte Strecken verhindern. Sobald diese abgestellt werden (ausführlich erläutert im Buch »Pferde sinnvoll lösen«, Katharina Möller, Cadmos Verlag), sollte sich jedoch freies Schreiten bei physiologischer Nickbewegung mit langem Hals einstellen, andernfalls muss man von ernstzunehmenden Problemen ausgehen.

Zwangloses Schreiten mit hingegebenem Zügel ist die Grundlage für jede dressurmäßige Arbeit.

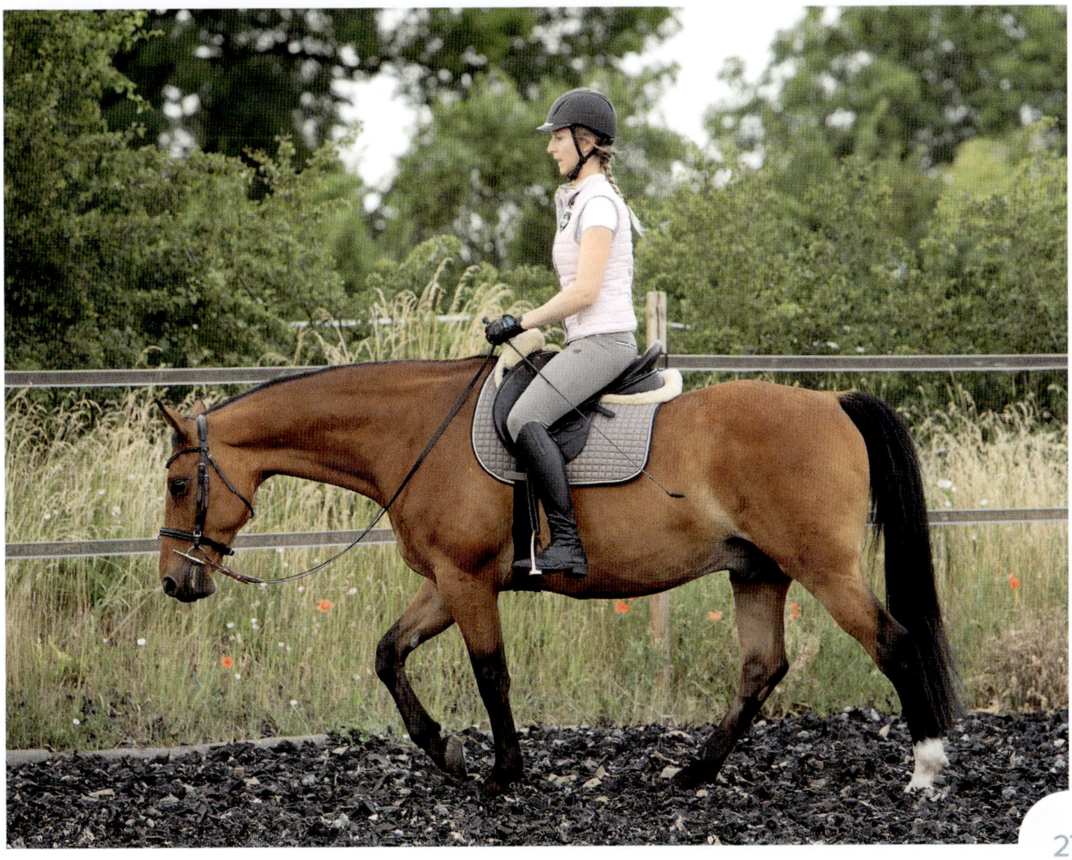

Die Verkürzung der Oberlinie geschieht nämlich unter Sympathikuseinfluss unwillkürlich. Das Pferd entscheidet sich also nicht bewusst, sich herauszuheben, sondern zeigt damit unzweifelhaft Stress an. Ihm dann mit Hilfe von Zwangsmaßnahmen wie etwa einem Hilfszügel den Kopf nach unten zu ziehen, verschlechtert seine Situation, denn der zusätzliche Stress durch Schmerzen im Genick und im Maul führt dazu, dass sich die Oberlinie immer weiter verkürzt.

Selbst wenn ein nicht-zwangloses Pferd in eine optisch »hübsche« Haltung gebracht wird, stellen sich die positiven Effekte der Losgelassenheit und einer reellen Dehnungshaltung eben nicht ein!

Reiten mit hingegebenem Zügel – ein Allheilmittel?

Provokant könnte man fragen, warum man dann nicht einfach immer und vor allem nicht stundenlang ganz ohne Zügel im tiefenentspannten Schritt herumreitet, wenn die Zwangslosigkeit doch so viele Vorteile hat? Warum beginnt man im klassischen Reiten denn im Prinzip direkt mit dynamischeren Übungen, sobald die Zwanglosigkeit erreicht ist?

Dazu möchten wir im Laufe dieses Buches viele Antworten geben, eine erste wichtige liegt im Rumpftrageappart des Pferdes.

Der Hauptrumpfträger *(M. serratus ventralis)* und der Stellenwert der Trabarbeit

Der Rumpf des Pferdes ist nicht durch knöcherne Strukturen mit den Vordergliedmaßen verbunden, er wird nur durch Muskeln und bindegewebige Strukturen »gehalten«. Der untere Sägemuskel *(M. serratus ventralis)* ist die stärkste Verbindung des Rumpfes mit dem Vorderbein. Er besteht aus zwei Anteilen: Der halswärtige Anteil zieht von den Querfortsätzen des vierten bis siebten Halswirbels an die *Facies serrata*, eine Fläche auf der Innenseite des Schulterblatts. Der brustwärtige Anteil verbindet die Facies serrata mit den ersten acht bis neun Rippen. Der *M. serratus ventralis* ist der wichtigste Rumpfträger. Es gibt einen rechten und einen linken *M. serratus ventralis*, die meisten Muskeln des Pferdes sind paarig angelegt. Oft ist ein Rumpfträger schwächer als der andere, das erkennt man daran, dass das Schulterblatt auf der schwächeren Seite höher herauszustehen scheint und es so wirkt, als würde der Unterhals mehr heraustreten. (Buchtipp: **Einmal überbaut, immer überbaut?**, Barbara Welter-Böller und Claudia Weingand).

Der *M. serratus ventralis* wirkt wie ein Stoßdämpfer, indem er das Rumpfgewicht etwas abfedert, sodass es nicht ungebremst in die unteren Gelenke geht und Beugesehnen, Fesselträger oder Hufrollen-

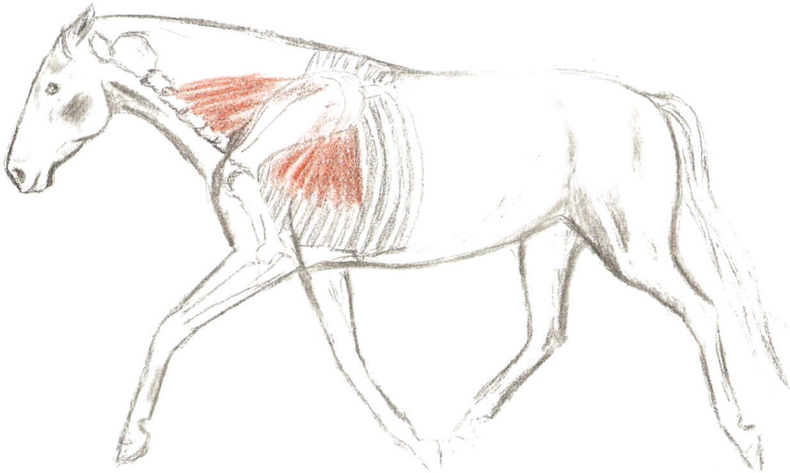

Der *M. serratus ventralis* ist der Hauptrumpfträger.

system unphysiologisch belastet. Das kann man sich vorstellen wie bei einem Trampolin: Das Trampolin benötigt eine gewisse Spannung, um den darauf hüpfenden Menschen zurück zu federn. Gerade Reitpferde, deren Rücken mit zusätzlichem Gewicht belastet wird, brauchen einen gut trainierten *M. serratus ventralis*.
Ist dieser Muskel nicht gut trainiert, belastet jeder Schritt, Tritt oder besonders jeder Galoppsprung des Pferdes die Vorhand in besonderem Maße: Das eigene Rumpfgewicht in Kombination mit dem Gewicht des Reiters prallt sozusagen »ungefedert« in die Fesselträger und Beugesehnen, das Fesselgelenk und den Hufrollenapparat. Wie jeder Reiter weiß, sind Verletzungen und Verschließerscheinungen in diesen Strukturen nur allzu häufig das »Aus« für viele Reitpferde. Mit einem gut trainierten Rumpftrageapparat passieren Verletzungen seltener, weswegen verantwortungsbewusste Reiter, die ihr Pferd längst möglich gesund erhalten wollen, großen Wert auf einen reibungslos arbeitenden *M. serratus ventralis* legen werden.

In der Arbeitsgangart Trab wird der Rumpfträger nachhaltig trainiert: Von Natur aus ist in dieser schwunghaften Gangart mit Schwebephase die Rumpfspannung ein klein wenig höher als im Schritt. Bei jedem Trabtritt wird der *M. serratus ventralis* gefordert und dabei eben gefördert, wozu das Traben in

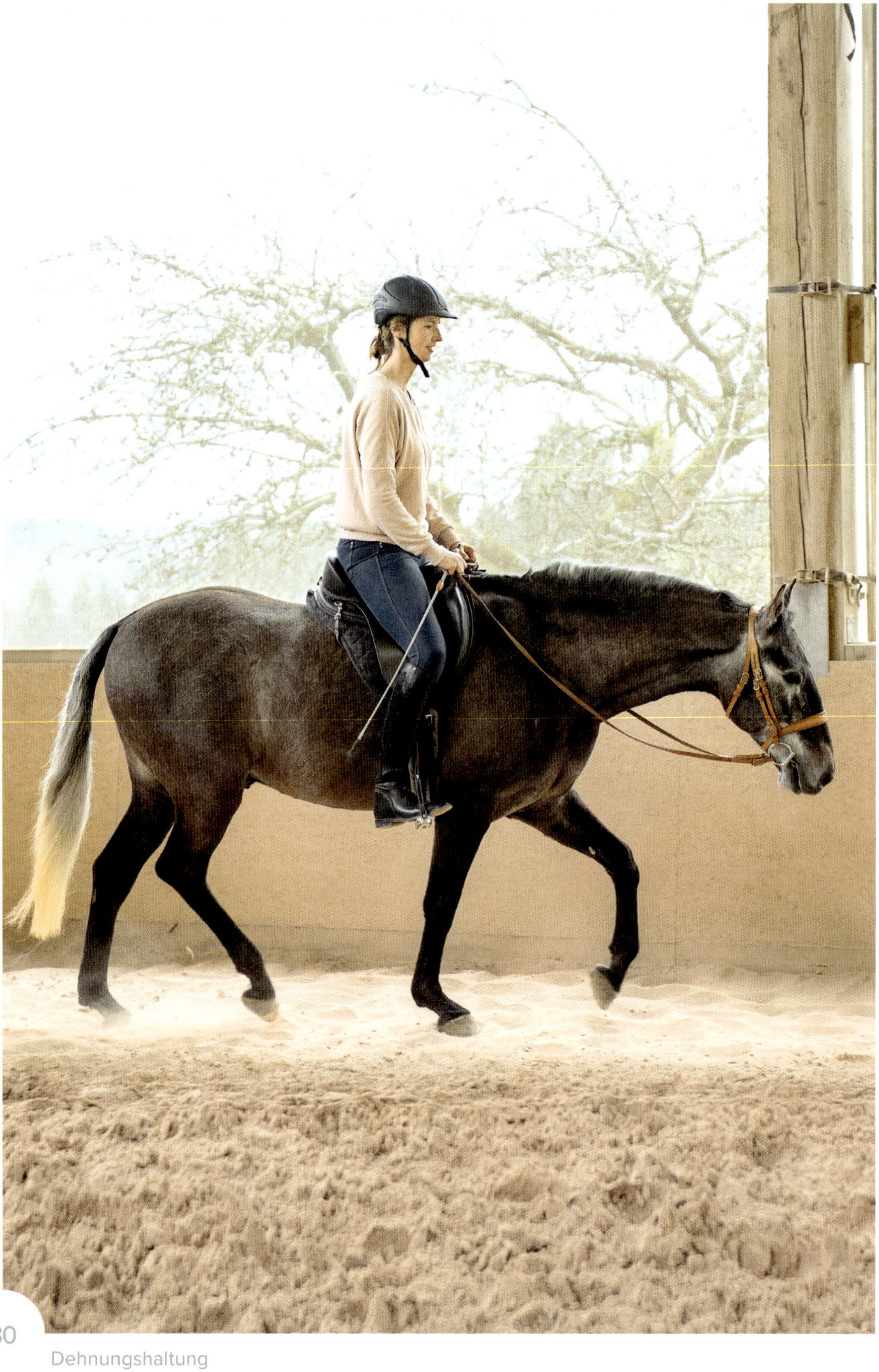

Dauermethode (siehe »Gutes Training schützt das Pferd«) ideal geeignet ist. Das imaginäre Trampolin federt rhythmisch und wird dabei stärker. Besonders gut geht das in der Dehnungshaltung (siehe Kapitel über die Dehnungshaltung). Aus diesem Grund ist der Trab in der klassischen Reitlehre die Hauptarbeitsgangart. Im Schritt wird der Rumpfträger dagegen kaum trainiert, der Galopp enthält neben gesteigerten Anforderungen für den Rumpfträger außerdem zwei Einbeinstützen, also Momente, in denen das gesamte Gewicht von Pferd plus Reiter von einem einzelnen Pferdebein abgefangen werden muss. Dies kann insbesondere für junge Pferde oder solchen mit eben noch nicht so gut vorbereitetem Rumpftrageapparat sehr verschleißend sein. Deswegen ist der Trab mit seinen Zweibeinstützen als schonendere Gangart im Training vorzuziehen.

Der »Langhals-Kurztritt-Lösetrab«

Diesen treffenden, wenn auch sperrigen Begriff des zwanglosen Trabes mit langem Hals und hingegebenem Zügel prägte Eberhard Hübener, der sich auf keinen geringeren als Alois Podhajsky (1898–1973, Reiter und Offizier in der österreichischen Armee) beruft. In seinem Buch »Die praktische Reitschule« beschreibt der langjährige Leiter der spanischen Reitschule in Wien den Aufbau einer Reiteinheit und erläutert dabei explizit, dass das Lösen »am besten durch ganz kurzes Traben mit möglichst langen Zügeln erreicht wird«. Dabei lässt er große Zirkel und Handwechsel reiten, die der Reiter »allein durch Sitzhilfen (Verlegen des Gewichts)« ausführen soll. Als Ziel der Übung gibt er »die Lockerung aller Gliedmaßen und die Entspannung der Muskeln« an. Dabei werden also die Vorteile der Zwanglosigkeit mit der des Trabtrainings kombiniert.

Zwanglos traben mit hingegebenem Zügel. Daraus lässt sich im weiteren Verlauf der Reiteinheit die Losgelassenheit und eine reelle Dehnungshaltung entwickeln.

Die kurzen Trabtritte und der lange Hals gehören untrennbar zusammen:
Das Vorderbein eines Pferdes tritt physiologischerweise immer dort hin, wohin seine Nase zeigt. Lässt es den Hals sehr tief fallen, begrenzt dieser den Vortritt des Vorderbeins und entsprechend kann und muss auch das Hinterbein in diesem Teil der Lösungsphase nicht nennenswert »untertreten«. Das gemütliche Tempo gehört zum zwanglosen »Bummeln« also einfach dazu und kann im Umkehrschluss für Pferde, die den Hals bisher eben nicht einfach so fallen lassen, der Schlüssel zur Entspannung sein! Podhajsky schreibt:

»Beim Schnellerwerden, wie dies bei temperamentvollen und nervösen Pferden oder bei jungen, die das Gleichgewicht in diesem auflockernden Trab noch nicht beherrschen, werden Übergänge in den

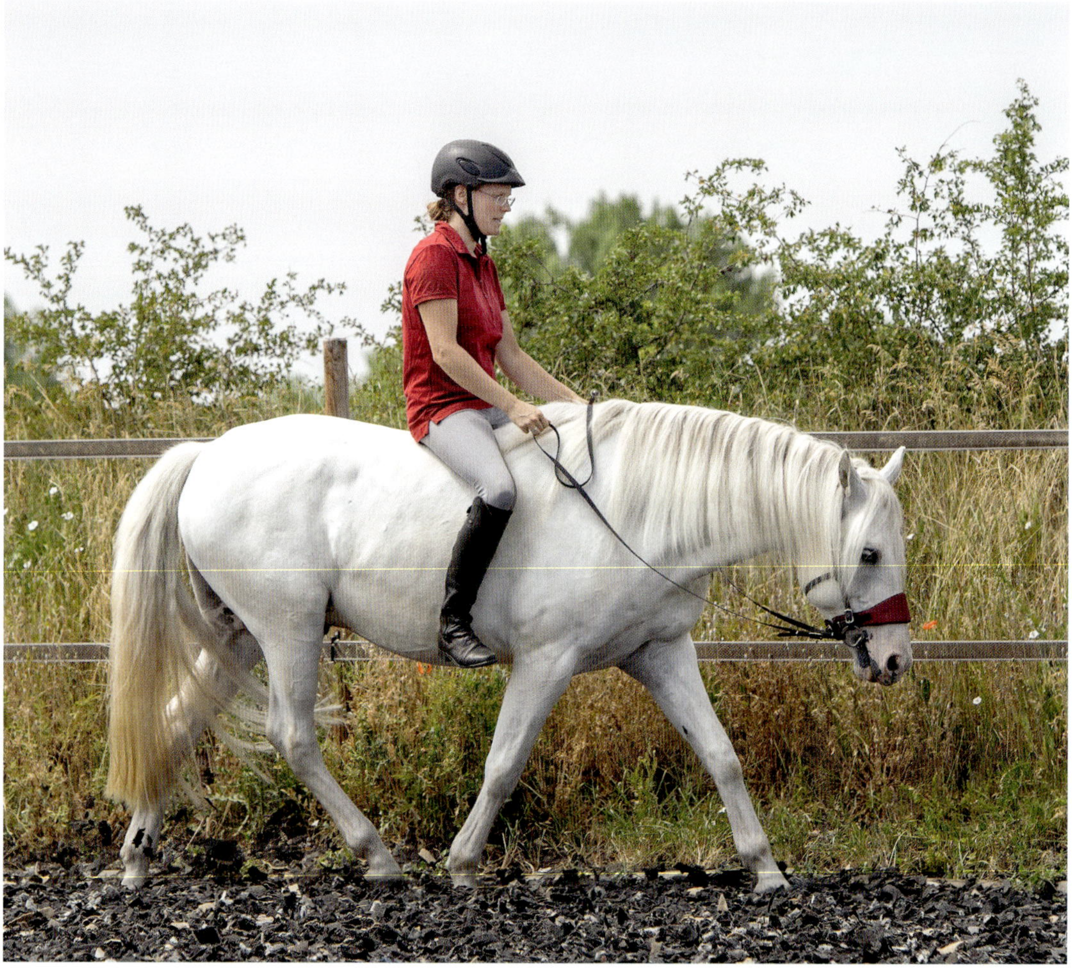

Auch einem schwierigen Pferd die Zügel vertrauensvoll hinzugeben und es aus dem Sitz heraus zu regulieren benötigt einen versierten Reiter.

Schritt, durch halbe Paraden mit möglichst langen Zügeln und gemächliches Wiederantraben sehr beruhigend wirken«.

Es geht also darum, auch im Trab zunächst zu erreichen, dass das Pferd im Parasympathikus bleibt. Nach dem Antraben oder Angaloppieren mit hingegebenem Zügel wird auch ein im Schritt hinreichend zwangloses Pferd seinen Kopf etwas höher tragen als im Schritt, denn die höheren Gangarten sind von Natur aus beim Fluchttier Pferd mit einer gewissen Sympathikus-Aktivität verknüpft, wobei sich wie wir wissen ja die dorsale Kette unwillkürlich ein wenig verkürzt. Je flotter das Tempo, desto höher der Kopf.

Ein junges oder vorher verdorbenes Pferd muss über Gewöhnung lernen, dass es sich auch in den höheren Gangarten in einem ruhigen Tempo entspannen und dabei den Hals fallen lassen kann. Dieser Prozess wird im Idealfall beim Anreiten vollzogen. *»Das Pferd soll lernen, die ohne Reiter gewonnene Haltung wieder zu finden und sich auch unter dem Gewicht des Reiters mit langem Hals und hängender Nase zwanglos zu bewegen«.* Dazu braucht es unbedingt einen sehr gut sitzenden Reiter, der es über seinen eigenen Rhythmus und Muskeltonus vermag, das Pferd zu entspannen, ohne dabei nennenswert mit den Zügeln einwirken zu müssen. Wir empfehlen die Gewöhnung ganz ohne Zügel an der Longe, wobei das junge oder zu korrigierende Pferd durch die ihm bereits bekannten körpersprachlichen und stimmlichen Hilfen des Longenführers in gediegenem Trabtempo gehalten wird, während es einen passiv sitzenden Reiter mit voller Halslänge balancieren lernen darf (Buchempfehlung: **Klassische Jungpferdeausbildung mit System**, Katharina Möller, Cadmos Verlag). Erst wenn die Zwanglosigkeit auch im Trab erreicht ist, soll und darf der Reiter dann mit treibenden Hilfen aktiv werden und die Anlehnung an ein Gebiss macht Sinn.

Zwanglos traben in der Praxis

In der Praxis sehen wir leider häufig Pferde, mit denen das zwanglose Traben nicht möglich ist, etwa weil das Pferd nicht in einem gleichmäßig ruhigen Tempo bleibt, sondern beim Verlängern der Zügel immer schneller wird und dazu oft auch nicht mehr lenkbar ist. Erfährt das Pferd dann durch einen aus dem Gleichgewicht geratenen Reiter oder unsanfte Zügeleinwirkung Stress, beißt sich die Katze sprichwörtlich in den Schwanz, denn der Stress durch die reiterliche Einwirkung verkürzt die Oberlinie immer weiter und das wiederum ist unwillkürlich mit eiligen, hölzernen Bewegungen verknüpft, die der Reiter immer schlechter sitzen kann.

Beim Korrekturpferd kann also unter Umständen nicht gleich mit hingegebenem Zügel gestartet werden, sondern die Zügel müssen zunächst soweit aufgenommen werden, dass eine Verbindung zum Maul besteht, jedoch ohne den Hals formen oder gar verkürzen zu wollen, sondern lediglich, um den Hals seitlich einzurahmen und überschießendes Tempo notfalls vorsichtig abfangen zu können. Ziel ist es, die Geschwindigkeit aus dem Sitz heraus zu verringern und dabei die Zügel zunehmend länger lassen zu können.

In einem Zustand fehlender Zwanglosigkeit kann es mit der Ausbildung nicht vorangehen, echte Losgelassenheit und eine reelle Dehnungshaltung sind dann nicht möglich – auch wenn es auf Fotos mit aufgenommenen Zügeln nicht selten so erscheint, als würde das Pferd doch in einer gefälligen Kopf-Hals-Einstellung traben. Bei fehlender Zwanglosigkeit empfiehlt es sich dringend, das Pferd tierärztlich und osteopathisch untersuchen und (meist auch mehrfach) behandeln zu lassen, denn fehlende Zwanglosigkeit hat immer Gründe und stellt immer das Ausschlusskriterium für jedes weitere Training dar! Parallel zur Behandlung müssen Fütterung und Haltung des Pferdes überprüft und dann zunächst die Zwangslosigkeit ohne Reitergewicht und ohne Sattel beim Longieren am Kappzaum (etwa nach dem Konzept »Longieren als Dialog«) entwickelt werden. Zeigt das Pferd dann wieder natürliche, zwanglose Bewegung in Schritt und Trab ohne Gewicht im Rücken, können Sattel, Reitersitz und Einwirkung unter die Lupe genommen werden.

Überlastet das Traben mit langem Hals dann nicht die Vorhand?

Ein gänzlich zwangloses (Jung)pferd lässt nach abgeschlossener Gewöhnung dann seinen Hals womöglich gänzlich fallen und trabt in der Tiefe vielleicht

Die Natur hat die Vorderbeine des Pferdes für das Gewicht seines tief getragenen Halses ausgelegt.

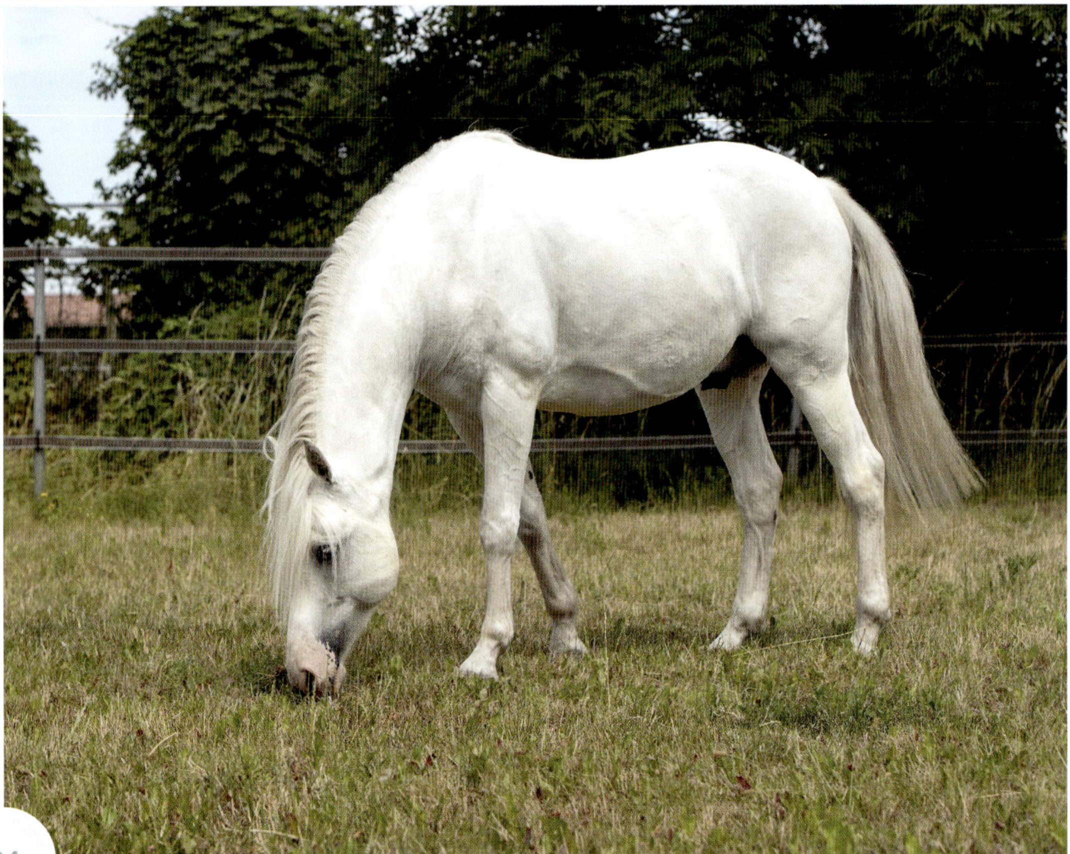

Die »Verteilung der Last« auf Vor- und Hinterhand ist viel weniger von der Kopf-Hals-Haltung abhängig als vermutet:

In einer groß angelegten Studie von 2006 wurde gemessen, dass die Ent- oder Belastung der Vorhand in verschiedenen Kopf-Hals-Positionen nur um maximal 2 Prozent (10 Kilogramm bei einem 500-Kilo-Pferd) schwankte – das ist verblüffend wenig, besonders wenn man bedenkt, dass das Gewicht des Reiters gewöhnlich bis zu 15 Prozent (75 Kilogramm bei einem 500-Kilo-Pferd) des Pferdegewichts ausmacht. Die positiven Effekte der Dehnungshaltung (physiologisch arbeitender Hauptrumpfträger und Stabilisation der Wirbelsäule) sind bedeutend größer als die messbare Umlastung von wenigen Kilos auf die Vorhand. Übrigens wird die Vorhand in Dehnungshaltung mit Reiter nur um 0,02 Prozent (100 Gramm, entspricht einer Tafel Schokolade) mehr belastet als in natürlicher, freier Kopf-Hals-Haltung ohne Reitergewicht.

(siehe Studie von Weishaupt et al von der Uni Zürich und den Artikel in der Zeitschrift »ReitKultur« Nr. 3 von Dr. Katrin Kienapfel)

mit der Nase sogar regelrecht im Sand. Ein häufig gehörter Vorwurf bei dieser Arbeit ist die angebliche Überlastung der Vorhand.

Dazu muss man bedenken, dass diese sowieso für das Gewicht des tiefen Pferdehalses ausgelegt ist und natürlicherweise rund 60 Prozent des Pferdegewichts trägt. Zudem gibt es vorn zwei Unterstützungsbänder (eines für die oberflächliche, eines für die tiefe Beugesehne). Am Hinterbein gibt es nur ein Unterstützungsband, und zwar für die tiefe Beugesehne. Auch sind die Vorderhufe breiter als die Hinterhufe, was zeigt, dass sie natürlicherweise mit mehr Gewicht belastet werden können.
Unter reiterlichen Gesichtspunkten ist außerdem hinzuzufügen, dass der Langhals-Kurztritt-Lösetrab natürlich nicht das Ziel der Dressur, sondern gewissermaßen ihr Ausgangspunkt ist.

Kein Pferd soll dauerhaft und ewig auf diese Weise herumlaufen, aber das Trabenkönnen im Parasymapathikus bei entspannter dorsaler Muskelkette bietet die ideale Voraussetzung, um das Pferd nun klassisch an die Hilfen reiten und »schließen« zu können.

Im Anschluss an diese ersten tiefenentspannten Trabminuten (Podhajsky setzt etwa zehn Minuten an) soll nun ja die Losgelassenheit und damit eine reelle Dehnungs- und/oder Gebrauchshaltung entwickelt werden.

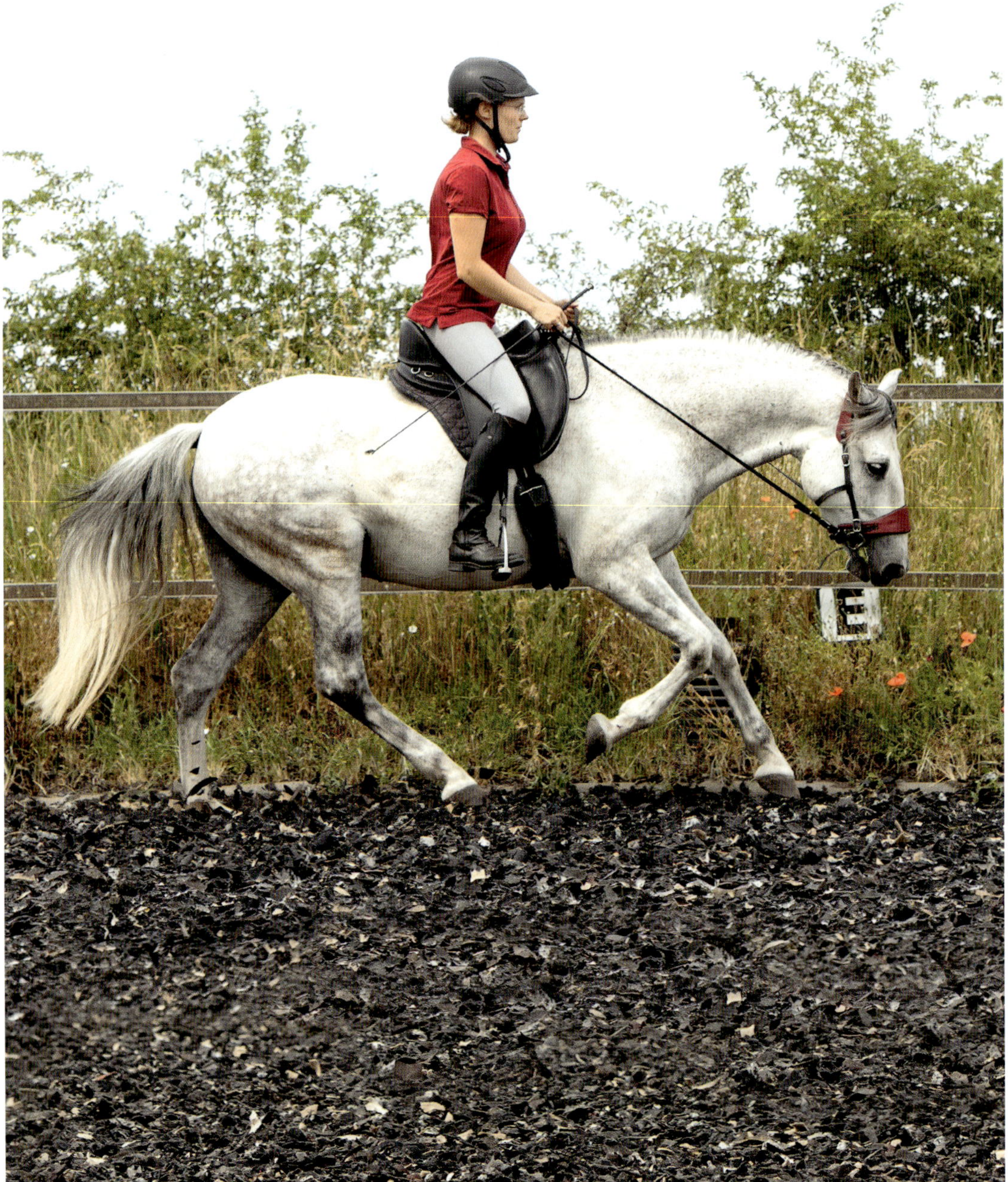
E

Von der Ruhehaltung zur Losgelassenheit: **DIE DEHNUNGSHALTUNG**

In den ersten beiden Jahren der Reitpferdeausbildung, der sogenannten **Remonteschule,** geht es klassischerweise ausschließlich und ausdrücklich um das rückenschonende Tragen des Reitergewichtes. In den darauffolgenden zwei bis vier Jahren der sogenannten **Campagneschule** folgen dann erste Dressurlektionen und (Gelände)sprünge, bevor womöglich letztlich eine Spezialisierung und eventuelle Ausbildung zur **hohen Schule** erfolgen kann.

Auch für viele Freizeitpferdebesitzer ist und bleibt es glücklicherweise oberste Priorität, dass ihr geliebtes Familienmitglied einfach gesund bleibt, und zwar unabhängig von jedem sportlichen Nutzen oder höheren Dressurlektionen. Dass Pferde nicht zum Gerittenwerden geboren sind und die Belastung durch das Reitergewicht nicht ohne Folgen abläuft, ist vielen bewusst. Um uns Reiter dennoch lange gesund auszuhalten, braucht das Pferd das ideale Mittel zwischen Mobilität und Stabilität. Das Reiten in korrekter Dehnungshaltung vereint einerseits Muskeltraining, damit der Brustkorb nebst Reitergewicht in die trainierten Rumpfträger hineinschwingt, anstatt die Extremitäten zu verschleißen. Außerdem trainiert es die ventrale Kette, welche die Wirbelsäule von unten stützt und damit unter anderem den CTÜ entlastet. Das Ganze funktioniert aber nur unter Beibehalt eines gewissen Maßes an Zwanglosigkeit, damit das Pferd dabei

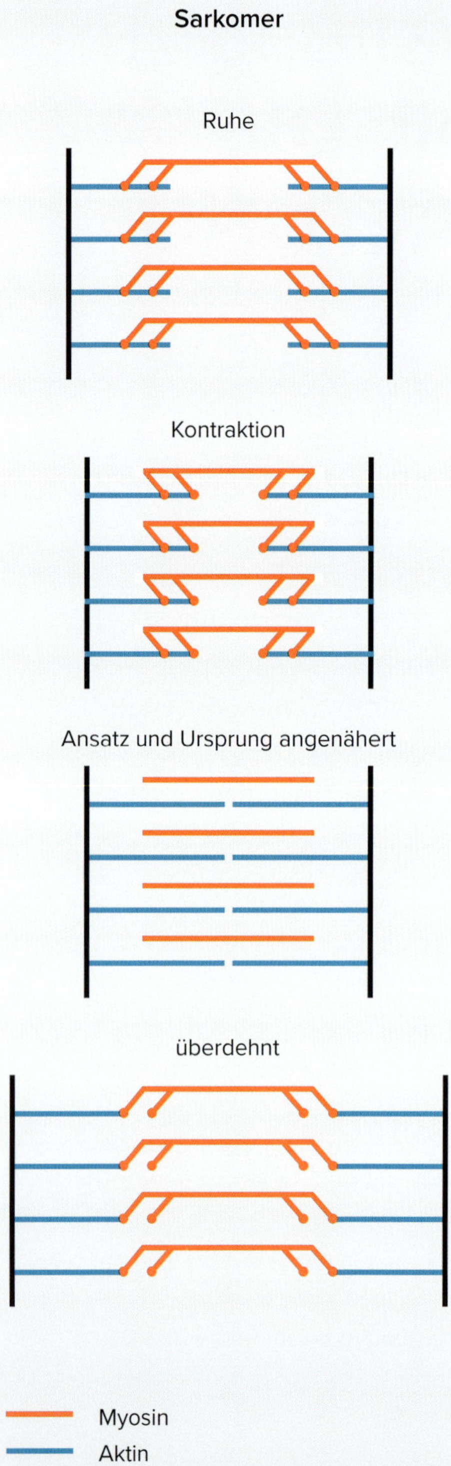

die Oberlinie entspannen und damit »über den Rücken schwingen« kann. Es handelt sich hier um eine sogenannte nicht verbrauchende Haltung (vgl. **Gutes Traininig schützt das Pferd**), die das Pferd also beim Gerittenwerden nicht über Gebühr belastet, und eignet sich damit grundsätzlich für den Hausgebrauch eines jeden Pferdes und das Wiederantrainieren nach Reitpausen sowie dem Aufwärmen vor möglichen sportlichen Leistungen. Warum das so ist, erläutern wir in diesem Kapitel.

Der Rumpfträger in der Dehnungshaltung

In der Dehnungshaltung kann der *M. serratus ventralis* besonders gut arbeiten. Muskulatur arbeitet am besten in leichter Dehnung. Warum das so ist, erklärt ein Blick auf die kontraktilen Elemente in den Muskeln, die Sarkomere mit ihren wichtigsten Komponenten Aktin und Myosin: Soll ein Muskel kontrahieren, sorgt das durch Nerven auf den Muskel übertragene Aktionspotential für eine Calcium-Ausschüttung in der Muskelfaser. Dadurch wird die Bindungsstelle der Myosinköpfchen am Aktin frei – sie vollführen eine Art »Ruderbewegung« und unter Energie (ATP-)Verbrauch kontrahiert der Muskel. Vereinfacht gesagt kommt es dabei zu einer schrittweisen Verkürzung der Muskelfasern. Wenn man sich das vorstellt, wird folgender Zusammenhang klar: Wenn ein

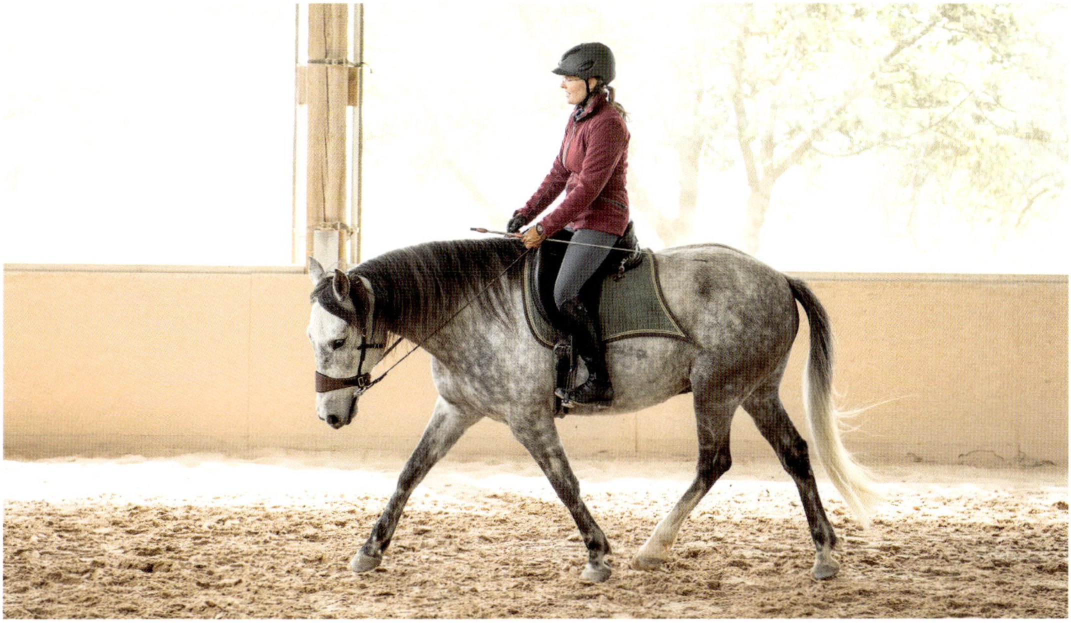

Einen Reiter gesunderhaltend zu tragen ist Sport. Bei losgelassenem Trabtraining soll und darf auch das junge Pferd leicht erwärmen und möglicherweise moderat schwitzen.

Muskel bereits verkürzt ist, weil sich Ansatz und Ursprung angenähert haben, ist keine oder kaum eine weitere Verkürzung möglich. Der Muskel wird »insuffizient«. Das passiert beim vorderen Teil des *M. serratus ventralis*, wenn das Pferd Hals und Kopf hebt. Ist dagegen ein Muskel überdehnt, überlappen Myosin und Aktin nicht mehr oder kaum noch: auch dann ist ein Muskel insuffizient (vergleiche **Trainingslehre für Dressurpferde**, Knut und Konstanze Krüger, Xenophon Verlag). Das passiert, wenn das Pferd den Kopf sehr tief, etwa in Grasehaltung, trägt. Optimal arbeitet er also in Dehnungshaltung (Maul je nach Pferd auf Buggelenkshöhe oder auch etwas tiefer) oder Gebrauchshaltung (Maul leicht oberhalb des Buggelenks, siehe Foto oben).

Losgelassenheit oder: Wenn Bewegung zu Training wird

Durch das Reiten von lösenden Lektionen soll sich das bislang nurmehr zwanglose Pferd nun nicht mehr bloß entspannen, sondern dynamisches »An- und Abspannen der gesamten Muskulatur im Takt der Bewegung« erreichen (Definition der äußeren Losgelassenheit in der deutschen Reitlehre, vgl. **Richtlinien Band 1**). Damit einher geht auch die psychische Komponente, also die sogenannte innere Losgelassenheit: War ein zwangloses Pferd auch mental völlig tiefenentspannt und auch an seiner Umwelt orientiert, ist die Losgelassenheit von einer gelassenen Konzentration auf den Bewegungsdialog mit dem Reiter gekennzeichnet.

Die Sympathikusaktivität steigt beim losgelassenen Pferd im Vergleich zum zwanglos joggenden Pferd natürlich an, denn die ventrale und dorsale Muskelkette sind nun beide ständig abwechselnd aktiv. Dadurch entsteht der Eindruck des schwingenden Rückens (siehe Abschnitt zum Dehnungs-Verkürzungs-Zyklus). Das Pferd kommt bei Erreichen der Losgelassenheit wortwörtlich »in Schwung«, der Trab soll und darf dynamischer und raumgreifender werden. In Losgelassenheit arbeiten nun auch tatsächlich Muskeln, was Wärme produziert: Das Pferd darf leicht schwitzen. Ein gutes Zeichen ist Wärmeentwicklung im Bereich des *M. serratus* ventralis und im weiteren Verlauf dann der Bauchmuskulatur.

Dehnungs- und Gebrauchshaltung

Kopf und Hals kommen bei einem losgelassen arbeitenden Pferd nun etwas höher. Auch falls die Nase vorher beim zwanglosen Bummeln wirklich bis zum Boden hing, wird das Pferd sie nun etwa auf Höhe des Buggelenkes anheben. Das passiert in der Praxis nebenbei: Nach der Phase des Langhals-Kurztritt-Lösetrabs reitet man zu diesem Zweck Tempounterschiede innerhalb des Trabes (zwischen verkürztem Trab/Arbeitstrab und Tritteverlängern zum sogenannten Normaltrab, vgl. Podhajsky). Sobald man mit sanftem Tritteverlängern beginnt, verkürzt sich die Oberlinie durch die etwas erhöhte

Der CTÜ (weiß) ist nicht komprimiert, die Oberhalslinie (rot) ist doppelt so lang wie die Unterhalslinie (gelb).

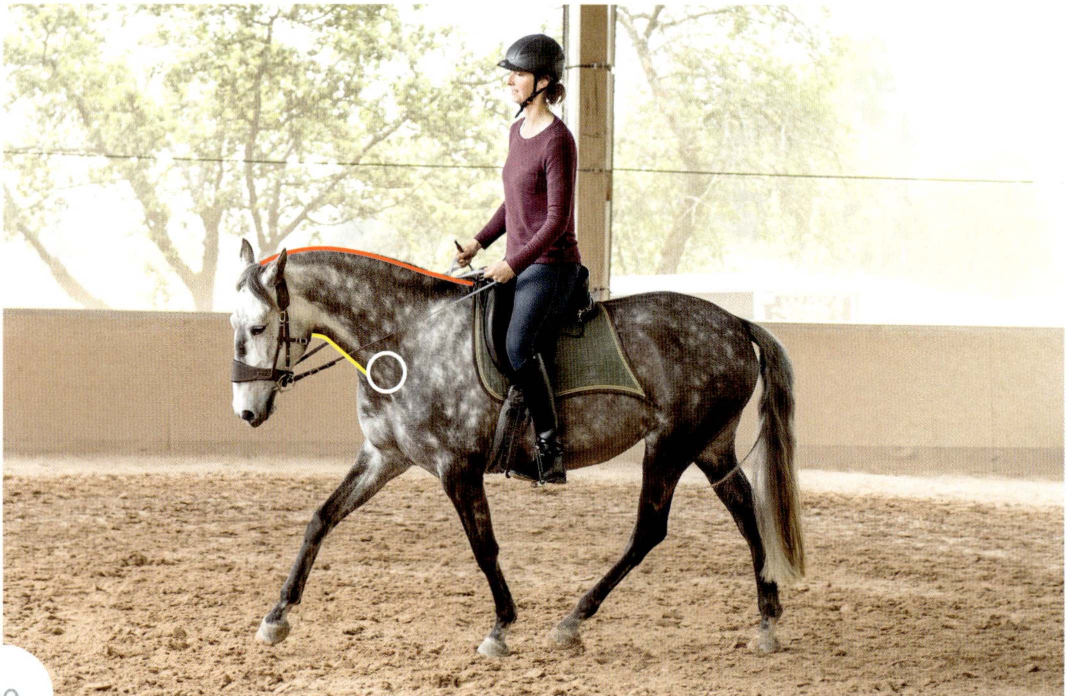

Ruhehaltung

Natürlich entspricht die Grasehaltung nicht der Dehnungshaltung. Allerdings kommt die Kopf-Hals-Haltung, die viele Pferde beim Dösen einnehmen, der Dehnungshaltung recht nahe. Wenn wildlebende Pferde nämlich nicht gerade grasen, stehen sie viele Stunden (zirka acht) am Tag dösend herum. In dieser Ruhehaltung verringert sich der Zug auf dem Nacken-Rückenband im Vergleich zur Grasehaltung etwas, dennoch stabilisiert das Pferd sich über das Seilzugsystem mit. Nun verrichten aber auch die Halsstreckermuskeln Haltarbeit. Besonders hervorzuheben ist dabei der *M. semispinalis*. Dieser entspringt an den Querfortsätzen der ersten sieben Brust- und den Gelenkfortsätzen der letzten vier Halswirbel und in der Rückenlendenbinde, der Faszie, die die Sattellage überspannt.
Er zieht zur Crista nuchae am Hinterhauptsbein. Der *M. semispinalis* ist prädestiniert für Haltearbeit und kann ziemlich ermüdungsarm Kopf und Hals stabilisieren, denn er besitzt ausgeprägte sehnige Anteile und ist somit ein durch Faszien stabilisierter Muskel.
In der Ruhehaltung ist das Genick entspannt und die Oberlinie leicht konvex – wenn es einem Pferd gut geht zumindest. Manche Pferde haben eine derart verspannte Oberlinie, dass sie sogar in Ruhe fast aufgerichtet stehen. Der Unterhals erscheint dann prominent, der Übergang zwischen Hals- und Brustwirbelsäule (CTÜ, cervicothorakaler Übergang) und die untere Halswirbelsäule stehen in Streckung, was auf Dauer ungesund sein kann (siehe Kapitel zur Aufrichtung und zum CTÜ).
In der physiologischen Ruhehaltung sind Brust- und Lendenwirbelsäule auch über das Rückenband mit stabilisiert, die Hinterhand ist entlastet und es gibt keine nennenswerten Nachteile gegenüber der Fresshaltung. Lediglich die Fesselköpfe der Vorderbeine werden etwas mehr belastet durch den leicht nach hinten verschobenen Schwerpunkt.

Sympathikusaktivität (der »Leistungsnerv« springt etwas an) ein klein wenig. Außerdem animiert man das Pferd nun durch treibende Hilfen dazu, größere Tritte zu machen, und da das Vorderbein eines Pferdes physiologischerweise nur dorthin treten kann, wohin die Nase zeigt, kommt diese eben auch etwas mehr nach oben und muss mehr nach vorne zeigen, um den Raumgriff mehr zuzulassen, den der Reiter durch gekonntes Tritteverlängern auslöst.

Dabei kann das Pferd aber nur so sehr im Tempo zulegen, wie es in der Oberlinie noch entspannt und im selben Takt bleiben kann: **Egal auf welcher Halshöhe wir es bewegen, die Oberhalslinie von**

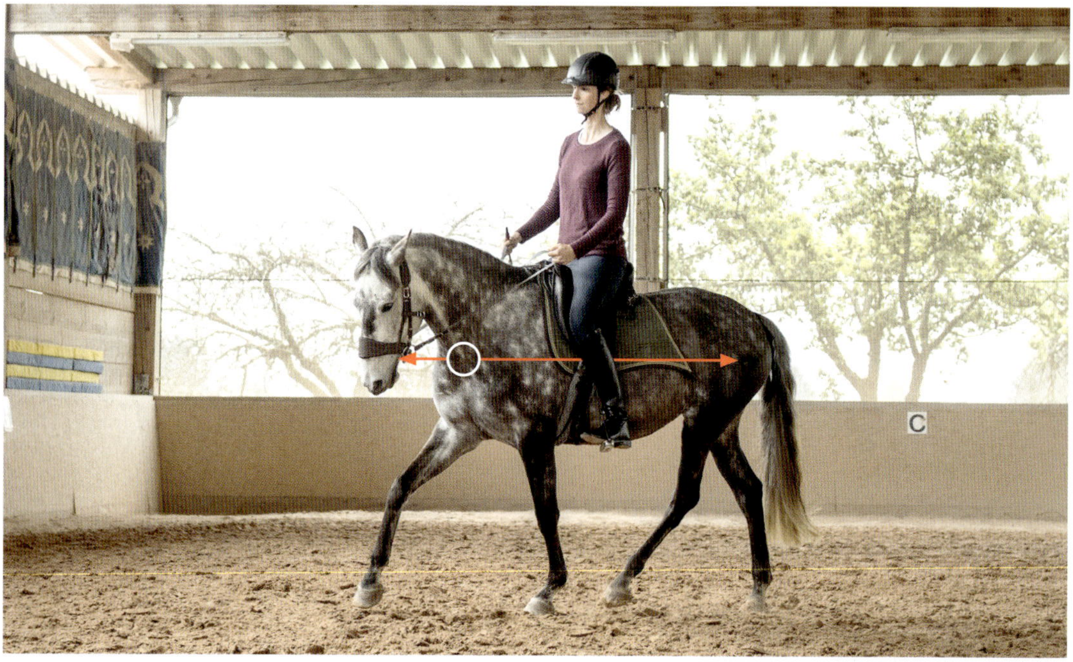

Denkt man sich eine Gerade von Maulspalte zum Hüftgelenk, sollte sich der CTÜ nicht nennenswert und vor allem nicht dauerhaft unterhalb dieser Linie befinden.

den Ohren bis zum Widerrist muss doppelt so lang erscheinen wie die Unterhalslinie von der Kehle bis zum Bug. Nur dann kann man davon ausgehen, dass der CTÜ nicht komprimiert wird. Ein untrügliches Zeichen für das passende Maß an Tritteverlängern und korrektes Treiben ist der Takt: Der muss genauso ruhig bleiben wie in der Zwanglosigkeit. Der Bewegungsablauf darf nicht eiliger werden, sondern nur raumgreifender! Dazu bedarf es vieler kleiner Tempovariationen (keine »turnierreife« Trabverstärkung!) bei gefühlvoll dosierter Einwirkung.

Reitet man nun auch zunehmend exaktere Hufschlagfiguren und beginnt das Pferd gemäß kleiner werdenden Linien mehr zu biegen, dann nimmt das Pferd von Natur aus eine Haltung ein, die seinem Exterieur, seinem Ausbildungs- und Trainingszustand und vor allem der aktuell geforderten Bewegung angemessen ist, denn die Form folgt der Funktion!

In gemächlichem Langhals-Kurztritt-Lösetrab ganze Bahn mit hingegebenem Zügel kann man sich als Pferd noch ziemlich hängen lassen. Muss man aber eine 10-Meter-Volte in korrekter Biegung gehen und daraus die Tritte verlängern, klappt das nur, wenn man sich ein klein wenig mehr aufrichtet. Hat das Pferd sein Maul dabei etwa auf Höhe seiner Buggelenke, spricht man von der Dehnungshaltung. Befindet sich das Maul ein wenig höher, von der Gebrauchshaltung. Dieser Begriff aus der klassischen deutschen Reitlehre wird in Abgrenzung zur Dressurhaltung verwendet, auf die wir später im Kapitel über die Aufrichtung zu sprechen kommen werden.

Hans von Heydebreck (1866-1935), ein berühmter Vertreter der klassischen Lehre nach Reitvorschrift, beschreibt die Gebrauchshaltung so, dass man eine waagerechte Linie vom Maul durch den CTÜ und das Hüftgelenk des Pferdes ziehen können müsste. Aus unserer Sicht ist das nur näherungsweise möglich und nicht für jedes Pferd exakt erreichbar, aber wir können diesem Anspruch insoweit folgen, dass der CTÜ nicht nennenswert unterhalb der Geraden von Hüfte zu Maulspalte liegen darf, denn dann wäre er komprimiert mit allen gesundheitsschädlichen Folgen.

Legen wir Wert auf einen gesunden CTÜ, dann folgt daraus, dass die Gerade zwischen Hüfte und Maul je nach Exterieur, Ausbildungs- und Trainingszustand des Pferdes etwas nach vorne hin abfallen darf und landen dann eben nicht mehr in der Gebrauchs- sondern in der Dehnungshaltung.

Es macht grundsätzlich Sinn, ein Pferd nur soweit aufzurichten und nur so sehr zu biegen, wie es im Übergang zwischen Hals und Brustwirbelsäule noch in seiner physiologischen Funktion laufen kann. Hier ist also eine kluge Auswahl der jeweilen Übungen, der dazu passende Sitz und eine geschickte Einwirkung gefragt, um das individuelle Pferd zwar einerseits sportlich zu fordern und damit zu fördern, andererseits aber eben nicht in unphysiologische Haltung zu bringen, die seinem Trainingszustand noch nicht entspricht oder die sein Nervenkostüm überreizt und so die Losgelassenheit verlieren lässt. Eine einzige »immer richtige« Halshöhe für alle Pferde gibt es nicht – wohl aber die beschriebenen Kriterien, an denen man erkennt, falls eine Halshöhe für das individuelle Pferd gerade nicht passt.

Dehnungsbereitschaft und Anlehnung

Ein wichtiges Kennzeichen der Losgelassenheit ist die sogenannte Dehnungsbereitschaft, also dass das Pferd »die Reiterhand sucht« und somit Anlehnung entsteht: Anlehnung ist die »stete, weich federnde Verbindung zwischen Reiterhand und Pferdemaul« (Definition der deutschen Reitlehre, Richtlinien Band 1), es geht also um einen gleichmäßigen Kontakt. Das Pferd soll an beide Zügel herantreten. Dazu werden die Zügel nun nicht mehr hingegeben und durchhängen gelassen wie in der Zwanglosigkeit, sondern aufgenommen. In der Dehnungshaltung spricht man vom langen Zügel, in der Gebrauchshaltung dann vom aufgenommenen oder »anstehenden« (vgl. Podhajsky) Zügel. Dass die Losgelassenheit noch nicht ganz erreicht ist, erkennt man unter anderem daran, dass der Kontakt zum Zügel nicht konstant bleibt, sondern dass diese zwischendurch abwechselnd wieder durchhängen und unangenehm stark gespannt werden oder »springen«, dem Pferd also rhythmisch ins Maul schlackern, anstatt es weich federnd mit wenigen hundert Gramm gleichbleibender Spannung zu begleiten.

In der Praxis liegt das allzu häufig am Grundsitz des Reiters: Wenn dieser in der Mittelpositur nicht geschmeidig in der Bewegung sitzt und seine Hände und Arme nicht korrekt gebraucht, bietet sich dem Pferd kein Gegenpol zum weichen Anlehnen. Sobald die Sitzgrundlage stimmt und die lösenden Lektionen auf Grundlage der Zwanglosigkeit korrekt geritten werden, sollte der Kontakt zwischen Reiterhand und Pferdemaul aber zunehmend konstanter werden und dann auch auf verschiedenen Kopf-Hals-Höhen erhalten bleiben.
Oft stellt sich die weich federnde Anlehnung erst in kurzen Momenten ein, bevor man sie wieder verliert, dann werden die guten Momente immer öfter und letztlich immer länger, bis sie wirklich konstant erhalten bleibt. An diesem bisweilen jahrelangen Prozess erkennt man den Fortschritt der Ausbildung von Pferd und Reiter.

Da die korrekte Anlehnung ja ein Kriterium für Losgelassenheit ist, ist klar, dass das reiterliche Niveau erst dann angehoben

Auf dem Weg von der Zwanglosigkeit zur Losgelassenheit stellt sich allmählich eine gleichmäßige Anlehnung ein.

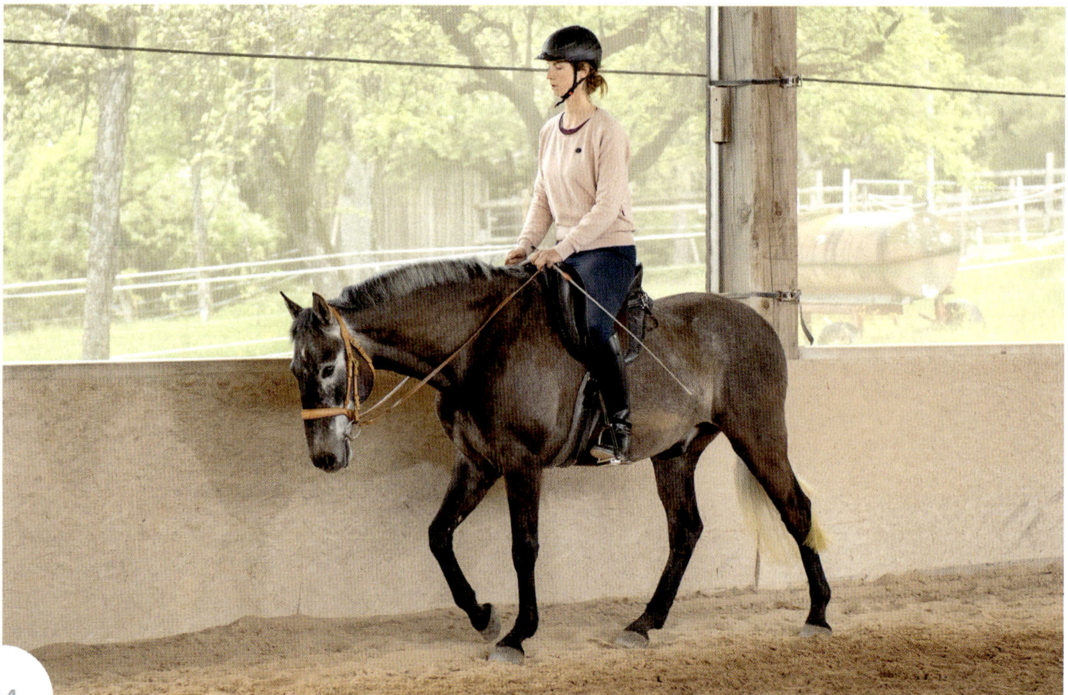

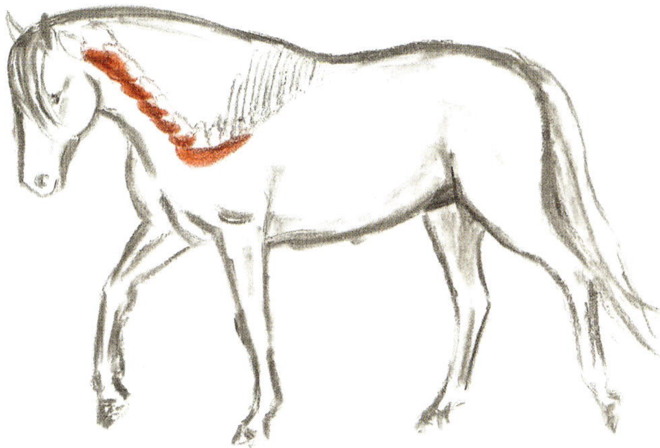

Der *M. longus colli* unterstützt den CTÜ von unten und bewahrt ihn vor Überstreckung.

Der *M. longus colli* – Hüter des CTÜ

In der Beizäumung arbeiten der *M. longus capitis* und weiterlaufend der *M. longus colli* konzentrisch. Der *M. longus capitis* zieht von den Querfortsätze des zweiten bis fünften Halswirbels zur Schädelbasis, der *M. longus colli* verläuft seitlich an den ersten sechs Brustwirbelkörpern und an den Querfortsätzen der letzten fünf Halswirbel und zieht unten (ventral) an die Wirbelkörper des jeweils vorausgehenden Halswirbels bis zum Atlas. **Dieses Muskelgeflecht kann den CTÜ von unten unterstützen und vor zu starker Streckung und damit verbundener Kompression und Verengung der Zwischenwirbellöcher bewahren.** Es ist also durchaus sinnvoll, auch an der Beizäumung zu arbeiten und ein Pferd dosiert durchs Genick zu reiten.

werden darf, wenn sie hinreichend vorhanden ist. Mit anderen Worten: Wer keinen runden Zirkel in Takt, Losgelassenheit und Anlehnung schafft, braucht noch lange nicht piaffieren zu wollen.

Anlehnung ist ein Ergebnis der Schubkraft: Der Reiter spürt in seiner Hand den Schub der Hinterbeine des Pferdes. Ziel ist, dass beide Hinterbeine gleichmäßig schieben, das Pferd also an beide Zügel herantritt. Ist die Anlehnung zu stark, muss womöglich der Schub reguliert werden (beispielsweise durch rückführende Übergänge vom Trab in den Schritt und immer wieder Arbeit im Langhals-Kurztritt-Lösetrab, wie oben von Podhajsky beschrieben). Kommt dagegen kein Schub in der Reiterhand an, also keine Anlehnung zustande, hilft häufiges

Wie viel Beizäumung grundsätzlich korrekt ist und wann ein Pferd als überzäumt zu bezeichnen ist, hängt vom Gangmaß und vom Versammlungsgrad ab: Physiologisch, also für Pferde von Natur aus vorgesehen und damit nicht verschleißend ist es, wenn die Nase dorthin zeigt, wohin das Pferd tritt.

Tritteverlängern, also das Pferd ausgehend von ruhigem Trabtempo ständig wieder für einige Tritte zulegen zu lassen oder auch Trab-Galopp-Übergänge mit passiver Hand im leichten Sitz.

Beizäumung

Im Zusammenhang mit der Anlehnung ist es wichtig, auch den Begriff der Beizäumung zu definieren:
Unter Beizäumung versteht man das Durchs-Genick-Treten des Pferdes. Zunächst wird die Anlehnung ja idealerweise mit sehr langem Hals und sehr offenem Genickwinkel mit der Nase deutlich vor der Senkrechten erritten. Durch den Zügelkontakt »beginnt das Pferd, am Gebiss zu kauen, was zur Entspannung in den Kiefergelenken, der Zunge und im Genick führt« (Richtlinien Band 1). Dieser Prozess wird in der deutschen Reitlehre als »Abstoßen am Gebiss« bezeichnet. Die Stirn-Nasen-Linie nähert sich dann der Senkrechten und die Anlehnung wird etwas leichter. Warum es zur korrekten Dehnungshaltung dazugehört, dass das Pferd nicht einfach nur auf einer bestimmten Halshöhe, sondern auch in Anlehnung und einer gewissen Beizäumung geht, hat mit dem *M. longus colli* zu tun.

In einem versammelten Trab eines fertig ausgebildeten Pferdes oder gar in der Piaffe darf die Stirn-Nasenlinie senkrecht stehen. Im einem korrekt verstärkten Trab dagegen öffnet sich der Genickwinkel jedoch, denn weite Trabtritte benötigen auch einen weiten Rahmen. In Dehnungs- und Gebrauchshaltung, also beim (noch oder gerade) nicht versammelten Pferd, gehört die Stirn-Nasen-Linie vor die Senkrechte. Das Reiten mit eng eingestellten Pferden und gerolltem Hals darf keinesfalls mit dem Begriff der Dehnungshaltung gleichgesetzt werden (mehr dazu im Kapitel über Rollkur/LDR).

Reiter konzentrieren sich gern nur auf den Genickwinkel und bewerten und diskutieren Reitfotos und Vorführungen alleine anhand der Kopfhaltung des Pferdes. Das wird der Komplexität des Themas »gesunderhaltendes Reiten« in keiner Weise gerecht. Wir schauen uns nun die vielen weiteren Kriterien der Losgelassenheit an und setzen sie miteinander in Relation.

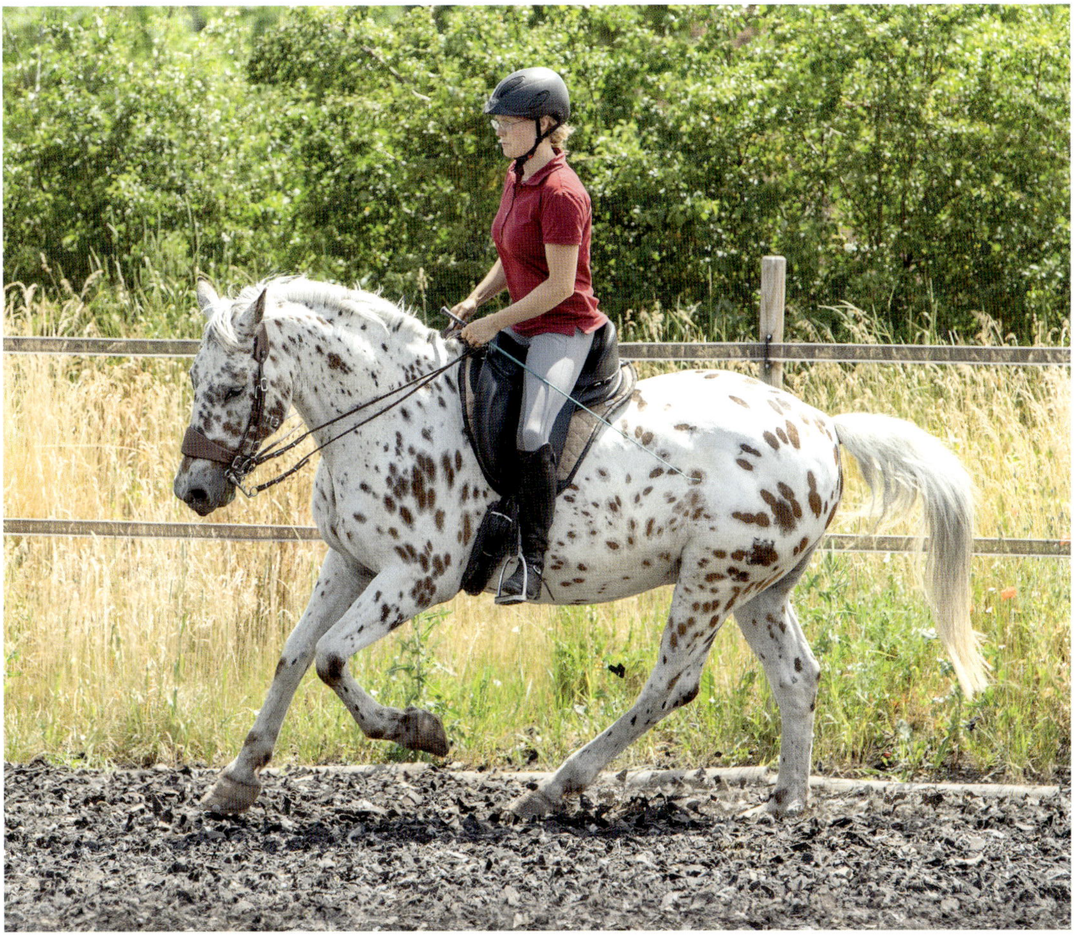

Beim Verlängern der Galoppsprünge muss sich der Genickwinkel entsprechend öffnen und die Stirn-Nasenlinie deutlicher vor die Senkrechte kommen als bei einem versammelteren Galopp.

Rückengänger und Schenkelgänger

Kernpunkt ist der taktmäßig schwingende Rücken, in der Reitersprache das rhythmische »Aufwölben« und optische Nach-oben-Federn der Rückenlinie. Beim gerittenen Pferd schaut man dazu direkt hinter den Sattel, beim Longieren sieht man den gesamten Rücken ab dem Widerrist. Bleibt die Rückenlinie optisch immer auf derselben Höhe und wirkt die Rückenlinie dabei dauerhaft ansteigend vom Reiter aus in Richtung der Kruppe, dann bewegt sich das Pferd keineswegs losgelassen. Der Begriff »Rückengänger« beschreibt die physiologische Bewegung, also inklusive des schwingenden Rumpfes, während ein »Schenkelgänger« isoliert nur seine Beine im Trabrhythmus bewegt, während der Rumpf still bleibt.

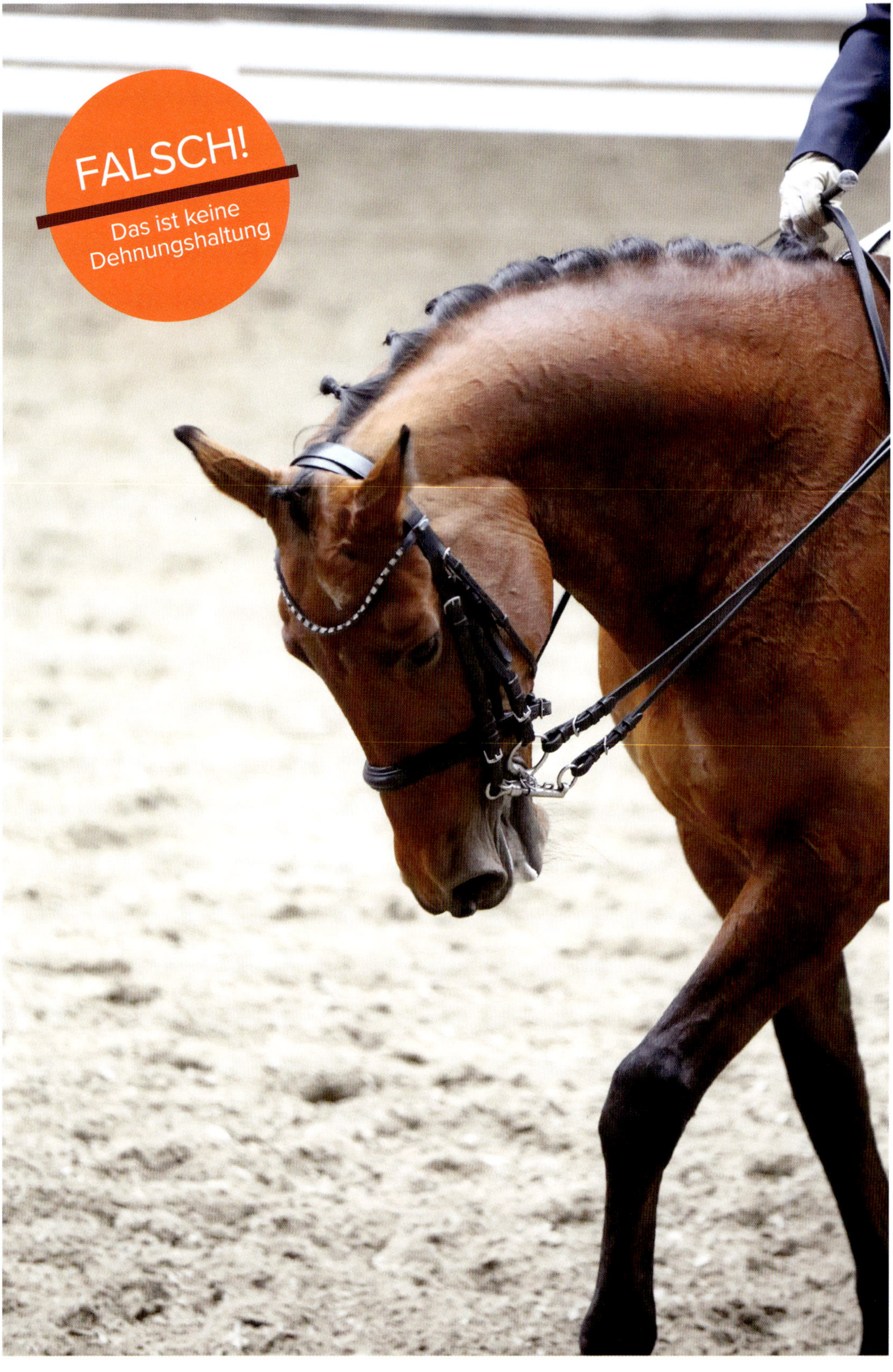
FALSCH!
Das ist keine Dehnungshaltung

Rollkur, Hyperflexion und »LDR« SIND NICHT DIE DEHNUNGSHALTUNG!

Von Kritikern des Reitens in Dehnungshaltung wird häufig das Reiten in Rollkurposition mit einem »LDR«, also »low, deep and round« eingestellten Kopf und Hals gleichgesetzt. Unglücklicherweise wird auch von Reitern und sogar Trainern und Offiziellen das fälschliche Reiten mit überzäumten und gerollten Pferden beschönigend »vorwärts-abwärts« genannt und fälschlicherweise als Dehnungshaltung bezeichnet.
Diese Vermischung und falsche Verwendung von Fachbegriffen führt zu teilweise massiven Missverständnissen und dient keinesfalls dem Pferd, weswegen wir hier ganz klar unterscheiden müssen!

Rollkur, Hyperflexion und LDR

»Low, deep and round« heißt übersetzt »niedrig, tief und rund«, wobei ein Aspekt dieser zwanghaft herbeigeführten Haltung bereits im Namen steckt: Low bedeutet **niedrig**, auch im Sinne von **erniedrigt**. Ein LDR eingestelltes Pferd sieht den Boden nicht, auf den es tritt und ist mit in dieser Position fixiertem Hals in keinster Weise Herr seiner Kräfte. Dadurch ist es dem Reiter vollumfänglich ausgeliefert und kann von diesem eben auch gegen seinen Willen und in schwierigen Situationen kontrolliert werden. Das tiefe und enge »Rundmachen« des Pferdes wird seit jeher angewendet, wo Pferde in unnatürlichen Situationen entgegen ihrer eigenen Interessen »funktionieren« müssen. Man stelle sich beispielsweise einen explosiven, großen, jungen oder im

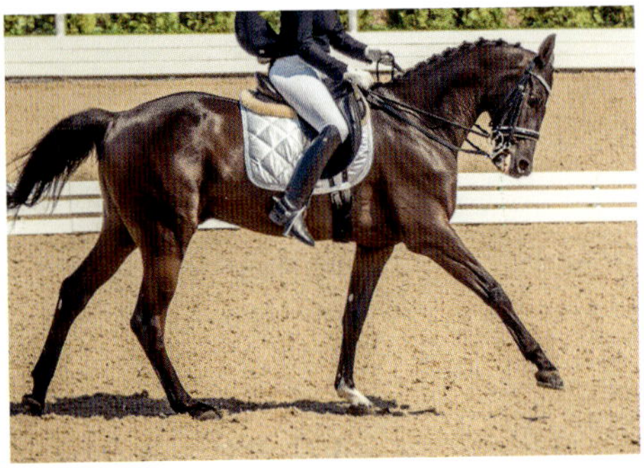

Falsch und typisch für ein LDR-trainiertes Pferd: Überzäumter Schenkelgänger mit falschem Knick und deutlichen Genickbeulen.

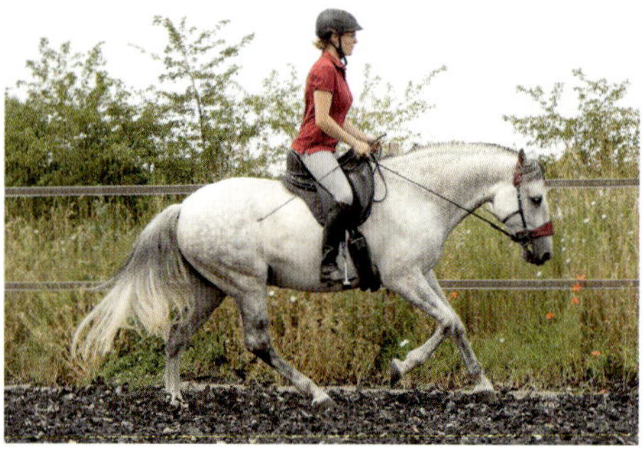

Richtig, klassisch trainiertes Pferd: Langer Hals mit geöffnetem Genickwinkel, das Pferd galoppiert »über den Rücken« unter korrekt sitzender Reiterin.

Deckeinsatz stehenden Hengst auf einem überfüllten Abreiteplatz zwischen hundert fremden Pferden vor. Wer sich und sein Pferd in solche Situationen bringt wird um jedes Mittel froh sein, das ihn das heil überstehen lässt ...

Der erhöhte Stress in LDR Haltung ist tatsächlich messbar und wird in einer lohnenden Dissertation von Andrea Karin Hellauer an der Freien Universität Berlin, 2014, zusammengefasst.

In einer praxisnahen Untersuchung zeigt sich eine Erhöhung des Stresshormons Cortisol sowie objektiv beobachtbare Stressanzeichen in der Mimik beim Gerittenwerden in Hyperflexion mit »tief und stark gebeugtem Genick, gesamtem Hals tief und Stirn-Nasen-Linie deutlich hinter der Senkrechten« im Vergleich zu »normaler Anlehnung mit Stirn-Nasen-Linie knapp vor der Senkrechten«. Außerdem entschieden sich Pferde, denen man über zwei verschiedenen Durchgängen zur Reitbahn die Wahl zwischen Training in LDR-Position und solchem in natürlicher, klassischer Kopf-Hals-Position, in den meisten Fällen für den klassischen Weg (van Borstel et al., 2009).

Die Auswirkungen von LDR auf das Exterieur von Kopf und Hals

Suboccipitales Nackendreieck

Auch aus osteopathischer Sicht kann man dem Körper eines in Hyperflexion trainierten Pferdes den Stress zweifelsohne ansehen. Diese Pferde haben verspannte kurze Nackenstrecker: Direkt hinter den Ohren befinden sich diese Muskeln, die viel über Training und Psyche des Pferdes verraten. Diese Muskelgruppe besteht aus dem großen und kleinen oberen geraden Kopfmuskel (*M. rectus capitis dorsalis major* und *minor*) und dem schrägen vorderen und hinteren Kopfmuskel (*M. obliquus capitis cranialis et caudalis*). Diese filigranen Muskeln dienen eigentlich der Streckbewegung des

Genicks, wenn das Pferd Gras zupft. In Beizäumung und ganz besonders wenn das Pferd in Rollkurhaltung gezwungen wird, leisten sie exzentrische Muskelarbeit.

Wie sich das anfühlt, können Sie mit einer einfachen Übung nachspüren, dem Wandsitzen (siehe auch S. 101). Lehnen Sie Ihren Rücken an eine Wand und beugen Sie Ihre Knie in einem 90-Grad-Winkel. Halten Sie diese Position und schauen Sie auf eine Stoppuhr. Ihr *M. quadriceps femoris*, der wichtigste Strecker des Kniegelenks, leistet exzentrische Muskelarbeit, also Kontrahieren in Dehnung. Sehr schnell kommt es dabei zu einer Minderdurchblutung der Muskulatur, die sich in einem unangenehmen Brennen bis hin zu heftigen Schmerzen äußert. Wie lange konnten Sie die Position halten? Wenn Sie länger als eine Minute durchhalten, liegen Sie auf jeden Fall über dem Durchschnitt, die meisten Menschen geben früher auf. Dieselbe Muskelarbeit leisten also die Nackenstrecker des Pferdes und es wird klar, warum es so wichtig ist, das Pferd immer wieder die Zügel aus der Hand kauen zu lassen und es nicht in einer Position zu fixieren.
Ist die Verspannung der kurzen Nackenstrecker gravierend, bildet sich das

Bei überzäumt gerittenen Pferden lassen sich starke Verspannungen an der Stelle finden, an der hier die Hände liegen.

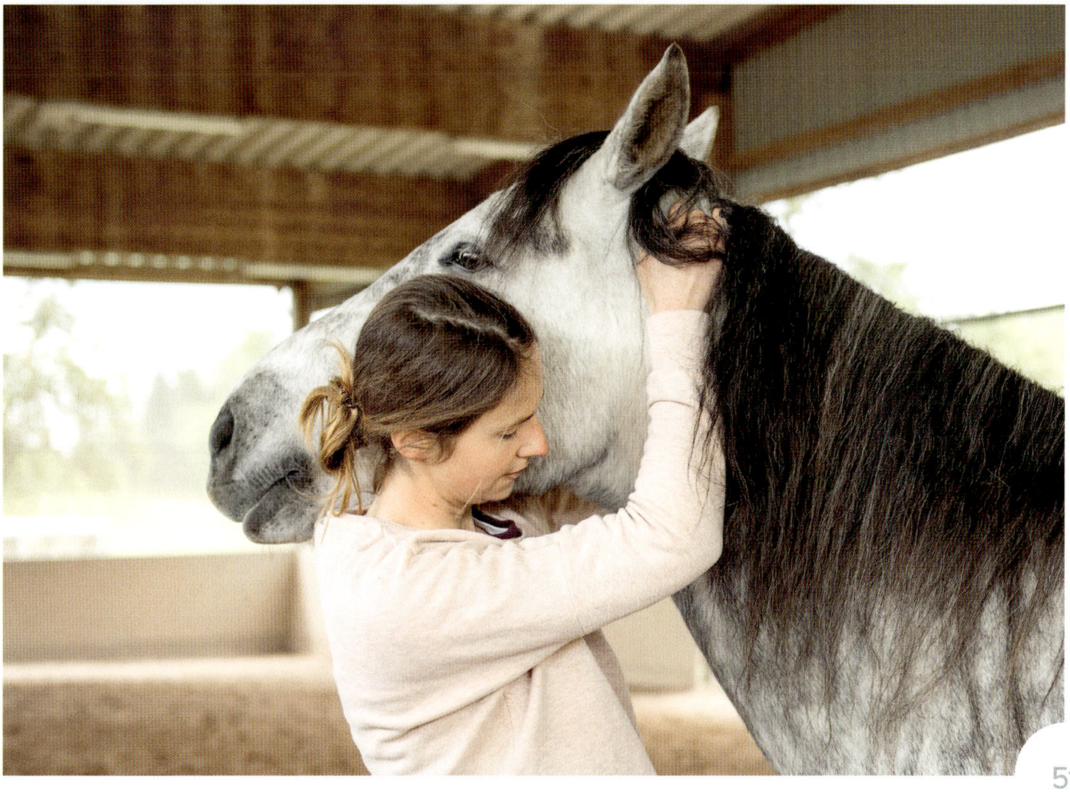

sogenannte suboccipitale Nackendreieck, also eine überdeutliche Bemuskelung im oberen Halsbereich.

Die kurzen Nackenstrecker sind Faszienspannung der Hirnhäute und es ist davon auszugehen, dass verspannte Nackenstrecker Kopfschmerzen und Verhaltensauffälligkeiten begünstigen.

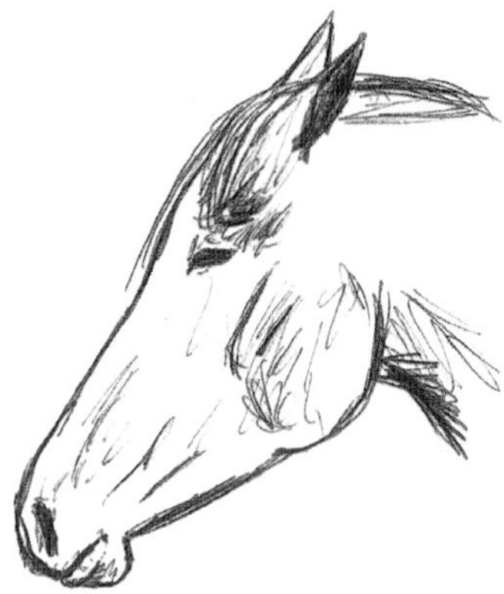

Angespanntes Kinn, verspannte Kaumuskulatur, nach hinten geklappte Ohren und verkleinerte Augen mit Sorgenfalten deuten auf Schmerzen hin.

Genickbeulen

Wird das Pferdegenick in Hyperflexion gezwungen, entsteht Reibung des Nackenstrangs auf dem Atlas und/oder dem Axis, dem zweiten Halswirbel. Im Bereich des Atlas und des Axis sitzen Schleimbeutel, die dem Nackenband unterlagert sind und Reibung des Bands gegen die Knochenstrukturen abpuffern können. Die Literatur ist sich übrigens nicht einig darüber, ob diese Schleimbeutel bereits bei jedem Pferd angelegt sind oder erst entstehen, wenn es zu Reibung in diesem Bereich kam. Einig sind sich die Autoren aber, was die Folgen eines Zuviels an Druck auf diese Schleimbeutel betrifft: Sie können sich entzünden und/oder sich deutlich mit Flüssigkeit füllen.

Man spricht dann von Genickbeulen, die man durchaus von außen sehen kann. Sie bereiten dem Pferd Schmerzen und können eine Beugung des Genicks, also das »Durchs-Genick-Reiten« in vielen Fällen dauerhaft unmöglich machen. Betroffene Pferde gehen dann stattdessen oft mit falschem Knick.

Nicht jedes Pferd mit einer Genickbeule wurde zwangsläufig »gerollt« – auch wenn ein Pferd sich am Anbindeplatz ins Halfter hängt, bringt es übermäßig viel Druck auf das empfindliche Genick und Genickbeulen können entstehen.

Veränderungen am Pferdekopf

Eine zu starke Einwirkung mit dem Gebiss hinterlässt am Pferdekopf Spuren: zu fest gezurrte bzw. immer unter Zug stehende Kinnketten etwa können zu einer schlaffen Unterlippe bis hin zur Lähmung führen. Ursache ist die Irritation von Nerven, die aus dem *Foramen mentale* am Unterkiefer den Schädel verlassen und die sensibel die Haut und Schleimhäute der Unterlippe und des Kinns versorgen. Reitet man immer wieder mit viel Zug auf der Kandare, kann das auch zu einer nach außen gewölbten

Unterlippe führen. Der Pferdezahnarzt wird in solch einem Fall eventuell Zungenverletzungen feststellen.
Häufig sieht man den Pferden an der Mimik an, dass sie im Training unterdrückt werden und Schmerzen haben: »Sorgenfalten« zeigen sich über dem Auge, die Kaumuskulatur (*M. masseter* und *M. temporalis* über dem Auge) ist oftmals dauerhaft stark angespannt und das Kinn wirkt klein und fest. Das alles sind übrigens typische Merkmale eines Schmerzgesichtes, das jeder Reiter kennen sollte. Um Ihren Blick zu schulen ist die kostenlose App »Horse grimace scale« von Alwin (Animal welfare indicators) sehr empfehlenswert.

Erzwungen vs. freiwillig

Da die LDR-Hyperflexionshaltung für Pferde unphysiologisch ist, nehmen sie diese nicht freiwillig ohne Zwangsmaßnahmen wie Hilfszügel und/oder rückwärtswirkende, meist auch noch an Hebelgebissen ausgeführte Zügelhilfen, ein. Damit ein Pferd seinen Hals rollt, wirkt der Reiter in jeden Fall aktiv ein, oder hat sein Pferd bereits über längeren Zeitraum bis in die sogenannte erlernte Hilflosigkeit trainiert, sodass es den Kopf scheinbar freiwillig niedrig lässt, weil es nur in dieser Position nicht mit Schmerzreizen (Zupfen bis hin zum Rupfen an Bit oder Kandare, Gebisskonstruktionen mit sogenannten

Das junge Pferd (hier zur Gewöhnung im Freilauf) bewegt sich ohne jede Beeinflussung völlig freiwillig in physiologischer Dehnungshaltung.

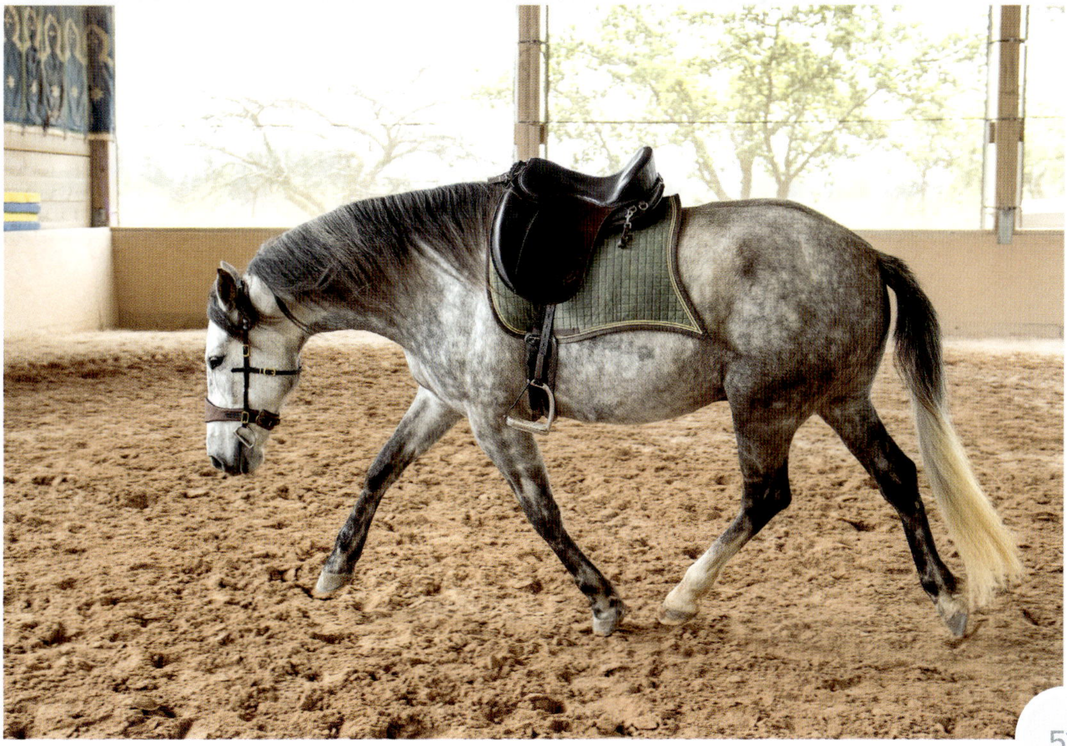

Zungenstreckern, Stoßzügeln und vielen sogenannten Hilfmitteln mehr) rechnen muss.

In korrekte, physiologische Dehnungshaltung begeben sich Pferde dagegen auch an der Kappzaumlonge ohne Hilfszügel und ohne in dieser Haltung extra bestärkt zu werden (zum Beispiel gemäß des Konzepts »Longieren als Dialog«), denn physiologisches Laufen ist für Pferde selbstbelohnend: Es fühlt sich einfach gut an, weil sich das Pferd in der Dehnungshaltung energieeffizient bewegen kann! In korrekter Dehnungshaltung mit langem Hals und der Stirn-Nasenlinie vor der Senkrechten ist das Pferd Herr seiner Kräfte, sieht problemlos den Boden vor sich und kann sich selbst ausbalancieren. Der Stress drohender Schwerkraftunsicherheit (siehe Seite 74) ist also am geringsten.

Der Pferdekörper in der Rollkurhaltung

Betrachten wir die Körperregionen, die wir bislang besprochen haben, in der LDR-Haltung. Zu Gute halten müsste man dem tiefen und runden Hals zunächst einmal den nicht komprimierten CTÜ. Für den Übergang zwischen Brust- und Lendenwirbelsäule besteht tatsächlich auch in Rollkur kein Problem. Hyperflexion beziehungsweise LDR – Befürworter führen zudem Untersuchungen an, die belegen, dass der Rücken des in dieser Weise eingestellten Pferdes sogar weiter nach oben schwingt als der von klassisch gerittenen. Das können wir uns aufgrund der gedehnten dorsalen und dabei übermäßig aktiven ventralen Kette biomechanisch sogar vorstellen.

GÒMEZ et al. (2006) befassten sich mit verschiedenen Kopf-Hals-Positionen und deren Auswirkungen auf die Wirbelsäulenabschnitte des Pferdes anhand von Laufbandversuchen. Hierbei wurden 6 Kopf-Hals-Positionen (KHP) untersucht. Das Ergebnis war, dass unterschiedliche KHP einen erheblichen Einfluss auf die Biomechanik des Rückens haben. Die Positionen, bei welchen das Genick gestreckt, also die Stirn-Nasenlinie deutlich vor die Senkrechte gebracht wurde, verursachten eine verstärkte Streckung der vorderen Brustwirbelregion und eine Beugung (»Aufwölben«) des hinteren Brust- und Lendenwirbelbereichs. In LDR-Position drehte sich der Effekt um: Die hintere Brust- und die Lendenwirbelsäule gerieten in die Streckung (»weggedrückter Rücken«), der vordere Teil der Brustwirbelsäule in die Beugung. Gerade die Wirbelsäulenabschnitte, die bei Reitpferden häufig Gefahr laufen überstreckt zu werden (mit Folgen wie Kissing spines) »hängen« in LDR-Position also erst recht durch.

Bei einem gerollten Hals mit eng eingestelltem Genick kommt es im Bereich des Genicks zu Überstreckung der dorsalen Strukturen (Nackenstrang, kurze Nacken-

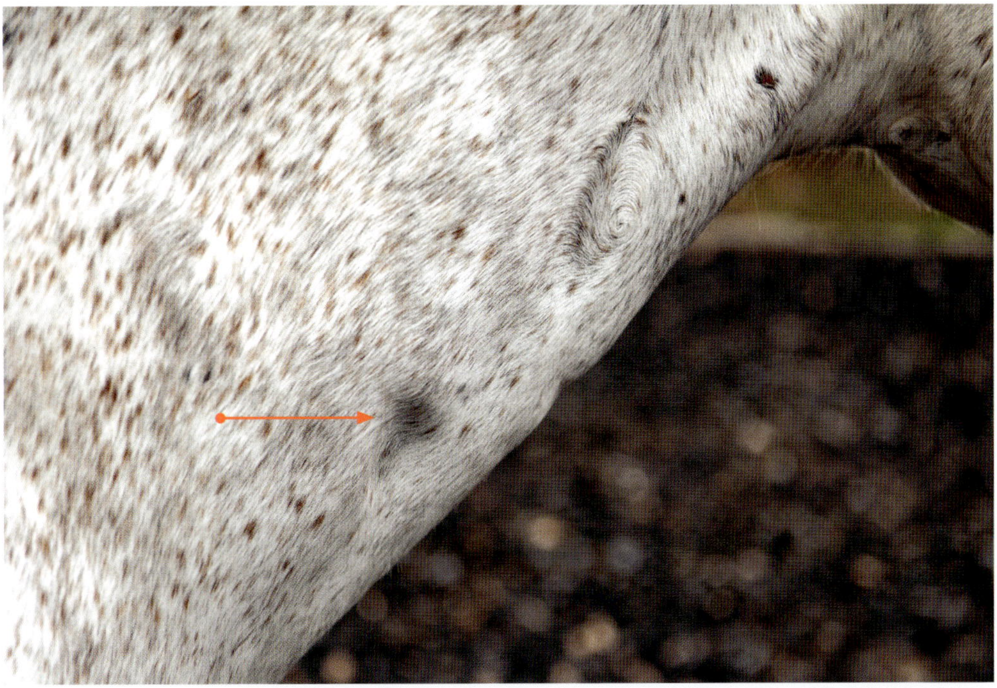

Muskelfaserriss im *M. brachiocephalicus.*

strecker), Kompression und damit einhergehenden Problemen wie Genickbeulen und dem suboccipitalen Nackendreieck (siehe oben).

Fatal sind die Auswirkungen der LDR-Haltung für die Atmung des Pferdes. Prof. Dr. Franz Ellendorff, der seinen wissenschaftlichen Schwerpunkt in der Leistungs- und Trainingsphysiologie des Pferdes hat, beschreibt in seinem Buch »Leistungstraining für das Pferd«, wie sich der Atmungswiderstand mit zunehmender Genickbeugung erhöht. »Insbesondere (...) führen die Kopfpositionen ‚hinter der Senkrechten' und ‚falscher Knick' zu einer Strömungsverengung im Bereich des Kehlkopfes mit der Gefahr einer Einschränkung der erforderlichen Sauerstoffaufnahme und Kohlendioxidabgabe.« Mit gerolltem Hals sportlich vorwärts laufen zu müssen, ist für Pferde also völlig absurd. Die eingeschränkte Atmung führt unter anderem zu mangelnder Versorgung des Gehirns und verschlechtert damit massiv die koordinativen Leistungen und sorgt für brennende Muskeln.

Überzäumtes Pferd

Von einem überzäumten Pferd spricht man dann, wenn die Stirn-Nasen-Linie nicht mehr dorthin zeigt, wohin das Vorderbein des Pferdes tritt. Es wird bei LDR trainierten Pferden mit Hilfe des

Löcher im Hals

Der Oberarm-Kopf-Muskel *(M. brachiocephalicus)* besteht aus zwei Anteilen: dem *M. cleidomastoideus* und dem *M. cleidobrachialis.* Zwischen diesen Anteilen liegt eine sehnige Struktur, die Pars clavicularis, das Überbleibsel des Schlüsselbeins, welches das Pferd nicht besitzt. Zeigt ein Pferd Löcher am Unterhals, dann fast immer auf Höhe der Pars clavicularis. Sie bildet die Schwachstelle des Muskels und gibt bei starker Überlastung sozusagen zuerst nach.

Der *M. brachiocephalicus* sorgt dafür, dass das Pferd den Kopf senkt oder, wenn er nur einseitig aktiv ist, den Kopf zur Seite nimmt. *Punctum fixum* (der Punkt, der bei der Kontraktion nicht bewegt wird) bei dieser Bewegung ist der Oberarmknochen, *Punctum mobile* (der Punkt, der bewegt wird) der Kopf. Stellt nun ein Reiter mit der Hand den Kopf in einer bestimmten Position fest, ändern sich Punctum fixum und Punctum mobile, und der Oberarm-Kopf-Muskel hebt den Oberarm, statt den Kopf zu senken. Das Pferd zeigt eine exaltierte Vorderbeinaktion, die leider noch zu häufig mit guten Noten und teuren Auktionssummen honoriert wird. Häufig kommt es bei diesem »Auktionstrab« zu Rissen in der *Pars clavicularis* des Oberarm-Kopf-Muskels. Die »Löcher« im Unterhals deuten also auf verbrauchende Bewegungsmuster und Überlastung hin.

Oberarm-Kopf-Muskels *(M. brachiocephalicus)* exaltiert nach vorne-oben gezogen und kracht dann in einem unphysiologischen Bogen rückwärts-abwärts in den Boden. Schäden an Fesselträgern und Beugesehnen sind allzu häufige Folgen.

Folgeschäden

Dazu kommt, dass einem derartig durch die Reiterhand begrenzten Pferd die Schubkraftentwicklung der Hinterbeine unmöglich gemacht wird. Treibt der Reiter es dennoch sportlich vorwärts gegen die rückwärts wirkende Hand, muss es entweder beidseits breiter fußen, zu einer Seite schief werden, den Schritt in Richtung Pass verschieben oder aber die Reaktion auf die treibenden Hilfen quittieren und sich letztlich nur noch schleppend und mit peitschendem Schweif bewegen. Salopp formuliert könnte man sich das so vorstellen, dass das Pferd die volle Halslänge benötigt, um mit der Vorhand einen großen Schritt machen zu können (denn das Vorderbein fußt von Natur aus ja dort hin, wohin die Nase zeigt!), damit die Hinterhand dann gewissermaßen Platz hat, um ebenfalls eine großen Schritt machen zu können. Kann nun aber die Hinterhand ihren Job als Bewegungsmotor gar nicht ausüben und stellt die Schubkraft ein, bewegt sich das Pferd aufgrund dessen nur noch mit Hilfe ziehender, stemmender Vorderbeine fort. Für diese Art der Bewegung ist die Vorhand des Pferdes jedoch nicht ausgelegt und verschleißt in Folge der Überlastung.

Der breite Rückenmuskel *(M. latissimus dorsi)*, der aus der Rückenlendenbinde kommt und zum Oberarmknochen zieht, wird hyperton, also kommt in einen zu hohen Spannungszustand, und zieht das Vorderbein in die Rückständigkeit. Das Pferd steht dann dauerhaft in einer Haltung, in der es Fesselträger, Beugesehnen, Gleichbeine und alle Strukturen der Hufrolle überlastet und damit wird es anfällig für Verletzungen und degenerative Erkrankungen wird. Dazu kommen Probleme der Rückenlendenbinde, der großen Faszie in der Sattellage, die dicht mit Schmerzrezeptoren besiedelt ist. Längerfristige unphysiologische Stemmarbeit sieht man auch daran, dass die Vorderbeine des Pferdes zunehmend mehr in Innenrotation stehen, wenn zudem der tiefe Brustmuskel *(M. pectoralis profundus)*, der den Rumpf über das aufgefußte Vorderbein zieht, zu stark wird.

Diese Exterieurauffälligkeiten sind zum Nachlesen erläutert im Buch **Einmal überbaut, immer überbaut?** (siehe Literaturliste).

Prüfstein Trabverstärkung

Typischerweise heben Pferde, die LDR trainiert und abgeritten wurden, den Kopf dann deutlich an, wenn man sie für den Zeitraum der Prüfung oder Vorführung eben nicht nach unten zwingt. So kann das Genick dann durchaus lehrbuchgerecht zum höchsten Punkt werden und den Eindruck erwecken, dass korrekt gearbeitet worden wäre, wenn man eben nur auf die Kopfposition schaut. Der Genickwinkel bleibt aber bei gerollten Pferden immer verdächtig eng und das offenbart sich dann spätestens in den Verstärkungen: Physiologisch wäre, wenn der Hals im starken Trab ein klein wenig tiefer käme als im versammelten Trab und dass der Genickwinkel sich mit den erweiterten Tritten ebenfalls deutlich öffnet. Tut er das nicht, wurde das Pferd nicht klassisch ausgebildet.

Bei besagtem Anheben des Halses kommt zu allen genannten Punkten nun außerdem noch der komprimierte CTÜ hinzu. Zusammenfassend handelt es sich bei diesen dann »oben eng hingestellten« Pferden um die verschleißendste Art des Gerittenwerdens überhaupt.

Schaut man einem Pferd aber nicht nur auf Kopf und Hals, sondern auch auf den Rücken (siehe Seite 69) hinter dem Sattel, offenbart sich eine gute Rückentätigkeit dem geschulten Auge auch unabhängig von der Halshöhe.

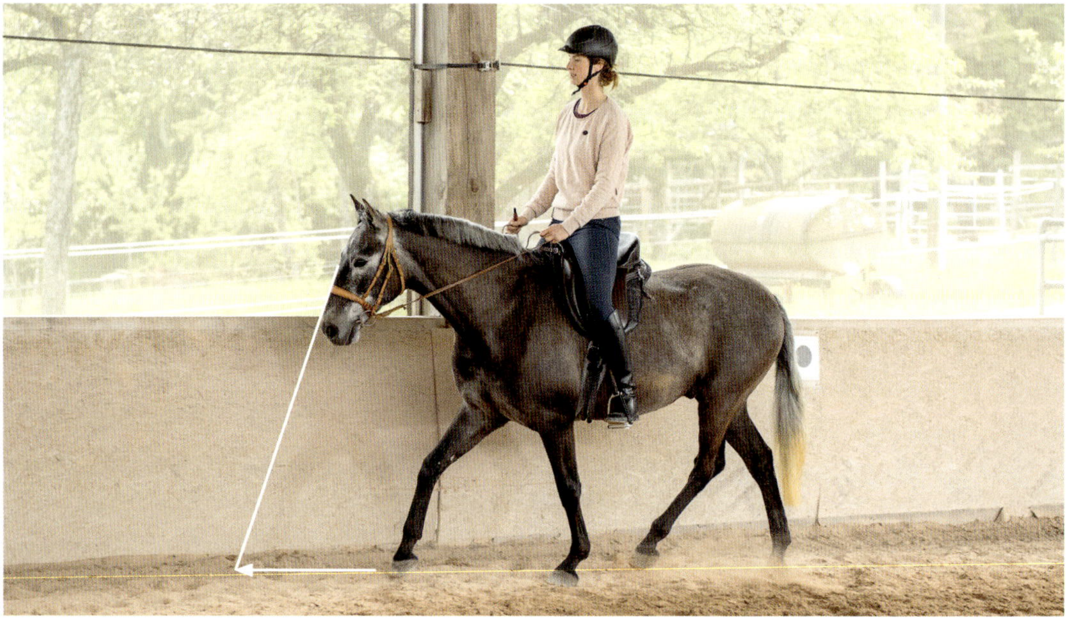

Dieses junge Pferd demonstriert das Gegenteil der Überzäumung: Es trabt hier gerade in Anlehnung, aber mit wenig Beizäumung. Die Verlängerung der Stirn-Nasen-Linie zeigt deutlich vor das auffußende Vorderbein.

Was soll denn nun vorwärts-abwärts?

Der Begriff des »Vorwärts-abwärts-Reitens« kommt in der deutschen Reitlehre so gar nicht vor, ist also zunächst einmal kein definierter Fachbegriff. Er wird umgangssprachlich für alles Mögliche genutzt, und leider eben auch beschönigend für das LDR-Hyperflexionsreiten. Was tatsächlich vorwärts-abwärts zeigen soll, ist zunächst einmal einfach die Stirn-Nasen-Linie des Pferdes, und zwar grundsätzlich, unabhängig von der Halshöhe. Diese Anweisung findet sich in der Reitvorschrift der H.Dv., also dem Ursprung der deutschen Reitlehre. Die Nase soll also nicht vorwärts-waagerecht oder gar aufwärts zeigen (was bei einem massiv herausgehobenen oder kopfschlagenden Pferd der Fall sein könnte und im Gefecht vermutlich auch vorgekommen sein mag), aber eben auch nicht rückwärts-abwärts (was bei überzäumten Pferden der Fall ist). So mancher Reiter oder Trainer, der vom »Vorwärts-abwärts-Reiten« redet, reitet die Pferdenase dabei in Wirklichkeit stattdessen eigentlich rückwärts-abwärts, und das ist eben in keiner klassischen Lehre korrekt! Je tiefer der Hals des Pferdes ist, desto mehr muss sich der Genickwinkel öffnen, damit die Stirn-Nasen-Linie immer noch nach vorwärts-abwärts zeigt. Das passt mit den Grundsätzen physiologischen Bewegens wunderbar zusammen, von daher ist dieser Merkspruch nach wie vor zeitgemäß und absolut berechtigt!

Was wir den Schlagworten »vorwärts« und »abwärts« ebenfalls entnehmen können, ist die **Richtung**, in die ein Pferd den Rahmen erweitert, wenn es klassisch und damit physiologisch geritten wird: Beim Verlängern der Zügel sowie beim Verlängern der Schritte oder Tritte öffnet es seinen Genickwinkel und drückt die Nase ein wenig mehr vorwärts, während der Hals sich ein klein wenig **abwärts** senkt. Wenn es dagegen Beim-Zügel-aus-der-Hand-kauen-Lassen stattdessen Richtung **abwärts-rückwärts** ausweicht, also tief und eng wird, dann ist das ein untrügliches Zeichen dafür, dass keine korrekte Grundausbildung oder zumindest in diesem Moment keine Losgelassenheit vorliegt.

Und wenn das Pferd unabsichtlich zu eng im Genick wird?

Handelt es sich um einen kurzfristigen Einwirkungsfehler, weil man eben doch mal etwas zu sehr mit der Hand durchgekommen ist, dann genügt es, wenn man wieder nachgibt, die Tritte ein wenig verlängert (Schubkraft drückt die Nase nach vorne!), anschließend die Zügel aus der Hand kauen lässt, um sie dann neu aufzunehmen. Ein korrekt ausgebildetes Pferd ist danach dann nicht mehr zu eng und die Reiteinheit kann ganz normal weitergehen. Das kurzfristig zu enge Genick ist selbstverständlich kein Ziel des Reitens und die eigene Handeinwirkung

Das klassisch gerittene Pferd zeigt Dehnungsbereitschaft in Richtung vorwärts-abwärts. Die Reiterin hat das Pferd optisch und gefühlt »vor sich«.

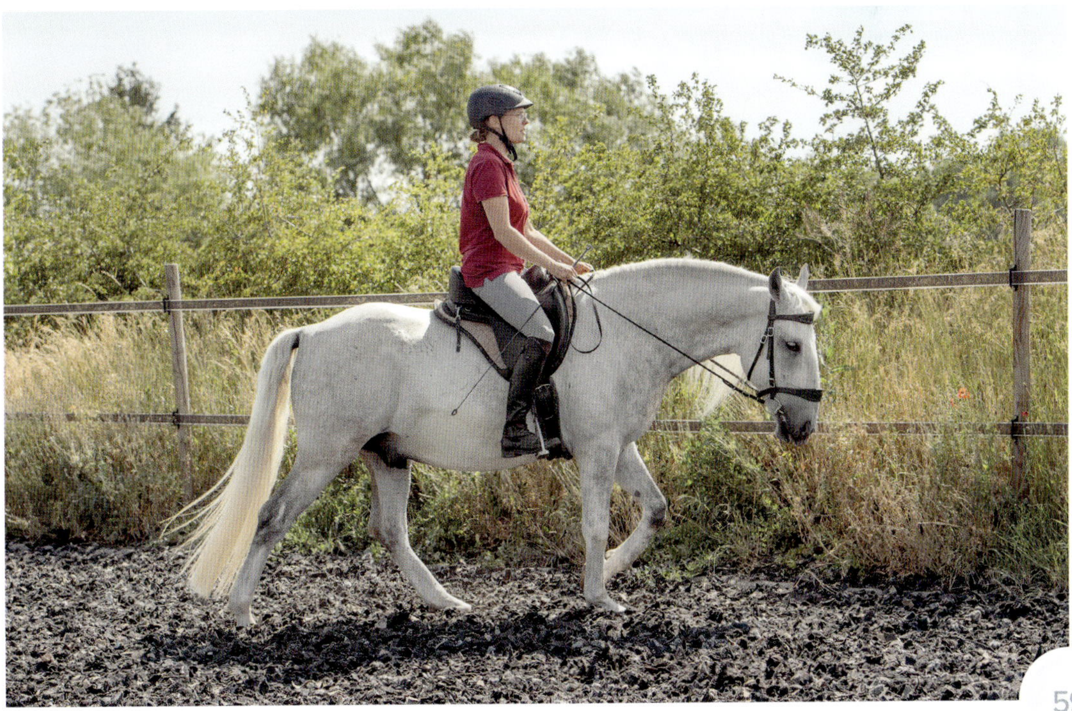

und das Zusammenspiel der Hilfen sollte daraufhin verbessert werden, aber es ist eben auch kein Drama, wenn das für wenige Trabtritte passiert.

Anders sieht es aus, wenn das Pferd nicht nur sein Genick zu stark beugt, sondern tatsächlich den Hals rollt und einen falschen Knick zeigt. Das ist ein grundsätzlicher Ausbildungsfehler und ein massiv verschleißendes Bewegungsmuster, was unbedingt professionell korrigiert werden muss und nicht etwa beschönigt und als »normal« hingenommen werden darf. Als erste Maßnahme empfehlen wir eine osteopathische Behandlung, denn beim falschen Knick liegen in aller Regel Genickbefunde vor. Außerdem ist unbedingt zu vermeiden, dass das Pferd sich in dieser Haltung weiterbewegt.

Wenn der Reiter nicht so versiert ist, dass er das Problem selbst lösen kann, ist er mit dem Longieren am Kappzaum sowie dem zwanglosen Reiten mit hingegebenem Zügel erst einmal auf der sicheren Seite. Wenn das Pferd seinen Hals zwanglos ganz aus dem Widerrist heraus fallen lässt, entlastet es nämlich den fälschlich geknickten Bereich und trainiert dazu die entsprechenden Strukturen, was eine gute Voraussetzung dafür ist, später wieder die Zügel aufnehmen zu können, ohne einen falschen Knick auszulösen.
Reiterlich korrigieren kann man den falschen Knick durch absolut gekonnte Biegearbeit (das **OsteoDressage-Buch über die Biegung** wird 2020 erscheinen) in Kombination mit feinfühligem Zügel-aus-der-Hand-kauen-Lassen während perfekt abgestimmter treibender und nachgebender Hilfen. Für diese Korrekturarbeit benötigt es einen versierten (Be-)reiter. Soll der Reiter dagegen selbst gerade das korrekte Biegen lernen oder macht währenddessen Handfehler, dann macht das den Prozess zunichte. Ähnlich schwierig ist der Fall, wenn ein Pferd gelernt hat, jeglichem Gebisskontakt nach rückwärts auszuweichen, also überhaupt keine Anlehnung an das Gebiss zu suchen, sondern sofort hinter die Hand zu kommen, wenn der Reiter die Zügel anfasst. Auch das ist ein Korrekturfall, in dem der Bereiter das Pferd unter Umständen energisch dazu auffordern muss, an die absolut passive Hand heranzutreten und dann im genau richtigen Moment nachzugeben, sodass das Pferd lernt, dass es sich keine »nachgebende Hilfe« holen kann, wenn es sich eng macht und den Genickwinkel schließt, sondern die nachgebende Hilfe genau dann erfolgt, wenn es den Genickwinkel öffnet. Dabei geht es um ein exaktes Timing und dabei handelt es sich nicht selten um Meisterarbeit. Wenn das Pferd die richtige Bewegungsidee hat, kann dann anschließend der Besitzer lernen, sein Pferd in konstante Anlehnung zu bekommen. Solange das noch nicht möglich ist, plädieren wir auch in diesem Fall für das Longieren am Kappzaum ohne Hilfszügel und das (Aus)reiten mit hingegebenem Zügel.

Halswirbelsäule mit »falschem Knick«

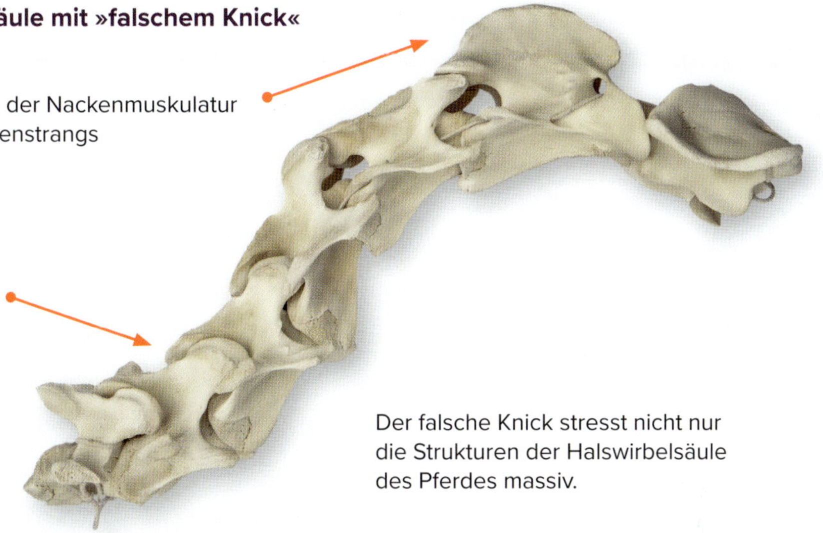

Der falsche Knick stresst nicht nur die Strukturen der Halswirbelsäule des Pferdes massiv.

Parallel dazu ist die Befundung durch einen guten osteopathischen Pferdetherapeuten und die Behandlung der beanspruchten Strukturen empfehlenswert und nicht selten unumgänglich, bevor der Bereiter sich dem Problem annehmen kann.

Übungen für eine bessere Reiterhand

Zur Übung des Reiters bietet sich in jedem Fall das einhändige Reiten auf Trense an. Dabei werden beide Zügel in eine Faust (traditionell die linke, aber im Sinne der reiterlichen Geraderichtung empfiehlt sich das Training mit beiden Fäusten) genommen, welche aufrecht mittig über dem Mähnenkamm getragen wird. Die freie Hand hängt laut Reitvorschrift (siehe Seite 131) locker hinter dem Oberschenkel herab. Das Zügelmaß ist so zu wählen, dass eine gleichmäßige Anlehnung, meist in Gebrauchshaltungshöhe, möglich ist. Beim Reiten gebogener Linien wie etwa auf dem Zirkel darf der innere Zügel ein klein wenig kürzer gefasst sein als der äußere, sodass die Halsbiegung und Innenstellung gemäß der Linie automatisch möglich sind. Beim Umstellen in die andere Richtung ist zuerst der neue äußere, vormals innere Zügel zu verlängern, weil die neue äußere Halsseite des Pferdes sich verlängern muss, bevor gegebenenfalls der neue innere Zügel etwas verkürzt wird.

Der erste Vorteil des einhändigen Reitens besteht darin, dass sich der Reiter auf seine Gewichts- und Schenkelhilfen fokussieren muss, um das Pferd zu steuern, während die Hand ruhig getragen wird und ansonsten »nichts tun darf«. Das führt dazu, dass das Pferd eine ruhig im Maul liegende Trense vorfindet, und

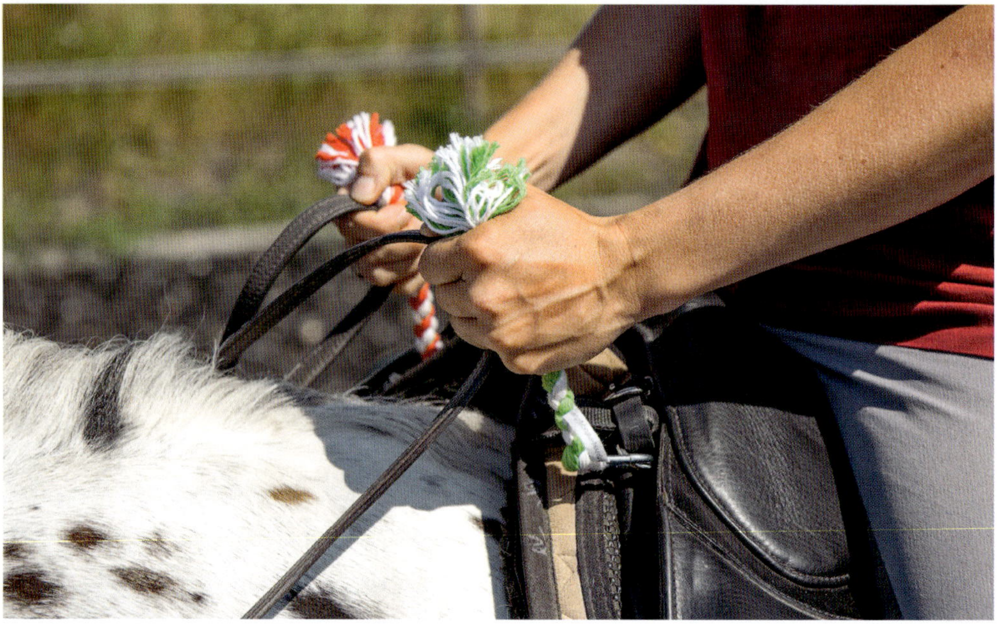

Die Strickchen am Sattel geben dem Reiter Rückmeldung über (zu) große und vor allem rückwärtswirkende Hand- und Armbewegungen.

sofern das Zügelmaß passend eingestellt wird, an beide Gebisshälften herantreten kann, ohne dass diese schmerzhaft im Maul hin- und her geruckt werden. Das verbessert in vielen Fällen das Vertrauen in die Reiterhand, denn nur wenn das Pferd sich sicher ist, dass nicht doch immer mal eine Gebisshälfte schmerzhaft zur Seite gezogen wird, wird sich seine Anlehnungsbereitschaft verbessern.

Eine weitere Übungsmöglichkeit bei unruhigen und vielleicht auch tatsächlich unbewusst rückwärtswirkenden Händen sind die »Strickchen« aus dem Hippolini-Konzept. Dazu werden zwei jeweils 15 Zentimeter lange Seilchen mit einer Perle oder einem dicken Knoten als Anschluss vorn am Sattel befestigt und mit dem Zügeln gemeinsam in der Hand geführt. Bewegt man nun die Fäuste eben weiter als die Strickchenlänge vom Widerrist weg, wird diese fälschlich zu große Bewegung zum einen vom Strickchen gebremst und so das Pferd vor übermäßigen Bewegungen im Maul bewahrt, zum anderen spürt der Reiter durch die Rückmeldung des Strickchens selbst, wann seine Hände den korrekten Bereich von zwei Faustbreiten seitlich des Widerristes verlassen. Reiten Sie die ganze Einheit mit Strickchen, ohne diese im Laufe der Stunde jemals auf Zug zu bringen, war Ihre Hand korrekt!

Einhändiges Reiten auf Trense sollte zur Grundausbildung gehören.

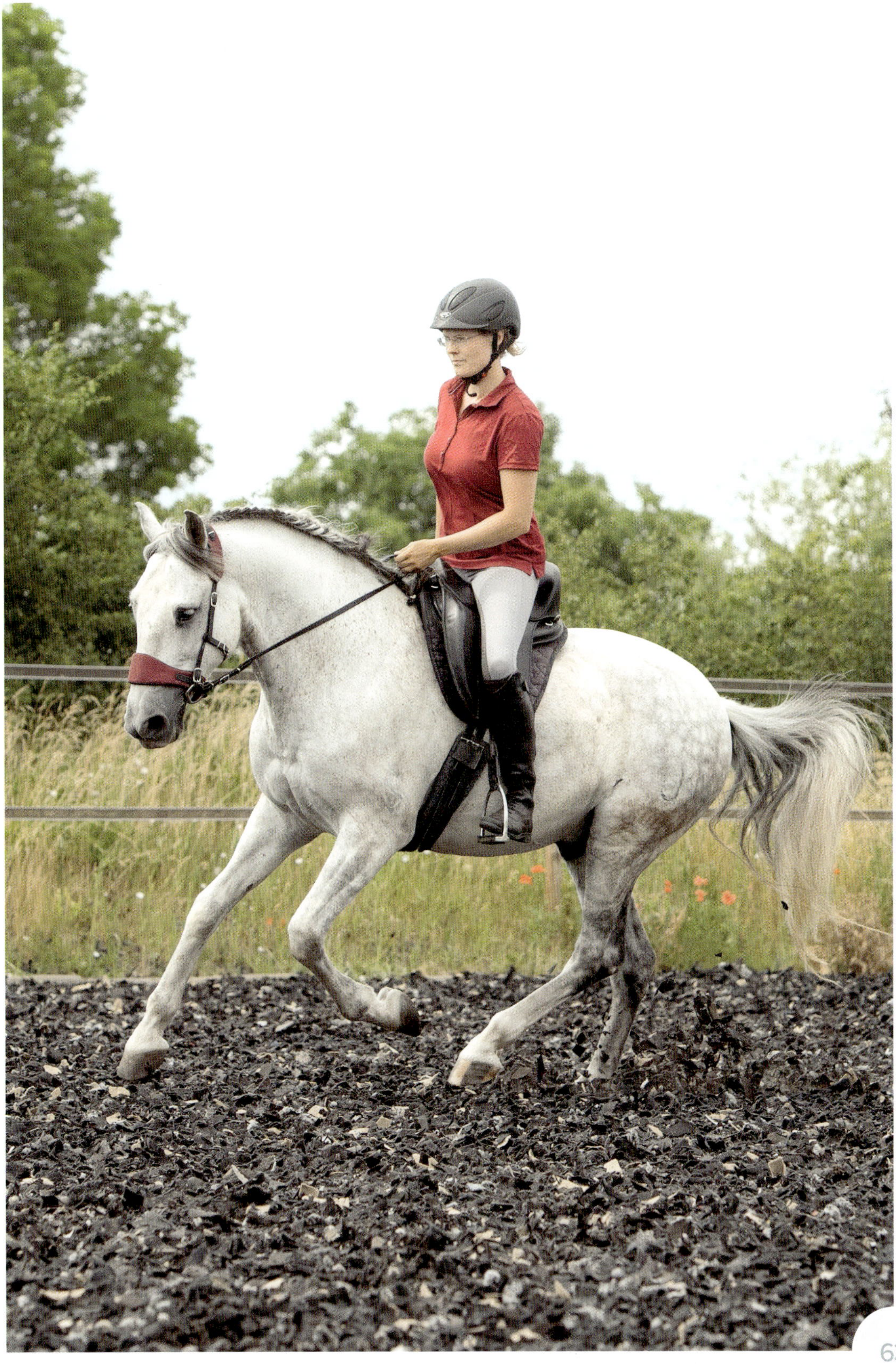

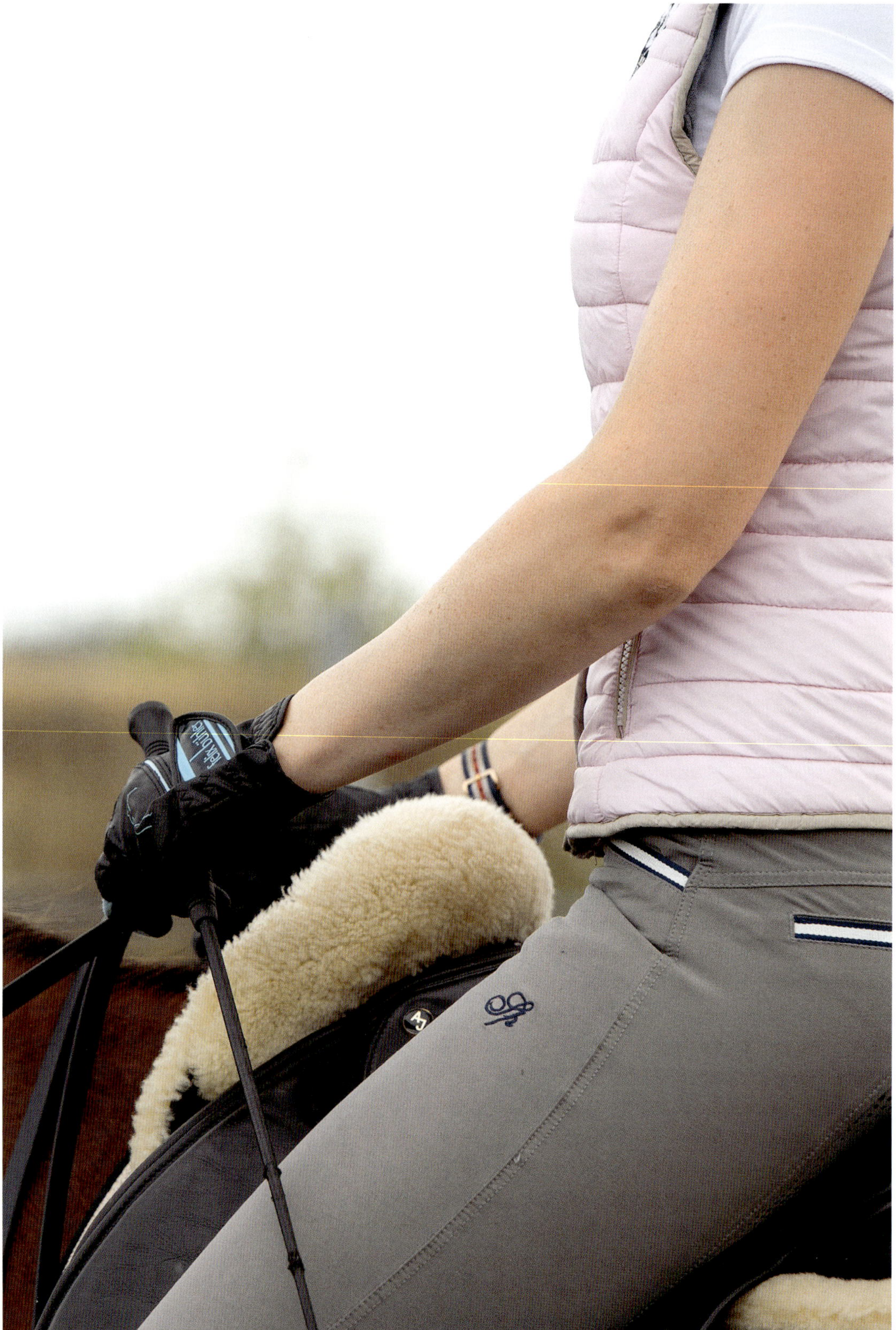

Wie der **SITZ DES REITERS** die Dehnungsbereitschaft des Pferdes beeinflusst

Wenn ein Pferd an der Longe problemlos und freiwillig den Hals fallen lässt, sich unterm Reiter aber nicht oder im Verlauf einer Reiteinheit erst spät zu dehnen beginnt, sitzt das Problem womöglich im Sattel. **Nur unter einem korrekt platzierten, ausbalancierten und geschmeidig mitschwingenden Reiter fühlen sich Pferde so wohl,** dass sie sich tatsächlich loslassen können.

In der klassischen Reiterei ist und bleibt Sitzschulung deswegen ein lebenslänglicher Prozess, auf den nicht nur zu Beginn der Reitkarriere, sondern fortwährend Wert gelegt werden muss. Heute kennen wir so viele hervorragende Konzepte zur Sitzschulung für wirklich jeden Lerntypen, dass kein Reiter seine körperlichen Einschränkungen und Dysbalancen mehr als unwiderruflich gegeben hinnehmen muss.

Die Entwicklung zu einem besseren, geschmeidigeren, gesünderen Sitz ist immer möglich. Oft machen vermeintliche Kleinigkeiten einen riesigen Unterschied für das Pferd, das sich unter uns bewegen soll. Sitzschulung ist angewandter Tierschutz! Im Folgenden wollen wir einige Übungen aus unserem Sitzschulungsprogramm vorstellen und die Wirkung auf das Pferd aus anatomischer und biomechanischer Sicht erläutern.

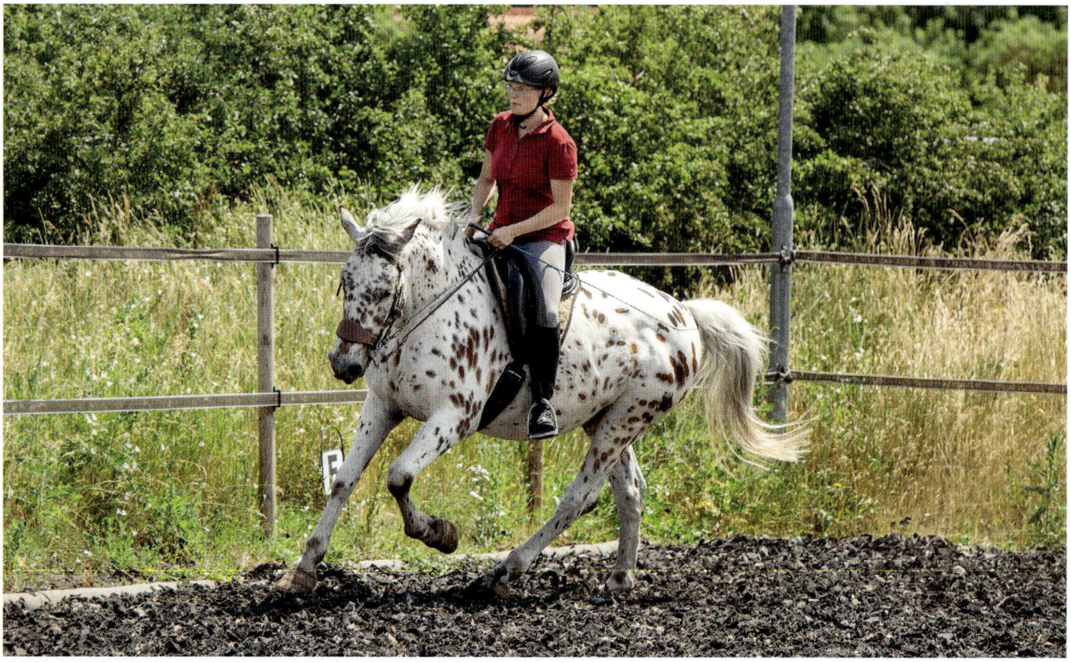

Auch im Dressursattel kann geringgradiges Entlasten sinnvoll sein wie hier beim Verlängern der Galoppsprünge.

Vom leichten Sitz zum Aussitzen

Der leichte Sitz ist ein wichtiger Bestandteil gesunderhaltenden klassischen Reitens und wird in der Praxis insbesondere von Dressur- und Freizeitreitern oft zu wenig oder nicht richtig angewendet. Für das Anreiten oder (wieder) Antrainieren von bislang wenig gerittenen Pferden ist er unverzichtbar. Aber auch, wenn Ihr Pferd den Hals nicht fallen lassen mag, die Rückentätigkeit verbesserungswürdig ist oder es Befunde im hinteren Rücken gibt, sollte das Traben im leichten Sitz dringend auf Ihren Trainingsplan.

Im leichten Sitz verlagert der Reiter das Gewicht seines Oberkörpers, welches im Vollsitz (Dressursitz) auf den Gesäßknochen ruht, vermehrt auf die Steigbügel und seine Oberschenkel. Das Gesäß wird nicht mehr belastet, sondern schwebt über dem Sattel, die Zügelfäuste ruhen rechts und links des Widerristes. Dabei winkeln sich Hüfte, Knie und Fußgelenk des Reiters vermehrt. Der Oberkörper kommt tiefer und vor die Senkrechte, das Gesäß wird dafür etwas nach hinten genommen. Der Unterschenkel liegt senkrecht. Die Bewegungen des Pferdes, die im Vollsitz auch durch das »Mitschwingen in der Mittelpositur« begleitet werden, werden nun vor allem in Knie und Fußgelenk »nach unten abgefedert«. Dadurch bleibt das Gesäß konstant ruhig, knapp über dem Sattel, ohne diesen zu berühren.

Ausprägungen des leichten Sitzes

Der sogenannte Entlastungsgrad kann im leichten Sitz variieren von einem nur ganz gering entlastenden »Remonte-« oder »Entlastungssitz« bis hin zum starken Entlasten in schnellem Galopp, etwa auf der Wegestrecke einer Geländeprüfung zwischen den Sprüngen.

Je höher der gewünschte Entlastungsgrad, desto kürzer müssen die Steigbügel geschnallt werden (laut Richtlinien drei bis sechs Loch kürzer als im gestreckten Dressursitz).

Anatomische Grundlagen

Im leichten Sitz, so fassen die Richtlinien zusammen, »kann der Pferderücken freier schwingen und sich besser aufwölben«. Um zu verstehen, warum das so ist und wie genau das bei der Entwicklung der Dehnungsbereitschaft hilft, schauen wir uns die Anatomie des Pferderückens an: Der Bereich, in dem man das Pferd mit Gewicht belasten kann, liegt zwischen dem 12. und 16. Brustwirbel. Maximal bis zum 18. Brustwirbel darf der Sattel zum Liegen kommen. Am tragfähigsten ist der Rücken direkt hinter dem Widerrist, unter anderem weil der vordere Teil der Brustwirbelsäule noch vom Hauptrumpfträger *(M. serratus ventralis)* abgefedert wird und weil das ventrale Längsband (siehe Kasten Seite 68) zwischen dem 7. bis 15. Brustwirbel seitliche Anteile besitzt und so für mehr Stabilität sorgt. Je weiter man das Gewicht in Richtung der Lendenwirbelsäule bringt, desto eingeschränkter ist die Rückenbewegung des Pferdes (es kann nicht mehr über den Rücken gehen) und die Wirbelsäule kommt schneller

Die Brustwirbelsäule besteht aus 18 Wirbeln. Der Sattel darf insgesamt nicht weiter hinten aufliegen als die rote Markierung und der Reiter sollte idealerweise zwischen dem 12. und 16. Brustwirbel (grün) zum Sitzen kommen.

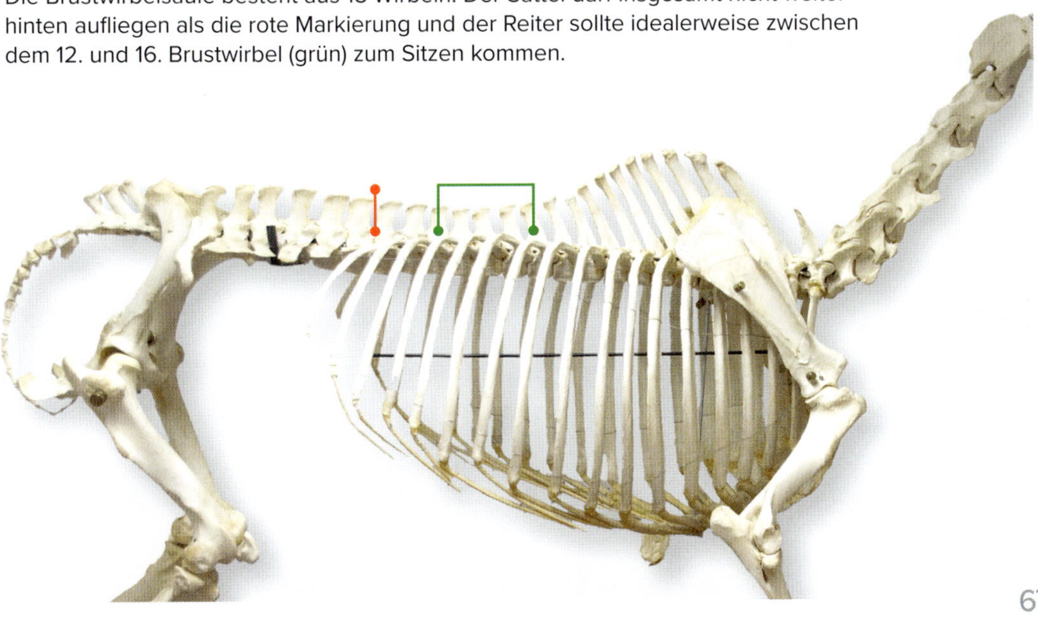

unter dem Gewicht in die Streckung, was langfristig zu degenerativen Erkrankungen führen kann.

Schauen wir uns den Bereich in der Realität auf echten Pferderücken an, so fällt auf, dass die Fläche, über der wir unser Gewicht platzieren können, gerade bei vielen »kurzrückigen« Freizeitpferden, aber auch bei modernen Dressurpferden im Hochrechteckformat (Buchempfehlung: **Einmal überbaut, immer überbaut?**, Welter-Böller und Weingand, Müller Rüschlikon Verlag) im Verhältnis zum Gesäß des dazugehörigen Reiters leider häufig klein anmutet und eher unter der vorderen Hälfte des Sattels zu finden ist als in der hinteren.

Warum das Nacken- Rückenband-System nur eine wichtige Komponente ist

Beinahe jeder Reiter hat schon etwas vom Nacken- und Rückenband gehört. Weniger Beachtung finden die anderen Ligamente, die ebenfalls für Stabilität der Brust- und Lendenwirbelsäule unserer Reitpferde sorgen (siehe Zeichnung). Besonders hervor zu heben ist dabei das ventrale Längsband (Lig. longitudinale ventrale): Es beginnt unterhalb der Wirbelkörper schwach am 12. Brustwirbel, wird im Bereich etwa des 16. Brustwirbels kräftig und endet am Kreuzbein. Im Bereich zwischen dem 7. bis 15. Brustwirbel befinden sich laterale Anteile,

Das Ligamentum longitudinale ventrale (ventrales Längsband) verhindert, dass die Wirbelsäule unter dem Reitergewicht zu stark in die Streckung geht. (Grafik: ravenstein2)

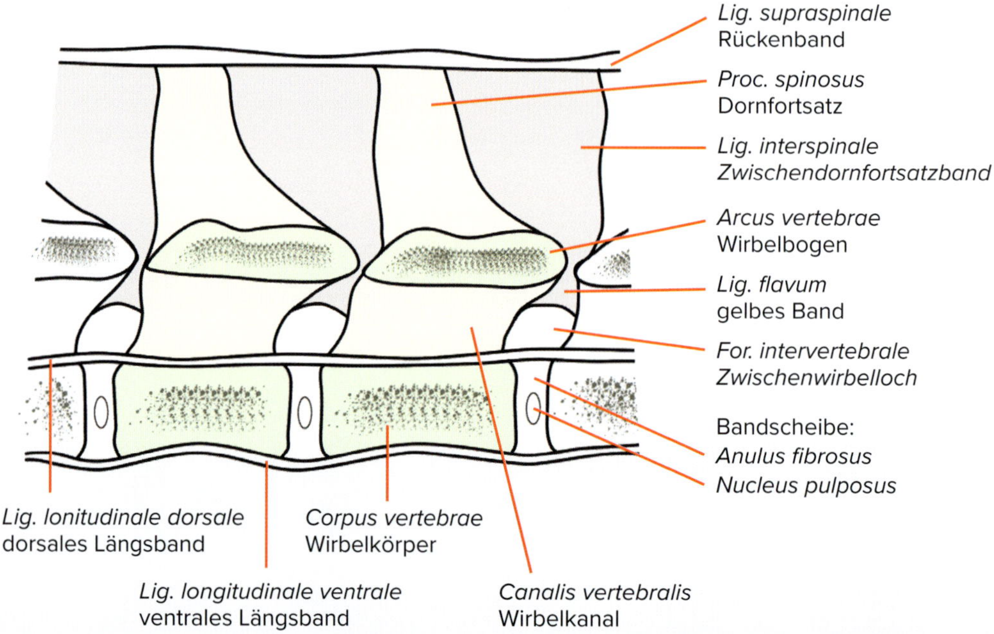

welche benachbarte Wirbelkörper miteinander verbinden und direkten Kontakt mit den Bandscheiben besitzen (vgl. Dissertation von Dr. med. vet. Carmen Geiger von der Uni München). Es verbindet also die Brust- und Lendenwirbelsäule des Pferdes und verhindert von unten wie die Seile einer Hängebrücke, dass der Pferderücken in eine zu starke Streckung absackt.

Selbst wenn das Pferd mit angehobenem Hals und weggedrücktem Rücken herumsteht, das Nacken-Rückenband also nicht unter Zug steht, bricht seine Brustwirbelsäule erfahrungsgemäß nicht unter dem Reitergewicht durch. Das verdanken wir unter anderem dem ventralen Längsband. Diese wichtige Struktur verdient also mindestens dieselbe Beachtung wie das Rücken-Nacken-Band und wird bei unphysiologischer Belastung durch nicht-losgelassenes Reiten teilweise irreparabel überlastet, wenn die Wirbelsäule in Streckung mit Gewicht belastet wird. Das ist bei absoluter Aufrichtung (siehe Seite 117) zwangsläufig der Fall, hängt aber auch mit Equipment, Sitzschwerpunkt und Training zusammen.

»Über den Rücken« aus anatomischer Sicht: Der Dehnungs-Verkürzungs-Zyklus

Im physiologischen Trab eines unvorbelasteten Pferdes schwingt die Rückenlinie deutlich sichtbar auf und ab – dann arbeiten Rückenband und ventrales Längsband optimal zusammen: Faszien haben die Eigenschaft, sich ohne Energieaufwand wie eine Sprungfeder zusammenzuziehen, wenn sie gedehnt wurden (Dehnungs-Verkürzungs-Zyklus). Senkt sich die Rückenlinie, dehnt sich das ventrale Längsband und federt schließlich wieder zurück, verkürzt sich also, woraufhin sich das Rückenband dehnt. Das Pferd läuft physiologisch »über den Rücken«.

Nun ist dieser ausgeklügelte Mechanismus sehr anfällig und wird bereits durch das Equipment und das Reitergewicht mitunter stark gestört. James Rooney von der Russel Meerdink Company machte für seine Arbeit »The Lame Horse« hierzu bereits 1997 Messungen mit computergestützten Aufzeichnungen: Er befestigte Markierungschips im Bereich der Brustwirbelsäule und zeichnete die Rückenschwingung auf. Platzierte man den Sattel »auf dem Schwerpunkt« eines Pferdes direkt hinter dem Widerrist und belastete ihn mit »some forty pounds« ergab sich auf der Aufzeichnung eine schöne sinusförmige Welle – der Rücken schwang ausgeglichen nach oben und unten. Wurde der Sattel 25 cm weiter hinten platziert, blockierte das massiv die Rückenbewegung und die wellenförmige Kurve war nicht mehr zu sehen – ventrales Längsband und Nacken-Rückenband konnten nicht mehr im natürlichen Dehnungs-Verkürzungs-Zyklus zusammenarbeiten.

Wenn das ventrale Längsband überlastet wird

Zu hohes Reitergewicht, unpassende Sättel, aber natürlich auch eine unphysiologische Kopf-Hals-Haltung, die den Rücken des Pferdes in die (Über-)Streckung zwingen, überlasten das ventrale Längsband. Das Pferd wird auch ohne Reitergewicht keine schöne Rückenschwingung zeigen, eventuell schmerzempfindlich sein und allmählich möglicherweise senkrückiger werden. Schließlich kommt es zu degenerativen Erkrankungen: Kissing spines, sich berührende Dornfortsätze, die Pferde unreitbar machen können und in jedem Fall für Rückenschmerzen sorgen, kennen viele Reiter.

Was selten diagnostiziert wird, weil röntgenologisch schwer darstellbar, sind Verknöcherungen des ventralen Längsbandes: die sogenannte Spondylose deformans, die nicht nur die Beweglichkeit der Wirbelsäule in Richtung Beugung stark einschränkt, sondern ebenfalls stark schmerzhaft sein dürfte. Diese Erkrankung geht oft einher mit Kissing spines.

Hier wird klar, warum es essenziell ist, den leichten Sitz zu beherrschen und auch anzuwenden! Durch das Reiten im korrekten leichten Sitz bringt man durch eine geringe Schwerpunktvorverlagerung den eigenen Körperschwerpunkt mit dem des Pferdes in Übereinstimmung. Das Pferd hat den hinteren Rücken freier, um besser in besagtem Sinusrhythmus schwingen zu können.

Leichter Sitz: Gut gemeint ist nicht immer gut gemacht!

Das gemeinsame Gleichgewicht ist ein schmaler Grat: Balanciert der Reiter sich im leichten Sitz nicht korrekt in sich selbst aus, sondern wirft er den Oberkörper nach vorne und lässt die Unterschenkel zurückrutschen, dann überlastet er den Halsansatz und damit tatsächlich »die Vorhand« des Pferdes. Um den leichten Sitz in der Praxis zu erlernen und Fehler zu verbessern, haben sich zwei Übungen bewährt:

Übung 1 ohne Pferd: **In die Hocke gehen**

Als Ausgangsposition stellen Sie sich aufrecht hin, Füße schulterbreit bei ganz leicht gebeugten Knien, Arme und Hände in die korrekte »Reitposition« mit am Oberkörper herabhängenden Oberarmen, auf etwa 90 Grad gewinkelten Unterarmen, geschlossenen Fäusten mit

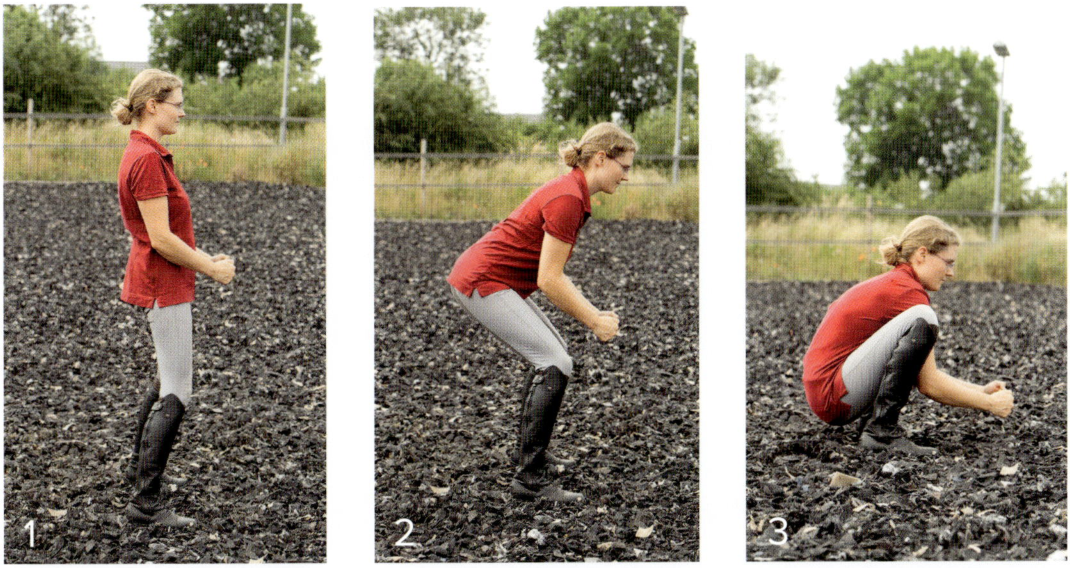

Foto 1: Stehen im »Dressursitz«. Foto 2: Der leichte Sitz. Sie spielen bei diesem Prozess fließend alle möglichen Entlastungsgrade durch und gymnastizieren schließlich in der Hocke (Foto 3) angekommen alle Strukturen, die für einen ausbalancierten leichten Sitz notwendig sind.
Foto 3: Angekommen in der Hocke.

nach oben zeigenden Daumen (Foto 1). Sie stehen im »Dressursitz«.
Bewegen Sie sich nun wie in Zeitlupe langsam in Richtung Hocke: Das Gesäß zwischen den Beinen nach hinten-unten sinken lassen, der Oberkörper kommt dadurch etwas nach vorne und die Hände sinken tiefer – ohne dass sich der 90-Grad-Winkel zwischen Ober- und Unterarm verändert hätte. Sie befinden sich nun im leichten Sitz (Foto 2), den Sie langsam und ganz kontrolliert immer weiter in Richtung Hocke verändern.

Ziel ist, dass Sie die ganze Zeit auf der vollen Fläche Ihrer Füße stehen und weder nach vorne noch nach hinten umkippen. Spielen Sie mit dem Gleichgewicht und probieren Sie aus, durch welche Veränderungen Ihrer Winkelung Sie einen Ausfallschritt nach vorne oder hinten machen müssen. Was Sie am Boden problemlos ausprobieren und üben können, sollte nachher auf dem Pferd nicht passieren, damit Sie ihm nicht wortwörtlich auf die Vorhand oder aber in den Rücken fallen.
Sollten Sie es mit dem Gesäß nicht ganz bis nach unten in die Hocke schaffen, wie auf dem Foto demonstriert, so besteht Gymnastizierungsbedarf. Regelmäßige Yoga-Praxis wird Ihren Hüften und damit jedem von Ihnen gerittenen Pferd guttun. Nicht selten kommt dabei auch tatsächlicher Behandlungsbedarf des Reiters zu Tage. Sollte Ihnen die Hocke trotz wiederholter Übung überhaupt nicht möglich sein, vereinbaren Sie bitte einen Termin beim Orthopäden und begeben Sie sich selbst in osteopathische Behandlung.

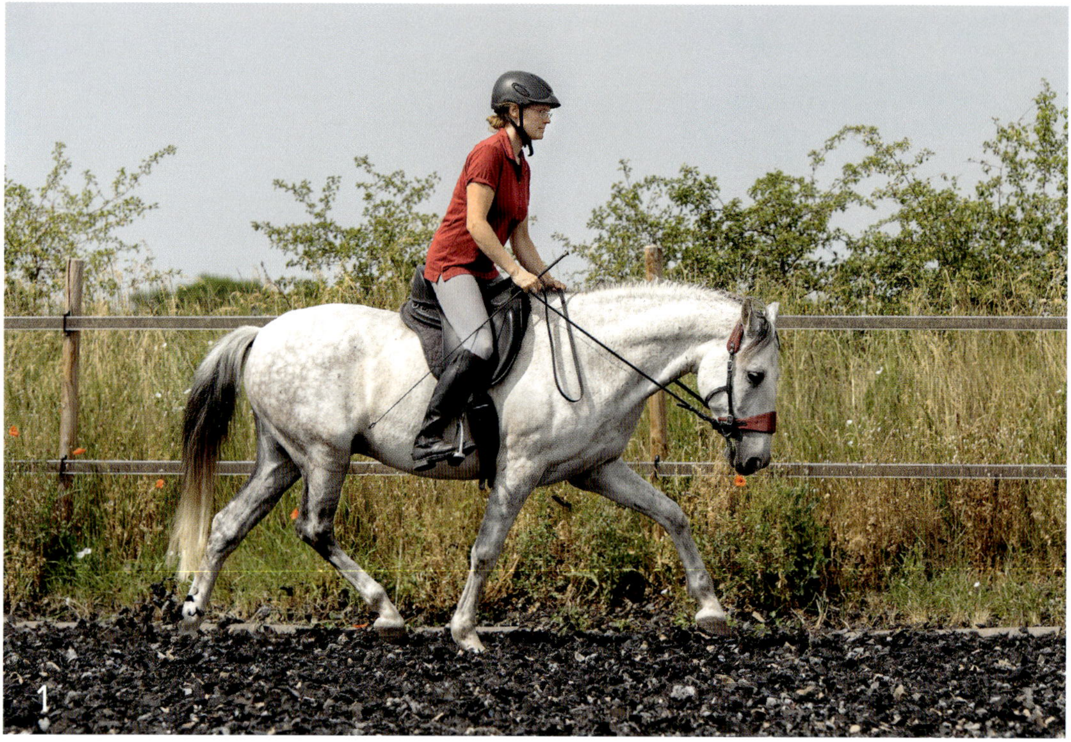

Leichter Sitz mit geringem Entlastungsgrad.

Unter einem imaginären Ast hindurch mit höherem Entlastungsgrad.

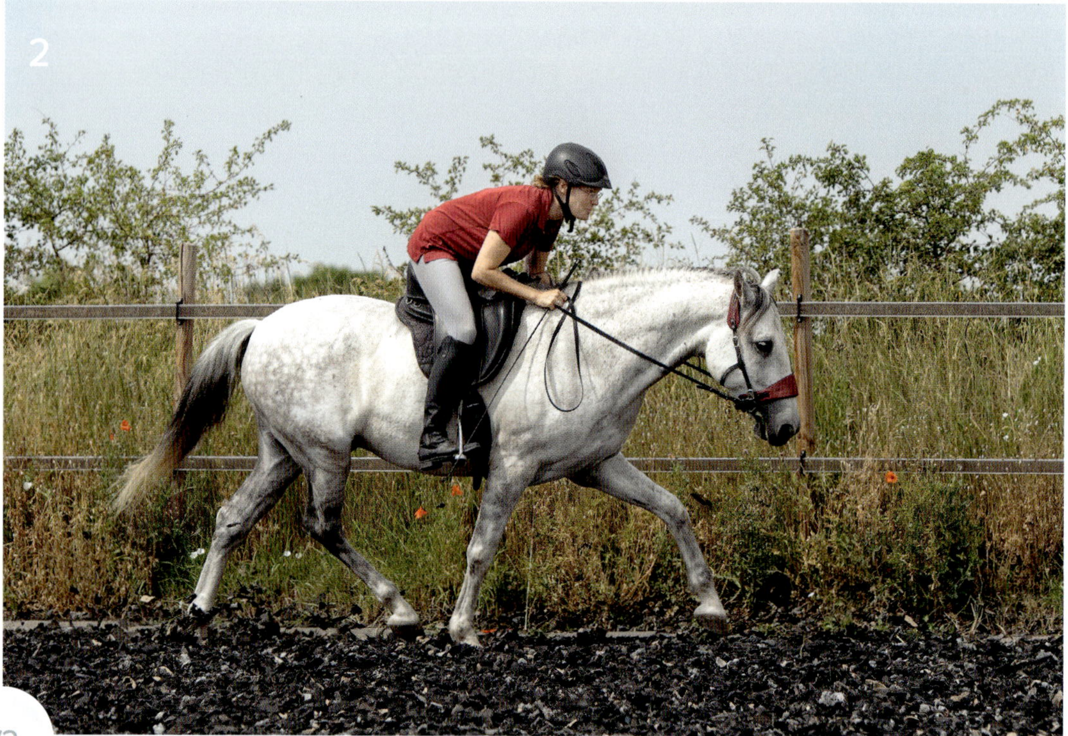

Übung 2 auf dem Pferd: »Tiefhängende Äste« oder Leichter Sitz mit wechselndem Entlastungsggrad

Um den leichten Sitz auf dem Pferd zu üben, schnallen Sie bitte die Steigbügel mindestens zwei Löcher kürzer als Ihre »Dressurbügel«. Zumindest ein eher geringer Entlastungsgrad muss auch in einem Dressursattel oder einem alternativen Sattel möglich sein, sonst passt dieser Ihnen nicht. Haben Sie einen Vielseitigkeits- oder Springsattel, können die Bügel sogar bis zu sechs Loch verkürzt werden. Die folgende Übung kann gerne in verschiedenen Sätteln und mit verschieden langen Bügeln häufig wiederholt werden. Nachdem sie einmal im Schritt erlernt ist, praktizieren Sie sie bitte vor allem im Trab, im Galopp ist sie ebenfalls möglich.

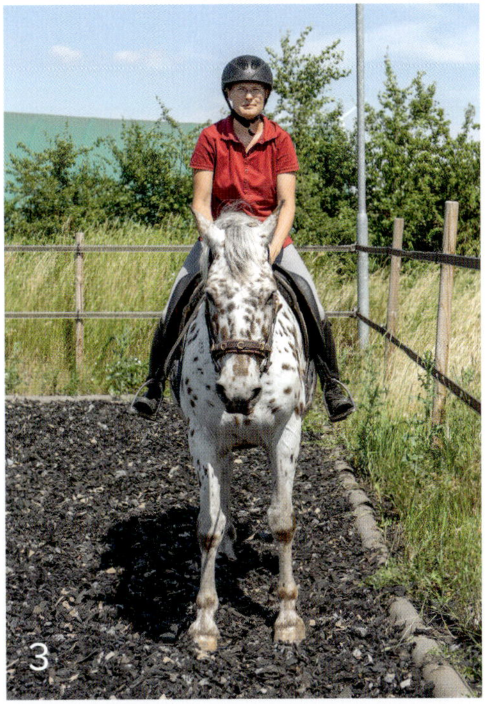

Leichter Sitz von vorne: Die Reiterin befindet sich senkrecht über dem Pferd.

Nehmen Sie zunächst einen leichten Sitz mit geringem Entlastunggrad ein (Foto 1), während das Pferd entweder an der Longe oder beim freien Reiten einfach ganze Bahn trabt. Stellen Sie sich vor, Sie würden auf einem Waldweg reiten, auf den etwa alle 20 Meter ein tiefer Ast von den Bäumen über den Weg hängt. Unter diesem ducken Sie sich hindurch, indem Sie den Entlastungsgrad des leichten Sitzes variieren: Schieben Sie langsam und kontrolliert Ihr Gesäß zurück (gefühlt »hinter den Sattelkranz«) und winkeln Sie sich in der Mittelpositur zusammen (»wie ein Taschenmesser«). Dadurch kommt Ihr Oberkörper annähernd in die Waagerechte, der Bauch nähert sich dem Vorderzwiesel (Foto 2). Bei besonders tiefem Ducken drehen Sie bitte den Kopf zur Seite wie beim Kraulschwimmen, um die Nase vom Mähnenkamm in Sicherheit zur bringen. Wichtig ist vor allem, dass der Oberkörper insgesamt nicht zu einer Seite hängt, sondern Sie sich mittig auf dem Pferd ausbalancieren. Das Brustbein des Reiters muss senkrecht über dem des Pferdes platziert werden (Foto 3).

Der Rücken des Reiters soll optisch gerade bleiben, rollen Sie also nicht die Brustwirbelsäule nach unten wie beim Katzenbuckel, sondern heben Sie Ihr eigenes Brustbein weiterhin an in Richtung »über die Pferdeohren«, während Sie stattdessen den Beckengürtel nach hinten schieben. Traben Sie in dieser tiefen Position einige Tritte lang unter dem imaginären Ast hindurch, lassen Sie dabei den Schwung des Pferdes weiterhin durch Ihr Bein nach unten federn. Der Unterschenkel muss unbedingt senkrecht am Gurt liegen bleiben und darf nicht nach hinten rutschen. Lassen Sie den Schwung des Pferdes auch durch Ihren eigenen unteren Rücken mit hindurchlaufen, wölben Sie Ihre eigene Lende gern sogar ein wenig extra auf, in dem Sie die Gegenbewegung zum Hohlkreuz machen. Richten Sie sich danach langsam und kontrolliert wieder auf zum normalen leichten Sitz mit geringerem Entlastungsgrad, traben Sie mehrere Meter und ducken sich dann langsam wieder, um unter dem nächsten imaginären Ast hindurch zu passen.

Dehnung mit dem Sitz auslösen

Bei dieser Sitzübung macht der Reiter das, was das Pferd in der Dehnungshaltung tun soll: er verlängert seine dorsale Kette, »lässt den Hals fallen«, aber bitte ohne »auf die Vorhand zu kommen«, und »wölbt den Rücken auf«, während er aber taktmäßig am Schwingen bleibt. Wird die Übung langsam und korrekt ausgeführt und der Reiter bleibt losgelassen im Gleichgewicht, führt sie bei den allermeisten Pferden dazu, dass diese spätestens nach einigen Minuten den Reiter sozusagen spiegeln und analog ihren Hals mehr fallen lassen. Mit Hilfe dieser Übung schulen Sie also nicht nur Ihren Sitz, sondern verbessern währenddessen die Dehnungsbereitschaft Ihres Pferdes.
Achtung: Sind Sie das Reiten im leichten Sitz nicht gewohnt, wird das anstrengend. Nehmen Sie gerne in Schrittpausen die Füße aus den Steigbügeln und lassen Sie Ihre Beine entspannt hängen. Ziel für einen fitten Reiter ist es, 20 Minuten konstant im leichten Sitz traben zu können. Tasten Sie sich gegebenenfalls über mehrere Reiteinheiten an diese Zeitspanne heran.

Schwerkraftunsicherheit als größter Stressfaktor

Als Beutetier ist es für Pferde überlebenswichtig, jederzeit bewegungskompetent auf den eigenen Füßen zu bleiben. Wegzurutschen und hinzufallen wäre im Ernstfall der sichere Tod. Diese evolutive Tatsache führt dazu, dass bis heute Pferde Stress bekommen, sobald sie aus dem Gleichgewicht gebracht werden, selbst wenn das unabsichtlich und geringfügig passiert. Bauartbedingt besteht für gerittene Pferde das größte »Schwerkraftunsicherheitsproblem« dann, wenn der Reiter nicht exakt mittig überm Pferd befindet, sondern zu einer Seite kippt. Beobachten Sie deswegen unbedingt, dass sich ihr eigenes Brustbein immer senkrecht über dem Widerrist befindet. Das sieht man von vorne oder von hinten, weswegen man sich als Reitlehrer immer außerhalb der zu reitenden Figur platziert, dass man den Reiter beispielsweise auf dem Zirkel nicht nur »von innen« um sich herumreiten sieht, sondern ihn eben auch von außen, hinten und vorne sehen und ein fälschliches Zur-Seite-Neigen korrigieren kann. Wie wir wissen, verkürzt Stress die Oberlinie, das Pferd hebt sich also heraus, anstatt sich besser zu dehnen. Falls es Ihnen passiert, dass Ihr Pferd sich beim Üben des leichten Sitzes und den imaginären tieferhängenden Ästen also gerade nicht besser dehnt, sondern zu stocken beginnt und den Hals höher nimmt, überprüfen Sie bitte zuerst Ihre Technik: Befindet sich Ihr Brustbein wirklich jederzeit mittig über dem des Pferdes? Die Unterschenkel müssen außerdem unbedingt senkrecht bleiben. Der Beckengürtel muss genauso weit nach hinten geschoben werden, wie der Schultergürtel sich nach vorne neigt, sodass der Schwerpunkt immer noch über dem Sattel und in besagtem Abschnitt der Brustwirbelsäule (TH 12 bis 16) ist.

Voraussetzungen

Damit das Pferd die Schwerpunktvorverlagerung im leichten Sitz gut »aushält«, ist ein bereits vorab ohne Reitergewicht trainierter Rumpfträger wichtig.

Den Rumpfträger auftrainieren

Ein junges Pferd oder ein Pferd, das (aus welchen Gründen auch immer) lange nicht trainiert wurde, benötigt vor den ersten Reiteinheiten aufbauendes Training an der Longe. Der *M. serratus ventralis* (siehe Abschnitt zur Dehnungshaltung) wird über Trabarbeit, idealerweise in Dehnungs- oder Gebrauchshaltung schonend und zugleich effizient auftrainiert. Mindestens 9, besser 12 Wochen lang sollte ein untrainiertes Pferd jeden zweiten bis dritten Tag ausreichend lange an der Longe in der Dauermethode traben und dabei gebogene und gerade Linien abwechseln (wir empfehlen dazu das Konzept *Longieren als Dialog*, LAD) und spätestens alle 5 Minuten die Hand wechseln. Wie lange lang genug ist, hängt vom Trainingszustand des Pferdes, eventuellen Befunden und weiteren Faktoren ab, aber aus Erfahrung können wir sagen, dass die meisten Freizeitreiter ihr Pferd in den Einheiten nicht lange genug traben lassen. Infos zu Trainingsaufbau und Pulsmessungen finden Sie im Buch **Gutes Training schützt das Pferd** von Barbara Welter-Böller und Maximilian Welter. **Faustregel: Wenn ein Pferd keine 20 Minuten ohne Reitergewicht durchtraben kann, ist es erfahrungsgemäß nicht fit genug, einen Reiter zu tragen.**

Bremst Ihr Pferd ab, hebt den Hals höher und läuft verhalten, wenn Sie den leichten Sitz einnehmen, obwohl Sie sich sicher sind, dass Sie diesen korrekt wie oben beschrieben ausführen, dann sollte ein ausgebildeter osteopathischer Pferdetherapeut den Trainingszustand des *M. serratus ventralis* überprüfen. Ist der Rumpfträger zu schwach, müssen Sie Ihr Pferd zunächst ohne Reitergewicht trainieren. Ist der *M. serratus ventralis* nicht das Problem, sollten Sie gegebenenfalls die Passform Ihres Sattels (ein zu enges Kopfeisen verleidet Pferden den leichten Sitz!) und Schmerzen in den Vordergliedmaßen abklären lassen.

Aussitzen

Beherrscht der Reiter den leichten Sitz nach dem Absolvieren der oben beschriebenen Übungen gut und kann ihn über mehrere Minuten locker durchhalten, und hat das Pferd währenddessen gelernt, im leichten Sitz den Hals fallen zu lassen (was durchaus mehrere Reiteinheiten oder bei jungen/untrainierten oder bislang nicht korrekt gerittenen Pferden auch mehrere Wochen in Anspruch nehmen kann), dann sind beide optimal vorbereitet, um zum Aussitzen überzugehen.

Im ausgesessenen Trab verlagert man automatisch den Schwerpunkt etwas weiter nach hinten und belastet das Pferd mehr im Bereich der hinteren Brustwirbel, an die ja direkt die Lendenwirbelsäule anknüpft. Von unten stabilisiert wird dieser Bereich, der ja auch das bis zu 200 kg Darmgewicht tragen muss, von der Bauchmuskulatur und vom ventralen Längsband. Das bedeutet, dass ein Pferd entsprechend gut trainierte Bauchmuskeln benötigt, damit sein hinterer Rücken nicht unter dem aussitzenden Reiter in die Streckung geht, was zumindest schmerzhafte Spuren in der Rückenlendenbinde und den darunter liegenden Muskeln hinterlässt und schlimmstenfalls zu Verknöcherungen des ventralen Längsbandes und Kissing spines führen kann.

Ist der Rücken Ihres Pferdes bereit zum Aussitzen?

Ein guter Test dafür sind Schritt-Trab-Übergänge an der Longe: Beobachten Sie im Trab (ohne Longiergurt) den Rücken Ihres Pferdes im Bereich der Sattellage. Idealerweise sollte er auf- und abschwingen.

Sehen Sie dieses Schwingen nicht, können Sie Ihr Pferd filmen. Es gibt Apps, die Zeitlupenaufnahmen ermöglichen. Dabei wird besonders deutlich, ob ein Rücken von der Nulllinie ausgehend eher nach oben oder eher nach unten schwingt oder sich fast gar nicht bewegt. Sie können auch darauf achten, was mit der Rückenbewegung in verschiedenen Kopf-Hals-Haltungen passiert.

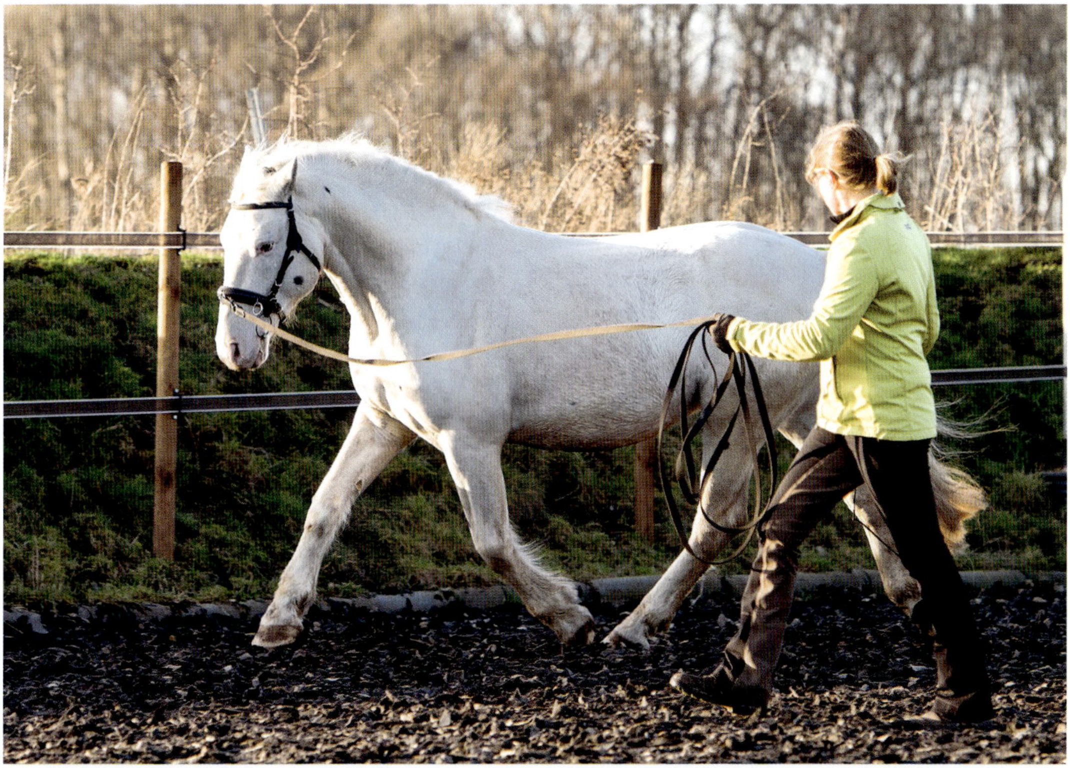

Der Rücken des Pferdes schwingt von der Nulllinie ausgehend nach oben.

Schwingt der Rücken Ihres Pferdes NICHT, sollten Sie mit Ihrem Reitlehrer und Ihrem Pferdetherapeuten darüber sprechen – dann kann es nämlich sehr wahrscheinlich auch unter dem Sattel nicht über den Rücken laufen und es liegen Trainingsdefizite oder gesundheitliche Beeinträchtigungen vor, die einer Behandlung bedürfen.

Schwingt der Rücken Ihres Pferdes? Gut! Parieren Sie Ihr Pferd vom Trab zum Schritt durch und achten Sie wieder auf die Rückenlinie. Bei schwacher Bauchmuskulatur sackt der hintere Teil der Brustwirbelsäule einmal tief ab bevor das Pferd sich im Schritt bewegt. Sehr wahrscheinlich ist Ihr Pferd dann noch nicht in der Lage, sich im ausgesessenen Trab unter Ihrem Gewicht physiologisch zu bewegen. Bleibt der Rücken stabil, können sie davon ausgehen, dass Ihr Pferd gut genug trainiert ist um im ausgesessenen Trab geritten zu werden. Aber Achtung: Lassen Sie sich beim Reiten filmen und bitten Sie Ihren Reitlehrer um Feedback, ob der Rücken Ihres Pferdes auch unter Ihnen noch auf- und abschwingt. Der interessante Punkt befindet sich dabei direkt hinter dem Sattel. Viele Pferde können den Reiter für eine oder zwei Zirkelrunden noch gut auf und ab bewegen und beginnen anschließend, den Rücken wegzudrücken. Dann wird es

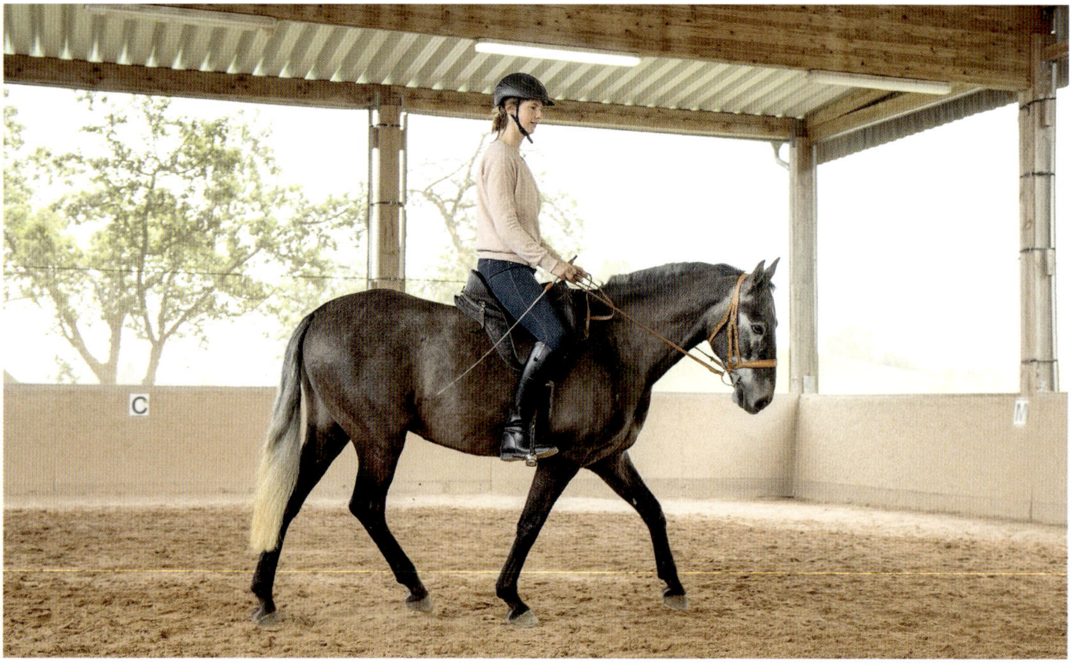

In der Volte sitzt die Reiterin senkrecht im Vollsitz, beim anschließenden Herauskauenlassen der Zügel darf der Oberkörper ein wenig vor die Senkrechte kommen.

Zeit für den leichten Sitz und für Zügel-aus-der-Hand-kauen-Lassen, bis der Rücken sich wieder gesund bewegt.

Eine traditionelle und sehr sinnvolle Praxis im klassischen Reiten ist der Wechsel der Sitzformen je nach Lektion: In Volten und engeren Wendungen und Seitengängen sitzt man aus, wobei man die Bauchmuskulatur mit Hilfe der Biegungen zu guter Tätigkeit anregt, wodurch die hintere Brustwirbelsäule und Lendenwirbelsäule unterstützt wird, sodass man sich das Aussitzen verschleißarm erlauben kann. Im Anschluss daran baut man jedoch wieder Geraden oder geringer gebogene Linien ein, verlängert die Tritte und/oder lässt die Zügel aus der Hand kauen, wozu es eine Schwerpunktvorverlagerung seitens des Pferdes benötigt, der man mit Leichttraben oder leichtem Sitz Genüge tut. So wird der *Serratus* mehr angesprochen, bevor man das Pferd danach wieder mehr schließt und auf den nächsten versammlungsförderlichen Übungen wieder zum Aussitzen kommt. Durch die abwechselnde Be- und Entlastung genannter Strukturen wird gleichmäßig trainiert und keine dauerhaft überlastet.

Der Wechsel von Sitzformen innerhalb einer Einheit und angepasst an den Ausbildungs- und Trainingszustand des Pferdes ist ein Kennzeichen guten Reitens und geht mit wechselndem Rahmen, also unterschiedlich hohen Kopf-Hals-Positionen einher, wie wir im weiteren Verlauf des Buches sehen werden.

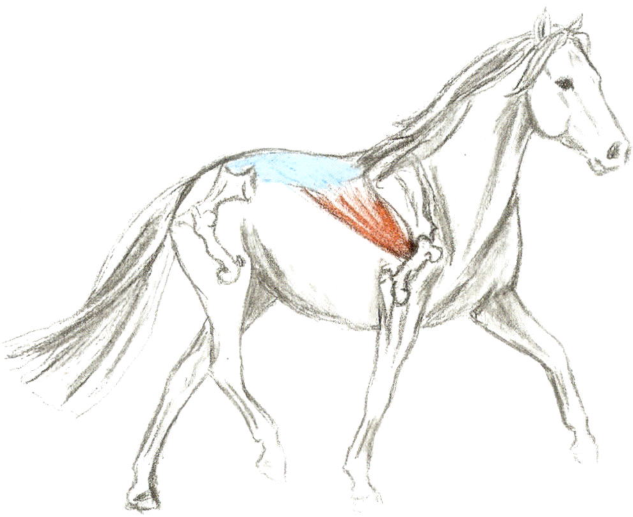

Die Rückenlendenbinde (blau) ist der Ursprungsort des *M. latissimus dorsi* (rot).

Die Rückenlendenbinde *(Fascia thorakolumbalis)*

Die mehrere Zentimeter dicke Faszie bedeckt die ganze Sattellage und zieht bis zum Becken. Sie ist nicht nur Ursprungsort des breiten Rückenmuskels, sondern auch dicht mit Rezeptoren, unter anderem Schmerzrezeptoren, besiedelt. Durch unpassendes Equipment, zu langes Reiten, zu wenige Reitpausen oder ein zu hohes Reitergewicht wird sie irritiert, was schnell zu einer eingeschränkten Verschieblichkeit im Fasziengewebe und zu gravierenden Rückenschmerzen führen kann.

Zum Sitzen kommen

Ein Pferd, welches sprichwörtlich »den Rücken nicht hergibt«, also nicht losgelassen über den Rücken geht, ist schwer zu sitzen. Auch ein Reiter, der prinzipiell gut aussitzen kann, weiß dann, wenn er hart aus dem Pferderücken geworfen wird, dass dieser nicht bereit zum Aussitzen ist und wird das Pferd durch weitere lösende Lektionen dazu bringen, dass es ihn sitzen lässt. Im Umkehrschluss bedeutet es aber nicht, dass ein »bequem« zu sitzendes Pferd automatisch losgelassen über den Rücken geht. Findet der Sinusrhythmus nämlich gar nicht statt und das Pferd bleibt im Rücken einfach still, kann das insbesondere in sehr ruhigem Trab dennoch leicht zu sitzen sein, während der Pferderücken trotzdem Schaden nimmt.

Oft wird ein kaum schwingender Rücken als leichter zu sitzen wahrgenommen als ein wirklich gesund nach oben schwingender, der je nach Amplitude eben durchaus eine gewisse Mobilität und Stabilität in Ihrem Körper voraussetzt.

Fehler und Korrekturen für den ausgesessenen Trab

Die größten Probleme, die der aussitzende Reiter im Pferderücken verursachen kann, hängen mit punktuellem Druck auf der Rückenlendenbinde unter dem hinteren Ende des Sattels zusammen. Sitzfehler, die das verursachen, sind zum einen das Sitzen im Hohlkreuz und zum anderen der umgangssprachlich »Schiebe-Liege-Sitz« genannte Sitzen hinter der Senkrechten.

Im Hohlkreuz zeigen die Sitzbeinknochen des Reiters nach hinten. Besonders in Verbindung mit einer stark ansteigenden Sitzfläche (Tiefsitzer) und einem voluminöseren Gesäß drückt der Reiter sowohl beim Leichttraben als auch im Aussitzen das hintere Ende des Sattels schmerzhaft ins Pferd. Stress auf der Rückenlendenbinde sorgt dafür, dass die dorsale Kette sich verkürzt: der Kopf des Pferdes kommt hoch und der Reiter drückt ihm sprichwörtlich den Rücken weg.
Um dieses Problem zu umgehen, muss der Reiter sein Becken so aufrichten, dass die Sitzbeine nach unten zeigen und unbedingt so weit vorne wie möglich in den Sattel einsitzen. Wir erinnern uns: Der Pferderücken ist direkt hinter dem Widerrist am tragfähigsten. Was kann man tun, um das zu erreichen?

Übung 3:
Der »Kameltreibersitz«

Lassen Sie Ihr Pferd führen und nehmen Sie die Knie oberhalb des Widerristes zusammen, die Füße bleiben auf dem Sattelblatt. Sitzen Sie völlig passiv und lassen Sie die dreidimensionale Schrittbewegung des Pferdes entspannt durch Ihren Rücken hindurchfließen. Die Muskulatur in der Lendengegend wird gedehnt, die Sitzbeine rutschen zunehmend weiter nach vorne und der untere Rücken wird immer beweglicher. Halten Sie diese Position etwa drei Minuten lang, lassen Sie die Beine danach wieder normal nach unten hängen und versuchen Sie, dabei in der Mittelpositur gefühlt genauso sitzen zu bleiben wie während des »Kameltreibersitzes«. Nehmen Sie anschließend die Beine nochmal nach oben und wiederholen Sie die Übung gegeben falls mehrfach. Der »Kameltreibersitz« eignet sich grundsätzlich zum Aufwärmen und Lockern der Mittelpositur und sorgt so dafür, dass der Reiter später in Trab und Galopp gut mitschwingen kann. Besonders geeignet ist er aber als Korrektur für Reiter mit Hohlkreuz.

Der »Kameltreibersitz«.

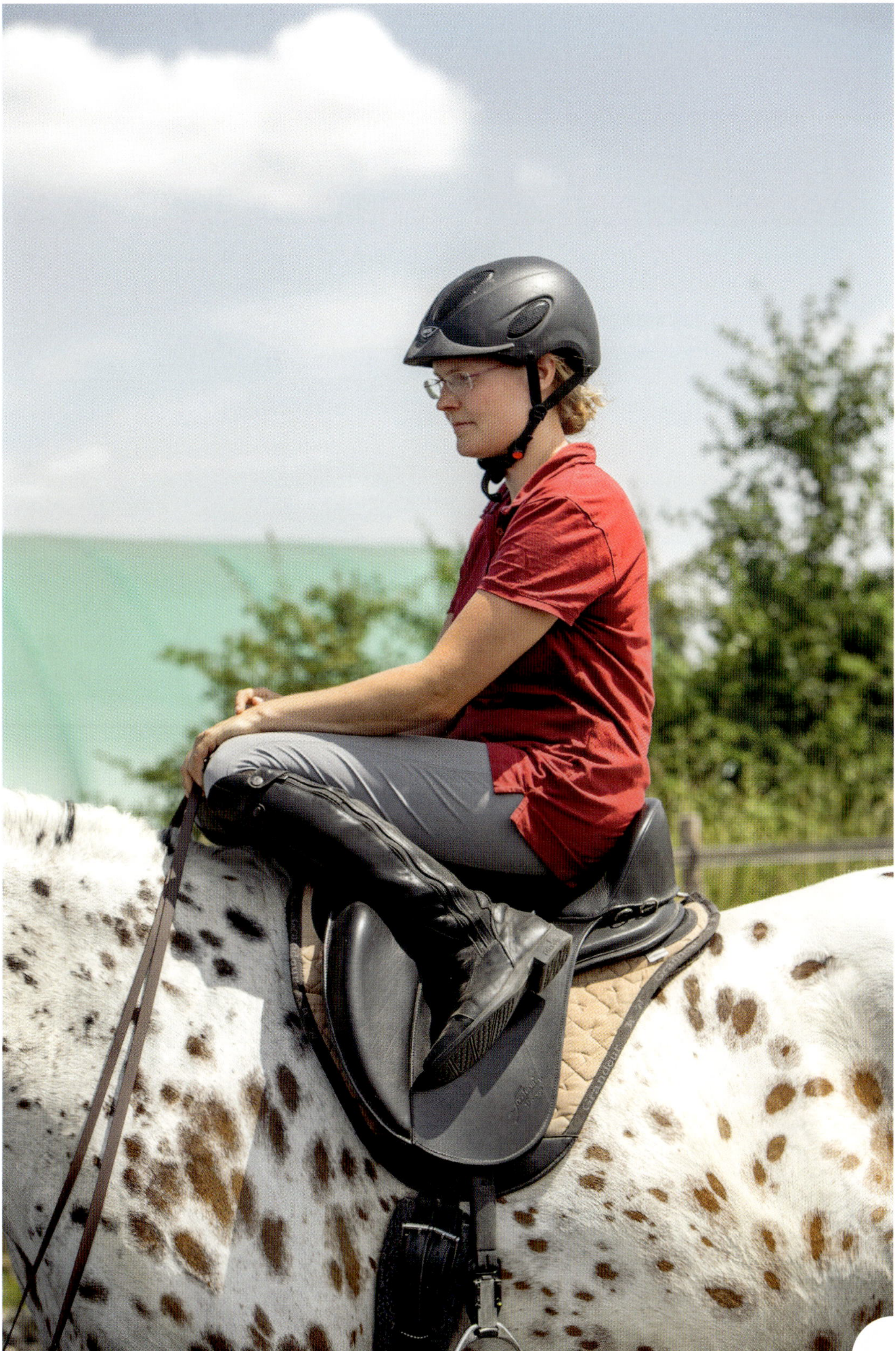

Übung 4: **Fließender Wechsel zwischen den Sitzformen**

Sobald der leichte Sitz (auch mit den tiefhängenden Ästen, siehe oben) korrekt gelingt, können wir anfangen, die Sitzformen zu wechseln. Am besten üben Sie das an der Longe und gänzlich ohne Zügel. Traben Sie etwa 20 Meter lang im leichten Sitz und wechseln dann für eine ähnlich lange Strecke zum Leichttraben, bevor Sie wieder im leichten Sitz weiterreiten und so fort. Führen Sie diesen Wechsel über mehrere Minuten lang so geschmeidig durch, dass das Pferd entspannt im Takt bleibt, egal ob Sie leichttraben oder im leichten Sitz reiten. Ziel der Übung ist, dass Ihr Leichttraben immer geschmeidiger wird und das korrekte Federn in Knie und Fußgelenk bei senkrechtem Unterschenkel aus dem leichten Sitz auch im Leichttraben erhalten bleibt. Diese Federbewegung führt nämlich zu korrektem Treiben mit flacher Wade und tiefer Ferse im Rhythmus der Bewegung: Der sich dadurch ergebende sogenannte »mitatmende Schenkel« löst über die reziproke Hemmung eine Verlängerung der Oberlinie aus. Wechseln Sie im nächsten Durchgang fließend zwischen leichtem Sitz und Aussitzen hin und her. Dazu starten Sie wieder im leichten Sitz und lassen dann Ihr Kreuzbein Millimeter für Millimeter sinken und bringen Ihre Sitzbeine in Richtung Widerrist, bis das Gewicht Ihres Oberkörpers dann auf dem Gesäß ruht und Sie im Vollsitz angekommen sind. Nach einigen Trabtritten beginnen Sie ganz langsam zu entlasten und begeben sich wieder in den leichten Sitz. Lernen Sie, auch diesen Sitzformenwechsel auszuführen, ohne dass das Pferd ins Stocken kommt. Es soll rhythmisch weitertraben. Sitzen Sie nur so lange aus, wie der Pferderücken Sie gut mit in die Bewegung nimmt und wechseln Sie wieder in den leichten Sitz, bevor das Pferd im Bereich hinter dem Sattel nach unten durchsackt.

Im Aussitzen kommen die Unterschenkel des Reiters automatisch ein klein wenig weiter nach hinten als im leichten Sitz. Die Fußsohle nähert sich dann der Waagerechten (ohne die Fersen hochzuziehen!), da nur noch das Eigengewicht der Beine in die Bügel federt. Die weiterhin losgelassenen federnden (nicht drückenden!) Unterschenkel des Reiters animieren so automatisch ein klein wenig mehr die Bauchmuskulatur des Pferdes, welche es auch gut gebrauchen kann, um das Reitergewicht im Aussitzen weiterhin nach oben zu federn. Der Reiter unterstützt so den Dehnungs-Verkürzungs-Zyklus zwischen ventralem Längsband, Bauchmuskulatur und Rückenband.

Wechsel zwischen den Sitzformen verändert die Haltung des Pferdes

In den verschiedenen Sitzformen wird der Pferderücken jeweils minimal unterschiedlich belastet. Der geschmeidige

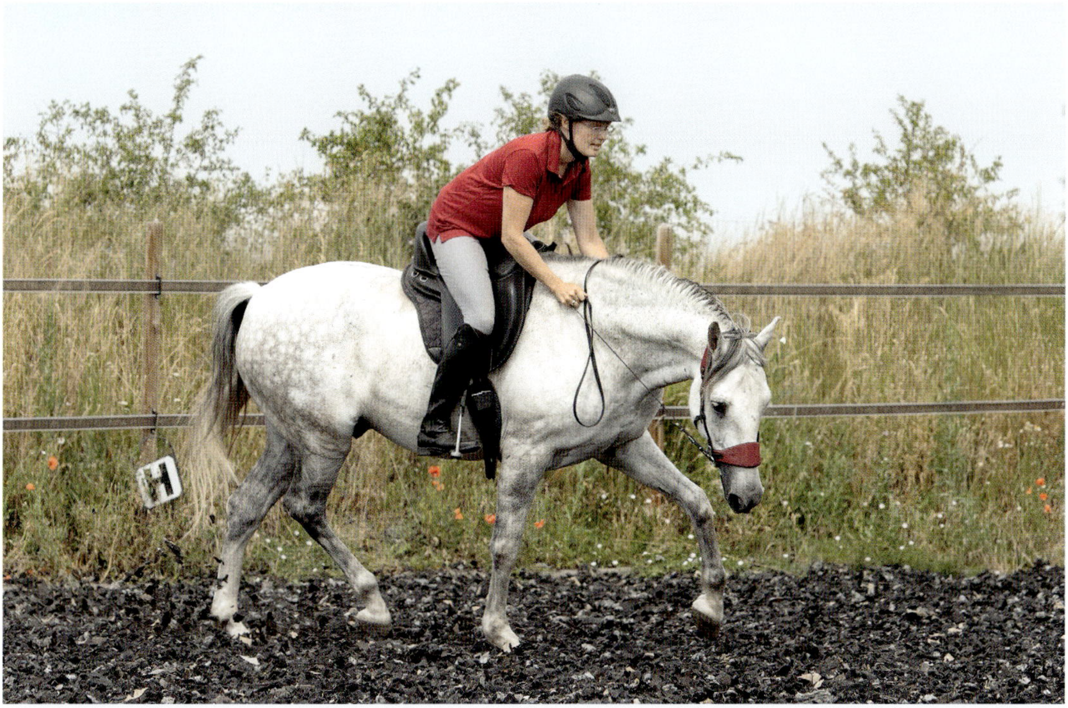

Auf die Ausführung des leichten Sitzes reagiert das Pferd entsprechend mit tieferer Dehnung. Die Handhöhe der Reiterin passt sich an (korrekt ist eine Gerade zwischen Ellbogen und Pferdemaul), ohne sich jedoch auf den Hals zu stützen.

Wechsel zwischen den Sitzformen beugt dadurch nicht nur beim Menschen, sondern auch beim Pferd Verspannungen durch Überlastungen vor.

Spätestens nach einigen Minuten wird jedes gesunde Pferd mit passendem Sattel beginnen, der Schwerpunktverlagerung minimal zu folgen: Im leichten Sitz (insbesondere wenn Sie auch hier die imaginären tiefhängenden Äste einbauen) wird das Pferd den Hals ein klein wenig mehr fallen lassen und dabei geringfügig weitere, aber flachere Trabtritte machen. Im Leichttraben und besonders im Aussitzen wird es dem aufgerichteten Oberkörper des Reiters folgen und sich selbst auch im Hals geringfügig mehr aufrichten. Die Trabtritte dürfen etwas erhabener und dafür weniger lang werden, der Takt muss aber immer genau gleich bleiben. Was sich ändert, ist nur der Raumgewinn!

Wir halten es für eine wichtige Schlüsselqualifikation für Reiter, diese – wenn auch zunächst nur geringen – Änderungen in der Haltung des Pferdes allein durch den eigenen Sitz auslösen zu lernen. Das übt man am besten ganz ohne Zügel an der Kappzaumlonge, sodass das Pferd tatsächlich ungebunden auf die Sitzveränderungen des Reiters reagieren kann.

Nur wenn Reiten als Bewegungsdialog und das Pferd als Übungspartner gesehen wird, können Sie als Reiter lernen, wie Ihr Pferd Sie gerne sitzen hat, damit es sich eben gut loslassen und in der dorsalen Kette entspannt bleiben kann, sowohl in Dehnungshaltung als auch in der Gebrauchshaltung. Finden Sie durch Variationen heraus, wie Sie sitzen und sich bewegen müssen, damit Ihr Pferd sich unter Ihnen gut bewegen kann und wie Sie durch millimeterweises Verschieben Ihres Schwerpunktes das Pferd ganz allmählich in verschiedene Haltungen bringen können.

Wer das ohne Zügel beherrscht, gerät nicht in Versuchung, das Pferd später mit unsinnigem Zügelgebrauch nach oben zu ziehen oder nach unten zu fummeln. Ist das eigene Pferd in dieser Hinsicht noch nicht so weit ausgebildet, ist Unterricht auf entsprechenden Lehrpferden Gold wert, um selbst die richtigen Bewegungserfahrungen zu machen, bevor das eigene Pferd dann dahingehend ausgebildet werden kann.

Was tun, wenn das Pferd sich ohne Einsatz von (Hilfs)zügeln auch bei wiederholter Ausführung oben genannter Übungen überhaupt nicht zu dehnen beginnt? Dann liegt ein Problem mit dem Sattel oder eines von zahlreichen körperlichen Problemen (siehe Abschnitt »Wenn das Pferd sich nicht dehnen möchte«) vor, die die Dehnung verhindern – egal wie gut Sie reiten!

Der Einfluss des Sattels

Der Sattel soll das Gewicht des Reiters möglichst flächig verteilen, sodass die Widerrist- und Rückenlendenbinde nicht mit punktuellem Druck belastet wird. Eine gestresste Widerristbinde geht mit einem nicht optimal arbeitenden Rumpfträger einher (siehe Abschnitt zum *M. serratus ventralis* im Kapitel über Zwanglosigkeit), eine gestresste Rückenlendenbinde (thorakolumbale Faszie) führt zu Rückenschmerzen und dazu, dass sich der Rücken eher in die Streckung bewegt und das Pferd den Reiter eben nicht mehr physiologisch tragen kann.

Ein Sattel passt auf keinen Fall, wenn er:

> **Zu lang ist,** also erst auf den ersten Lendenwirbeln endet (erleben wir leider in den Kursen sehr häufig, besonders bei Isländern oder kurzrückigen Endmaßponys oder Iberern). Es ist kein sinnloses Dogma, darauf zu beharren, keinen zu langen Sattel zu verwenden. Ein sehr großer Anteil der mit zu langen Sätteln gerittenen Pferde hat schmerzhafte Befunde im hinteren Rücken.

Um die maximale Sattelauflagefläche zu bestimmen, suchen Sie die letzte Rippe des Pferdes und folgen dieser in ihrer geschwungenen Form nach oben bis zum Dornfortsatz des letzten Brustwirbels. Weiter hinten darf der Sattel nicht zum Liegen kommen. Achtung: Gehen Sie nicht von der

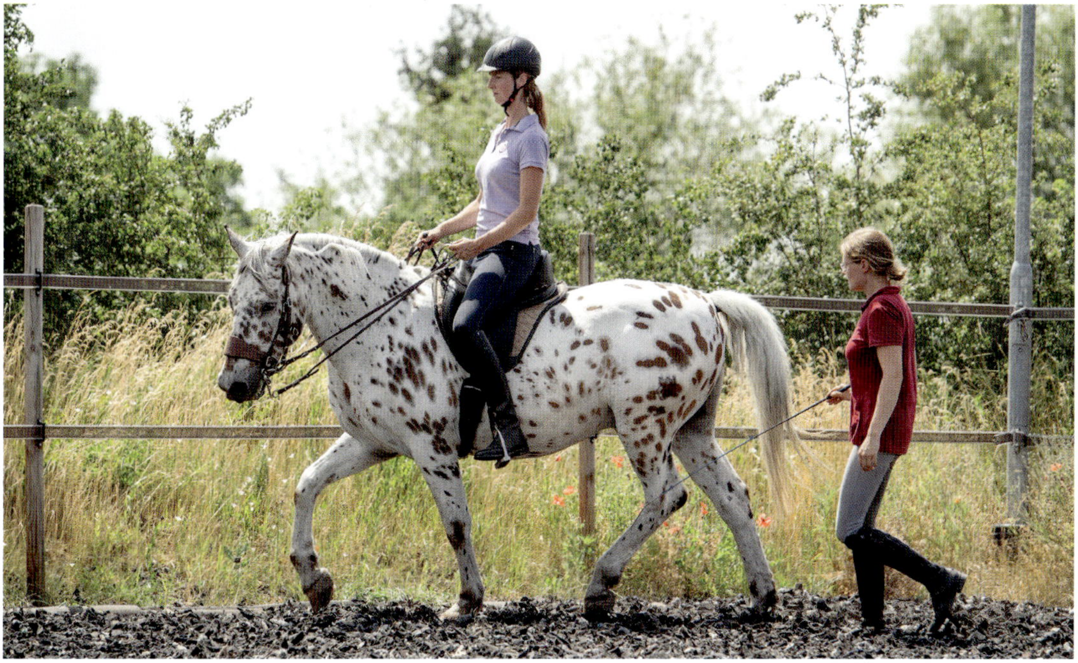

Reitunterricht auf guten Lehrpferden ist Gold wert.

Die 18. Rippe des Pferdes verläuft gewölbt (gelb), nicht gerade (rot). Geht man bei der Sattelanpassung vom geraden Verlauf aus, ist der Sattel deutlich zu lang.

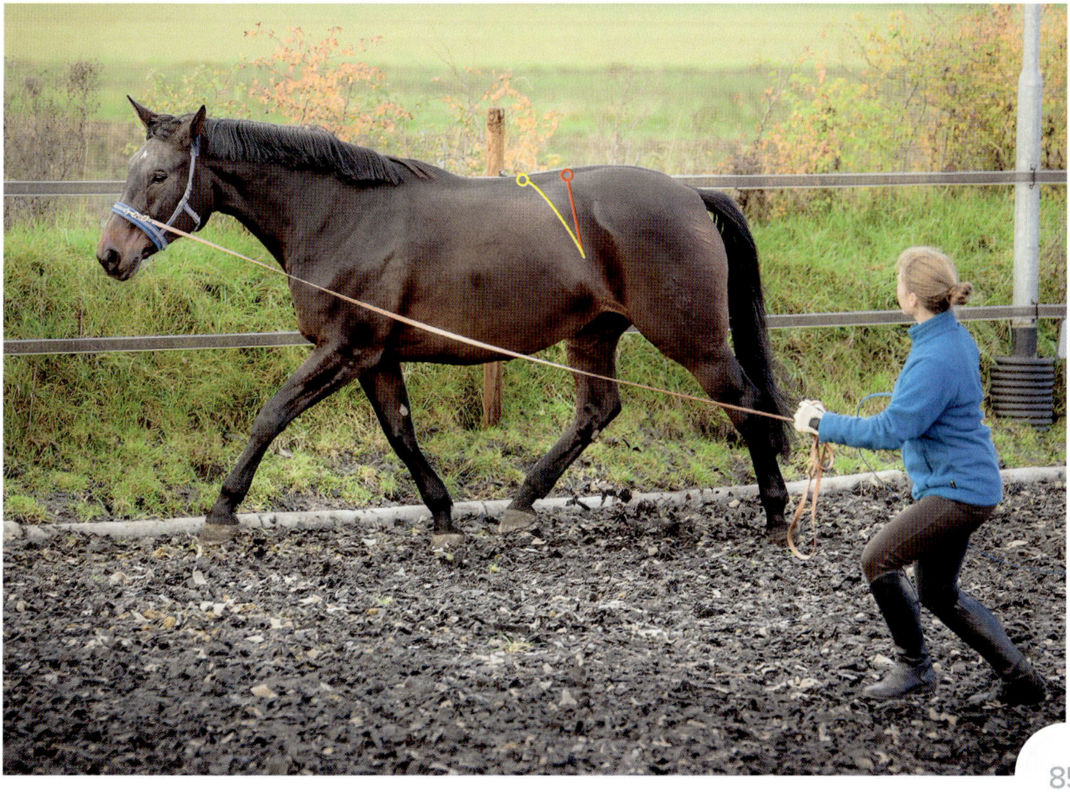

letzten Rippe aus senkrecht nach oben, denn dann gelangen Sie fälschlicherweise in die Lendenwirbelregion. Die Rippe verläuft nun mal je nach Rumpfform des Pferdes mehr oder minder rund, siehe Foto Seite 85.

> **Den Reiter zu weit hinten platziert.** Der Schwerpunkt sollte sich immer in der Sattelmitte befinden, keinesfalls im hinteren Drittel. Das kann ein temporäres Problem sein, das Ihr Sattler leicht mit der Erweiterung der Kammer lösen kann und sollte. In jedem Fall muss die Kammerweite im Prinzip fortlaufend überprüft werden und kann sich bei gutem Training tatsächlich alle paar Wochen schon wieder ändern. Im Prinzip ist das ein gutes Zeichen, denn wenn das Pferd erfreulicherweise aufmuskelt, muss die Kammer geweitet werden.

> **Vom Schwung her nicht auf Ihr Pferd passt/eine Brücke bildet.** Der Sattel sollte immer im vorderen und im hinteren Drittel zu 30 Prozent aufliegen, im mittleren Drittel zu 40 Prozent. Leider findet man oft Sättel, die vorne und hinten zu 40 und in der Mitte zu 20 Prozent aufliegen. Im Extremfall liegt ein Sattel im mittleren Drittel beinahe gar nicht auf. Er bildet eine »Brücke« und belastet den Bereich hinter dem Schulterblattknorpel und im hinteren Teil der Sattellage zu stark und zu punktuell, was immer zu Problemen führt.

> **Sie durch zu große Pauschen oder die Form der Sitzfläche derart behindert, dass Sie die genannten Sitzformen gar nicht ausführen können.** In diesem Fall mag er zwar Ihrem Pferd passen, Sie belasten es dann allerdings, weil Sie im Sattel gar nicht pferdeschonend sitzen können.

Zu kleine Sitzflächen schaden nicht weniger als zu lange Sättel! Ab einer bestimmten Hosengröße kann man ein kurzrückiges Pferd leider nicht reiten, das sollte man beim Pferdekauf beachten!

Wenn das Kopfeisen stört

Sehr viele Pferde haben immer wieder oder sogar dauerhaft Probleme mit dem Kopfeisen. Wenn es nicht passt, sorgt es unter anderem für Druck auf dem hinteren Teil des *M. trapezius (M. trapezius pars thoracis)*, der vom elften Hirnnerv innerviert wird, welcher für den »Stehreflex« (den auch der Hengst beim Decken nutzt) verantwortlich ist.

Unterm Reiter führt das zum Klemmen, also zu mangelnder Vorwärtsreaktion. Treibt der Reiter, sorgt das dann nicht zum Herandehnen an die Hand, sondern zu einem gefühlten Zusammenziehen des Pferdes bis hin zum Bocken.
Des Weiteren liegen die Ortenden des Kopfeisens nun mal im Bewegungsbereich des Schulterblattknorpels. Stößt das Pferd damit bei jedem Schritt schmerzhaft gegen ein nicht perfekt sitzendes Kopfeisen, führt das nicht selten zu irreversiblen Veränderungen am Schulterblattknorpel und natürlich dazu, dass das Pferd versucht, die schmerzhafte Bewegung zu vermeiden. Das Vorderbein wird nicht mehr so raumgreifend nach vorne geführt und die Schulter nicht mehr physiologisch benutzt. In der osteopathischen Befundung ist ein eingeschränktes Schulterblattgleiten ein deutliches Indiz für ein mögliches Kopfeisenproblem.

Da der *M. trapezius* mit dem Nacken- und Rückenband verbunden ist, geht eine Irritation dieses Nervs oft mit Restriktionen in der Widerristbinde, einer Faszie im Widerristbereich, zusammen. Diese ist faszial mit dem Hauptrumpfträger, dem *M. serratus ventralis,* verbunden. Der Rumpfträger wird also gegebenenfalls beeinträchigt und man kann sich vorstellen, wie schwer dem Pferd die Verlängerung der Oberlinie fällt.

Ein passendes Kopfeisen hat also größte Bedeutung! Form, Winkel und Länge der Ortenden müssen grundsätzlich zum Pferd passen und ständig überprüft und neu angepasst werden, da Pferde sich nun mal verändern.
Je nach Exterieur und Schultermechanik des Pferdes kann es problematisch sein, überhaupt einen in diesem Bereich passenden Sattel zu finden. Eine Lösung kann ein freeform-Sattel sein: Dieses Sattelkonzept kommt ohne Kopfeisen aus. Dank des sogenannten Cut-Outs öffnet sich der vordere Teil des Sattels in genau dem Maße, in dem sich das Schulterblatt bewegt. Die typischen Probleme mit einem unpassenden Kopfeisen sowie das ständige Ändernlassen desselben abhängig von Futter- sowie Trainingszustand entfallen damit.

Die Funktionalität des freeform-Konzepts hängt aber – wie bei jedem anderen Sattel auch – von der passenden Auswahl des Modells und der gekonnten Polsterung ab. Hier kommen verschiedene geschichtete und individuell zugeschnittene Materialien in passend ausgewählter Sattelunterlage oder Kissen zum Einsatz.

In der Praxis sind wir nun mittlerweile seit Jahren sehr zufrieden mit dieser Lösung und konnten vielen Pferden mit ehemals stark eingeschränkten Schultern und problematischen Sattellagen mit der Anpassung eines freeform-Sattels helfen.

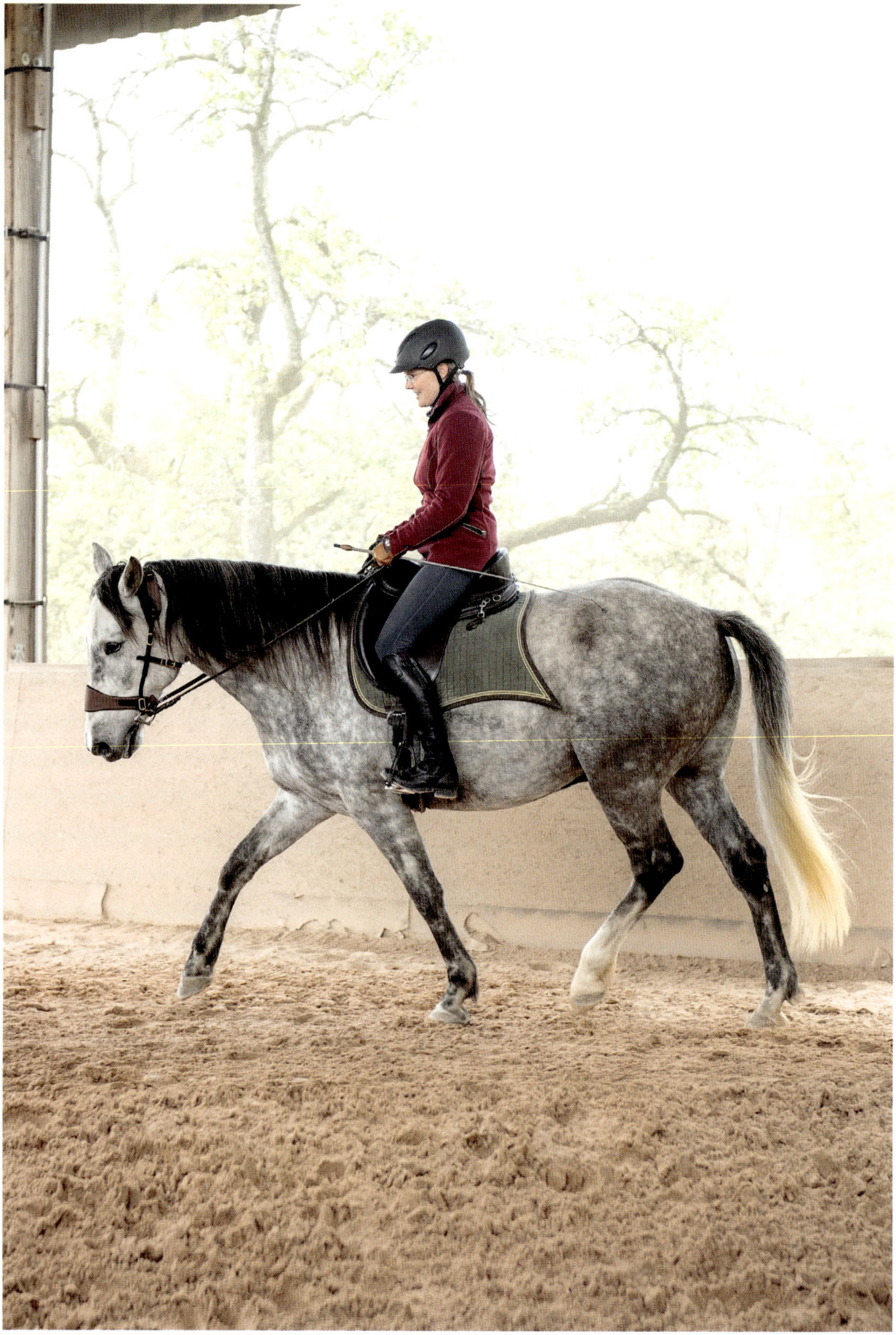

Dehnungsbereitschaft überprüfen und verbessern

Eine wichtige Lektion, um die Losgelassenheit des Pferdes und damit einhergehend seine Dehnungsbereitschaft an die Hand zu schulen, ist das **Zügel-aus-der-Hand-kauen-Lassen.** Die Qualität des Herauskauens gibt dem versierten Reiter nicht nur Aufschluss über das vorhandene Maß an Losgelassenheit und den generellen Ausbildungs- und Trainingszustand, sondern zeigt auch nötige nächste Ausbildungsschritte und sinnvolle weitere Lektionen auf.

Zügel aus der Hand kauen lassen

Diese Übung zählt zu den sogenannten »lösenden Lektionen« und verbessert und überprüft gleichermaßen die Losgelassenheit des Pferdes. Für gesunderhaltendes klassisches Reiten ist sie unabdingbar und in der Praxis tatsächlich die Lektion, die man wirklich in jeder einzelnen Reiteinheit wiederholt einbauen sollte und entsprechenden Wert darauf gelegt werden muss, dass der Reiter sie korrekt erlernt. Leider fällt es Pferden sehr schwer oder es ist ihnen sogar unmöglich, die Übung auszuführen, wenn der Reiter sie technisch nicht richtig reitet. Die fehlende Dehnungsbereitschaft oder fehlende Losgelassenheit des Pferdes kann in dem Fall aber natürlich nicht bemängelt und schon gar nicht verbessert werden, deswegen besprechen wir diese wichtige Lektion vollumfänglich und zunächst auf den Reitersitz und seine

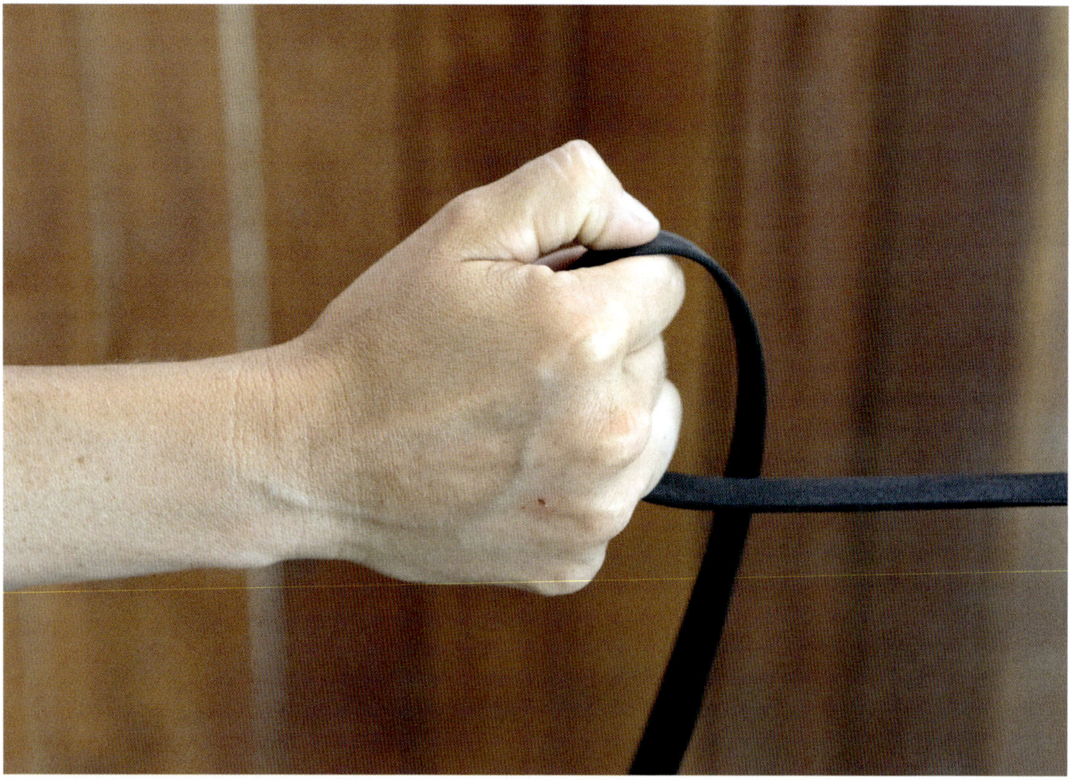

Die Faust ist locker geschlossen mit dachförmig aufliegendem Daumen und dem Handgelenk in Mittelstellung.

Hilfen bezogen, bevor wir auf mögliche Probleme und Lösungen eingehen werden.

Wir gehen vom aufgenommenen Zügel aus. Das Pferd geht mit Anlehnung in Gebrauchshaltung oder je nach Ausbildungsstand und vorhergehender Lektion eventuell auch schon in Dressurhaltung, also mehr oder minder aufgerichtet. Der Reiter trägt seine Zügelfäuste dabei in der korrekten Position gemäß klassischer Reitlehre vor sich her. Diese Grundposition der Hände ist ein elementarer Teil des Grundsitzes und der Ausgangspunkt für jede weitere Einwirkung.

Nur wenn der Grundsitz einschließlich der Hand- und Armhaltung vorab stimmt, kann das Zügel-aus-der-Hand-kauen-Lassen gleich richtig funktionieren.

Die Daumen des Reiters zeigen nach oben, die Oberarme hängen locker am Oberkörper herab und die Hände befinden sich in der Nähe des Widerristes. Die Handgelenke sind in Mittelstellung. Wenn der Reiter selbst von oben auf seine Hände blickt, bilden beide Unterarme vom Ellbogengelenk über den Daumen bis zum Pferdemaul jeweils eine Gerade. Ist die Linie Unteram-Pferdemaul gebrochen, muss die Breite der Hände angepasst und dabei vermutlich auch die Zügellänge korrigiert werden, bis wirklich eine Gerade entsteht. Der Daumen liegt »dachförmig«, also leicht gebeugt, auf dem proximalen Zeigefingerglied wie auf dem Foto gezeigt. Der Daumen ist es, der den Zügel auf einer bestimmten Länge fixiert, sodass das Pferd ihn also nicht jederzeit beliebig verlängern kann, während die unteren Finger locker geschlossen sind. Das Zügelmaß bleibt also für eine Weile (dazu später mehr) konstant.

Hilfengebung zum Herauskauenlassen

Das Zügel-aus-der-Hand-kauen-Lassen kann in jeder Gangart erfolgen und sollte auch in jeder Gangart geübt und praktiziert werden. Wir beginnen zunächst im Trab. Zur Vorbereitung des Herauskauenlassens benötigt man ein gewisses Maß an Anlehnung. Das Pferd soll die bemessene Zügellänge mit seinem Hals voll ausnutzen und die Zügel leicht gespannt halten. Um die Stärke der Anlehnung zu variieren, nutzt man wie bereits besprochen die Schubkraft: Wenn der Reiter mit der flachen Wade in korrekter Position (auch das geht nur ausgehend vom korrekten Grundsitz!) etwas vermehrt treibt, sorgt diese Anfrage an den Schub dafür, dass ein losgelassenes, korrekt gearbeitetes Pferd seinen Hals ein klein wenig verlängern möchte. Bleibt die Reiterhand konstant (dabei aber passiv und weich federnd!) an ihrem Ort und die Finger geschlossen, spürt der Reiter eine Zunahme der Anlehnung: das Pferd »zieht« ein wenig in die Hand hinein.

Diesen Zug lässt der Reiter nun mit einer kleinen Zeitverzögerung heraus, indem er ihn zunächst für einige Trabtritte aushält, bevor er die Finger, insbesondere den Daumen lockert und es dem Pferd damit ermöglicht, den Hals zu verlängern und ihm die Zügel aus der Hand zu »kauen«. Während des Moments der aushaltenden Hand kam es nämlich im Idealfall zum sogenannten »Abstoßen am Gebiss«, wobei das Pferd seinen Unterkiefer und damit verbunden sein Genick löst (bereits erklärt im Kapitel über Anlehnung und Beizäumung) und dabei kaut, während es den Hals verlängert.

Entlastend sitzen

Dieses Verlängern des Halses kann und sollte der Reiter durch eine kleine Schwerpunktvorverlagerung unterstützen. Saß er vorher aus, wechselt er ins Leichttraben oder auch den leichten Sitz (wozu wir vorbereitend die perfekt fließenden Wechsel der Sitzformen geübt haben, siehe Kapitel zum leichten Sitz). Ist er bereits leichtgetrabt, kann er dabei seinen Oberkörper ein ganz klein wenig mehr vor die Senkrechte bringen und somit etwas entlastender leichttraben, sodass das Pferd eben eine relative Schwerpunktverschiebung in

Richtung seiner vorderen Brustwirbelsäule spürt und die hintere Brustwirbelsäule entlastet wird.

Während des Prozesses des Herauskauenlassens kann es notwendig sein, weiter nachzutreiben. Man treibt also an die Hand heran, öffnet dann die Finger und entlastet leicht und treibt dann während des Verlängerns des Halses nochmal. Kaut das Pferd die Zügel nicht weiter heraus, schließt man den Daumen wieder, treibt an dieser Position nochmal an die Hand heran, bis man den vermehrten Zug an die Hand, also die vermehrte Anlehnung, spürt, öffnet dann die Finger und lässt das Pferd ein weiteres Stückchen mehr herauskauen.

In Anhängigkeit von Ausbildungsstand und Exterieur des Pferdes ist es das Ziel der Übung, dass dieses etappenweise Herauskauenlassen tatsächlich bis ganz »in die Tiefe« (vgl. Schwabl) gelingt, ohne die Anlehnung, also den konstanten Kontakt zwischen Reiterhand und Pferdemaul, aufzugeben. Es kann jedoch auch sein, dass das Pferd auf dem Weg in die Tiefe irgendwann die Anlehnung verliert, also seinen Hals dann einfach mit durchhängenden Zügeln »hängen lässt«. Mit hingegebenem Zügel und tiefem Hals herumzureiten ist wie bereits erläutert keine korrekte Dehnungshaltung (dabei fehlt zum Beispiel die positive Vordehnung des *M. serratus ventralis* und die Beteiligung des *M. longus colli*) und zumeist auch die sportliche Beteiligung der Bauchmuskulatur des Pferdes. Negativ ausgedrückt könnte man sagen, das Pferd ist dann eben »auseinandergefallen«. Positiv zu sehen ist daran aber, dass das Fallenlassen des Halses ja die Zwanglosigkeit attestiert und somit zeigt, dass grundsätzlich korrekt gearbeitet wurde.

Außerdem ist die **prinzipielle und freiwillige Dehnungsbereitschaft in *Richtung vorwärts-abwärts*** die Grundlage dafür, um in monate- oder gar jahrelanger weitere Arbeit das vollständige, korrekte Herauskauenlassen mit Anlehnung durch ein gefühlvolles Zusammenspiel zwischen herantreibenden Hilfen und Zügel verlängern zu reiten. Erlauben Sie Ihrem Pferd also unbedingt trotzdem immer wieder, die Zügel ganz herauszukauen, auch wenn das noch nicht vollständig korrekt in Anlehnung und »durchs Genick« gelingt, denn solange das Pferd den Hals freiwillig verlängert, ist das grundsätzlich die richtige Richtung!

Nach einigen Metern (beispielsweise einer Runde »Ganze Bahn«) nimmt man die Zügel in ruhigen Bewegungen wieder auf. Das Verkürzen auf »Wiener Art« geschieht, indem man die Zügel in eine Hand nimmt und mit der anderen das Zügelende gleichmäßig langsam nach oben zieht. Oder man greift wie in Deutschland üblich in weichen Bewegungen mit beiden Zügelfäusten abwechselnd nach vorne, nimmt den gegenüberliegenden Zügel zwischen Daumen und Zeigefinger und

Beschaffenheit der Zügel

Die Zügel, mit denen ein Pferd geritten wird, müssen so lang sein, dass es seinen Hals vollständig fallen lassen kann, während der Reiter im Grundsitz korrekt sitzen bleibt. **Bei Trensen »von der Stange« sind die Zügel für große Pferde oft zu kurz,** was dazu führt, dass das Pferd sich gar nicht komplett strecken kann und/oder der Reiter seine Arme fälschlich nach vorne strecken muss. **Für die meisten mittelgroßen Pferde ist eine Zügellänge von 3,20 Meter notwendig.**
Die Dicke und Breite des Zügels muss so beschaffen sein, dass der Reiter seine Faust problemlos locker um den Zügel schließen kann. Für kleine Hände sind viele Zügel einfach zu breit, was die korrekte Handhaltung unmöglich macht.

Stufenloses Herauskauenlassen mit absolut konstanter Anlehnung und weiches Verkürzen kann außerdem nur mit gleitenden Zügeln ohne Stopper gelingen, weswegen zum Dressurreiten glatte Zügel aus Leder oder alternativ Biothane verwendet werden. **Zügel mit Stegen oder Stoppern sind zum Gelände- und Jagdreiten gedacht,** wo es mehr auf sicheren Griff auch in widrigen Situationen als auf penibelstes Aus-der-Hand-kauen-Lassen ankommt. Ein weiteres Ausrüstungsproblem, was die saubere Ausführung der Lektion unmöglich macht, ist die Verwendung von Zügelsnaps. Zum feinen Dressurreiten schnallen Sie bitte die Zügel direkt ins Gebiss ein!

greift mit der dazugehörigen Hand vor die jeweils andere. So verkürzt man die Zügel quasi Faustbreite für Faustbreite, immer beginnend mit dem äußeren Zügel. Keine der beiden Arten ist als grundsätzlich besser zu bezeichnen. Sofern der Reiter sie korrekt beherrscht, sind beide pferdefreundlich. Probieren Sie also ruhig beide Methoden aus und lassen Sie sich darin unterrichten!
Ziel ist es, dass das Pferd den Hals sukzessive wieder etwas mehr aufrichtet, also von der Dehnungshaltung etwa wieder in die Gebrauchshaltung zurückkehrt, ohne aber den Takt zu verlieren.

Das Wiederaufnehmen gehört mit zur Lektion des Herauskauenlassens und ist gleichermaßen ein wichtiger Prüfstein der Ausbildung. In den meisten Fällen muss der Reiter beim Aufnehmen treiben, um den Rhythmus konstant zu behalten. Bewegt sich das Pferd mit egal welcher Zügellänge wie ein Uhrwerk im Takt, ist das Zusammenspiel der treibenden und verhaltenden Hilfen des Reiters perfekt.

Auch das bedarf der jahrelangen Übung und ganz feiner, gefühlvoller Abstimmung. Der Reiter richtet sich beim Verkürzen langsam und millimeterweise mit auf, sodass sich sein Oberkörper wieder der Senkrechten nähert. Ist das Pferdegenick der höchste Punkt, soll der Reiter senkrecht sitzen. Ist das Pferdegenick nicht der höchste Punkt, ist ein leicht entlastendes Sitzen knapp vor der Senkrechten korrekt.

Im Galopp

Im Galopp funktioniert das Zügel-aus-der-Hand-kauen-Lassen genauso wie im Trab, ist jedoch für das Pferd schwieriger und erfordert demnach einen höheren Ausbildungsstand. Der Galopp ist von Natur aus die Fluchtgangart des Pferdes, mit der physiologischerweise eine erhöhte Sympathikusaktivität einhergeht. Und wie wir wissen, ist es schwierig, unter Sympathikuseinfluss die dorsale Kette zu verlängern. Außerdem ist die Gleichgewichtssituation im Galopp mit der Einbeinstütze wesentlich fragiler, die Schwerkraftunsicherheit also größer. Zu Beginn der Ausbildung mögen die meisten Pferde unterm Reiter einfach »nur« in Gebrauchshaltung galoppieren, wogegen grundsätzlich auch nichts einzuwenden ist (vgl. Reisegalopp nach Udo Bürger). Es braucht Übung und Vertrauen in einen korrekt sitzenden und damit eben nicht störenden Reiter und das eigene Gleichgewicht, damit das Pferd auch im Galopp den Hals fallen lassen und in korrekter Dehnungshaltung oder zwischendurch sogar ganz in der Tiefe geritten werden kann.

Nach einigen Metern, zum Beispiel einer Zirkelrunde am langen oder dann auch mit hingegebenem Zügel (siehe Kasten), werden die Zügel wieder aufgenommen wie oben im Trab beschrieben. Damit das Pferd dabei nicht ausfällt, sondern den Takt wirklich absolut gleichmäßig beibehält, ist es im Galopp besonders wichtig, den äußeren Zügel zuerst und tendenziell mehr zu verkürzen, sodass der innere im Verhältnis immer besonders weich bleibt und das innere Vorderbein des Pferdes geschmeidig nach vorne herausspringen lässt.

Wirkt man versehentlich am inneren Zügel rückwärts, würgt man den Galoppsprung regelrecht ab, sodass das Pferd beim Wiederaufnehmen dann fälschlicherweise ausfällt. Ziel ist es auch im Galopp, sowohl beim Herauskauenlassen als auch beim Wiederaufnehmen der Zügel gleichmäßig weiterzugaloppieren.

Im Schritt

Im Schritt kann man zum Zügel-aus-der-Hand-kauen-Lassen die Nickbewegung nutzen: Ein korrekt gehendes Pferd hat im Mittelschritt oder je nach Ausbildungsstand im starken Schritt dann eine physiologische Nickbewegung.

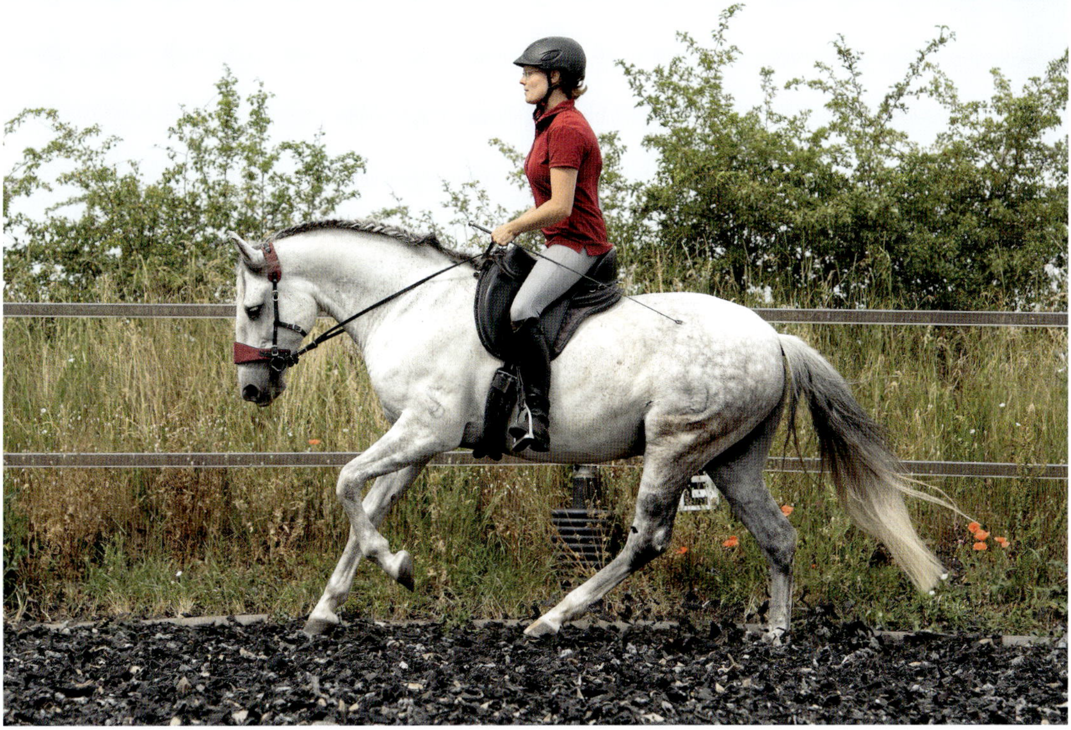

Das Zügel-aus-der-Hand-kauen-Lassen im Galopp.

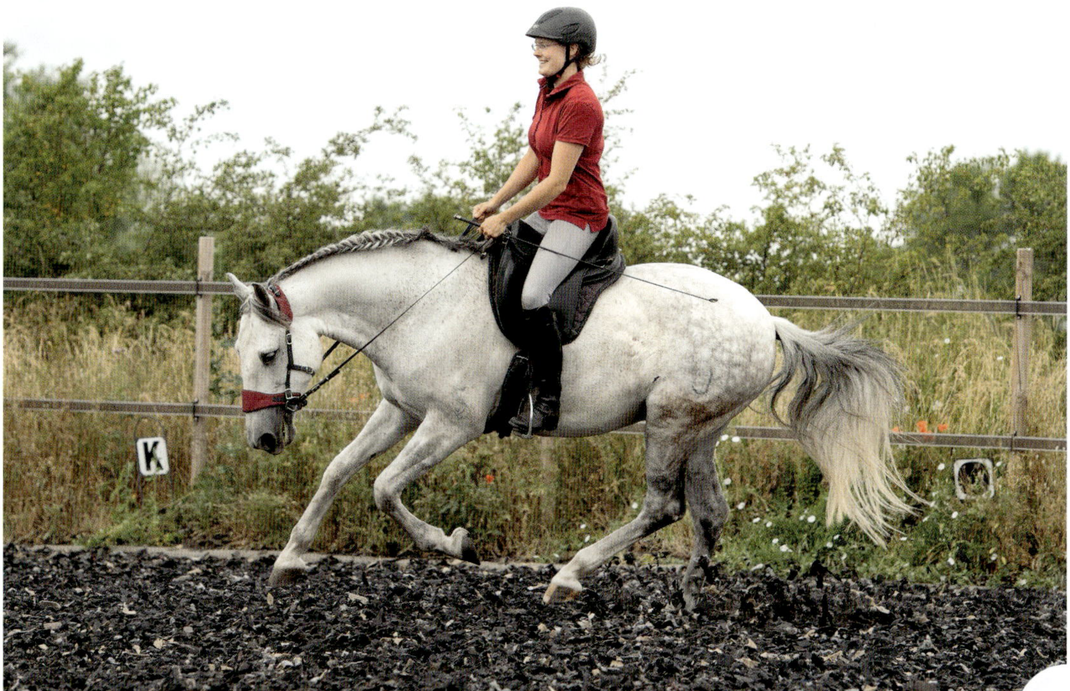

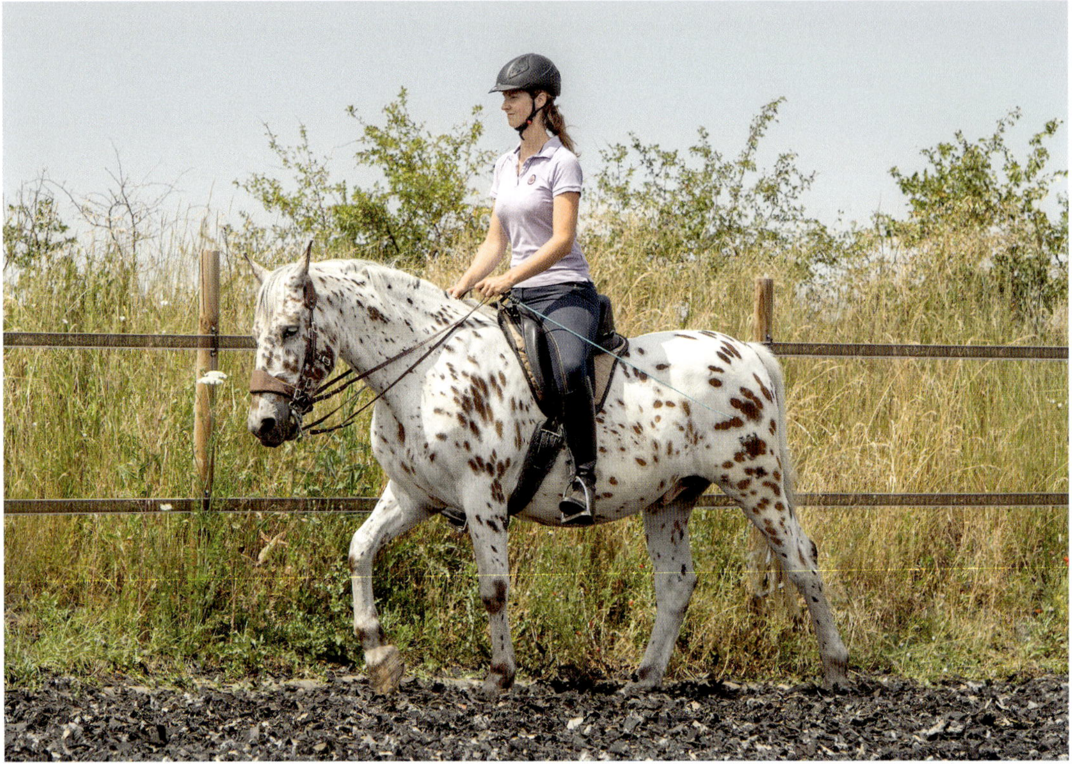

Das Zügel-aus-der-Hand-kauen-Lassen im Schritt.

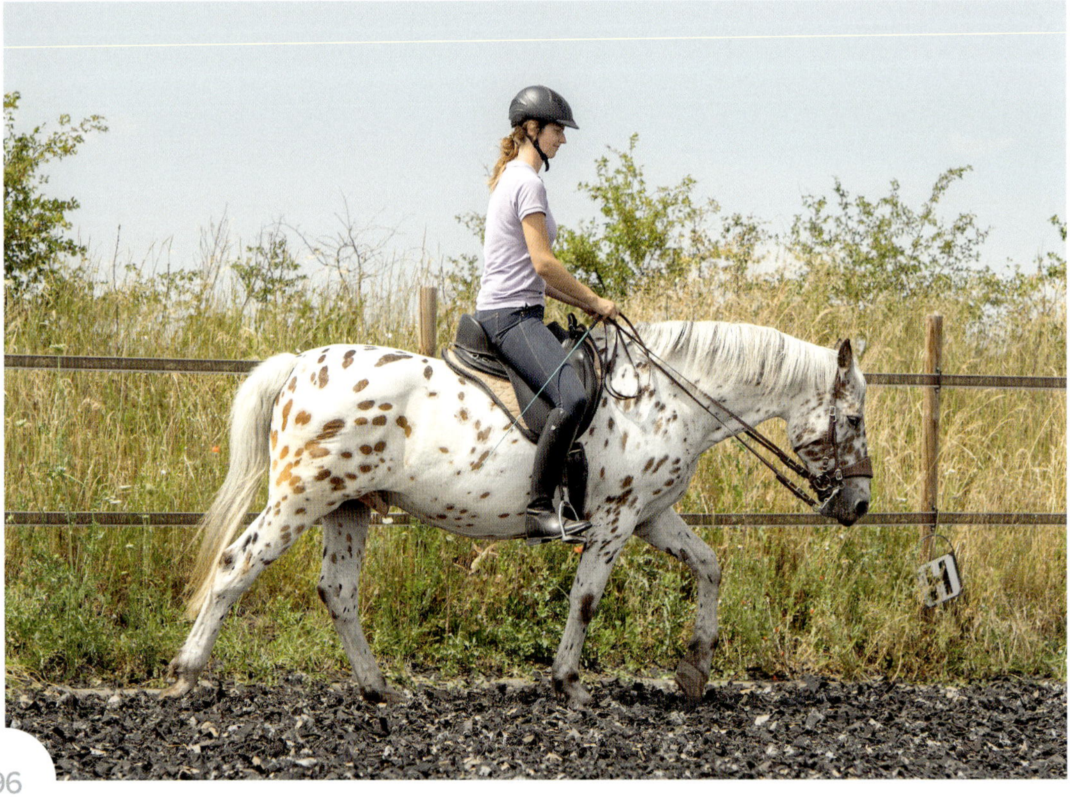

Langer und hingegebener Zügel

Am langen Zügel bedeutet, dass das Pferd »am Zügel«, also in Anlehnung in Dehnungshaltung, das heißt mit dem Maul etwa auf Buggelenkshöhe, geht.

Hingegebener Zügel heißt, dass der Reiter dem Pferd die volle Zügellänge gibt und wurde früher auch mit »an der Schnalle anfassen« bezeichnet.

Reiten **mit** hingegebenem Zügel bedeutet, dass der Zügel dabei durchhängt, **am** hingegeben Zügel heißt es, wenn das Pferd auch bei voller Zügellänge in der Tiefe noch in Anlehnung geht.

Mit aufgenommenem Zügel spürt der Reiter diese in seinen eigenen Armen: Beim konstanten Begleiten des Pferdemaules werden die Ellbogen des Reiters rhythmisch bei jedem Schritt ein klein wenig nach vorne gezogen, wobei auch die Schulterblätter etwas mit über den Rippenkasten rutschen. Diese Nickbewegung begleitet der Reiter bei korrekter Armhaltung mit einer gewissen Grundspannung, aber ansonsten passiv und lässt das Pferd so weiträumig wie möglich nicken.
Um das Zügel-aus-der-Hand-Kauen auszulösen, macht es auch im Schritt Sinn, zunächst ein wenig zu treiben, und zwar wechselseitig mit wie immer flacher Wade bei senkrechtem Unterschenkel (nicht mit den Fersen!).

Verlängert das Pferd daraufhin seine Schritte und damit einhergehend auch seine Nickbewegung, kommt ein wenig mehr Zug in der Reiterhand an, sodass die Ellbogen eigentlich etwas mehr nach vorne gezogen würden. Um das Kauen, also das Abstoßen am Gebiss, auszulösen, lässt man für etwa zwei bis drei Schritte lang die Nickbewegung aber nicht vermehrt zu, sondern behält die vorherige Amplitude bei. Das Pferd nickt also gewissermaßen gegen einen leichten Widerstand, dem es dann begegnet, indem es den Unterkiefer öffnet und somit den zuvor aufgebauten Zügelkontakt wieder etwas entspannt. Der Reiter spürt diesen Moment in seinen Fingern: Während er das Zügelmaß mit aufgelegtem Daumendach noch sicher konstant hält, bewegt der Unterkiefer des Pferdes den Ring- und manchmal auch den Mittelfinger des Reiters. Das Pferd spielt sozusagen mit den Reiterfingern Klavier – nicht umgekehrt!

Sobald das Pferd kaut, öffnet der Reiter den Daumen und lässt das Pferd nun die Zügel und damit den Hals verlängern. Das wird im Rahmen der Nickbewegung geschehen: bei jedem Nach-vorne-Nicken des Pferdes zieht es die Zügel nun einen gefühlten Zentimeter mehr heraus, wobei der Reiter vermutlich etwas nachtreiben muss, damit das Pferd immer ausladender nickt und dadurch die Zügel immer weiter herauskaut. Beim Wideraufnehmen der Zügel kommt gegenüber dem Trab eine Besonderheit dazu: Auch während des Verkürzens muss die Nickbewegung erhalten bleiben dürfen, das heißt auch dabei dürfen die Ellbogen und Schultern des Reiters nicht arretieren, sondern sich weiter rhythmisch nach vorne in Richtung Pferdemaul mitbewegen, während das Zügelmaß verringert wird. Bleibt das Pferd sicher im Takt, war's richtig!

Reiten in wechselndem Rahmen – Übung macht den Meister!

Das wiederholte Herauskauenlassen und Wieder-Aufnehmen der Zügel ergibt die Lektion »Reiten in wechselndem Rahmen«, die insbesondere im Trab sehr sinnvoll ist. Lassen Sie das Pferd dabei ausgehend von der Gebrauchshaltung soweit herauskauen, wie Sie das bei gleichbleibendem Takt und idealerweise auch konstanter Anlehnung schaffen, und reiten Sie einige Meter am langen Zügel, wobei das Pferd so gut es eben schon gelingt in Dehnungshaltung geht. Nehmen Sie die Zügel dann wieder auf, wobei sich das Pferd wieder etwas aufrichtet und zur Gebrauchshaltung zurückkehrt. Treiben Sie es dann ganz nach Bedarf wieder etwas mehr an die Hand heran, in dem Sie ein kleines Tritteverlängern einbauen oder aber reiten Sie eine Volte, damit es sich durch die Biegung vermehrt schließt und damit einhergehend beizäumt. Im Anschluss lassen Sie die Zügel wieder herauskauen, bevor Sie sie erneut aufnehmen und so weiter.

Der Wechsel des Rahmes, also der Halslänge und -höhe, sowie der damit einhergehende Wechsel der reiterlichen Sitzform verbessern grundsätzlich die Losgelassenheit. Außerdem haben Sie als Reiter bei jeder Wiederholung die Gelegenheit, das Zusammenspiel Ihrer Hilfen zu verbessern und Ihr reiterliches Gefühl für Timing und Dosierung zu verfeinern. Fällt das Pferd beim Verlängern der Zügel beispielsweise fast aus, legen Sie in Gebrauchshaltung zu und treiben Sie dann beim nächsten Herauskauenlassen gleich etwas lebhafter. Hebt es sich dagegen beim Wiederaufnehmen heraus, legen Sie beim nächsten Mal das Verkürzen direkt in eine Volte an und reiten Sie Ihr Pferd mit Hilfe der Biegung ein wenig deutlicher durchs Genick, bevor Sie es im Anschluss in ruhigerem Tempo

Im Anschluss werden die Zügel wieder aufgenommen.

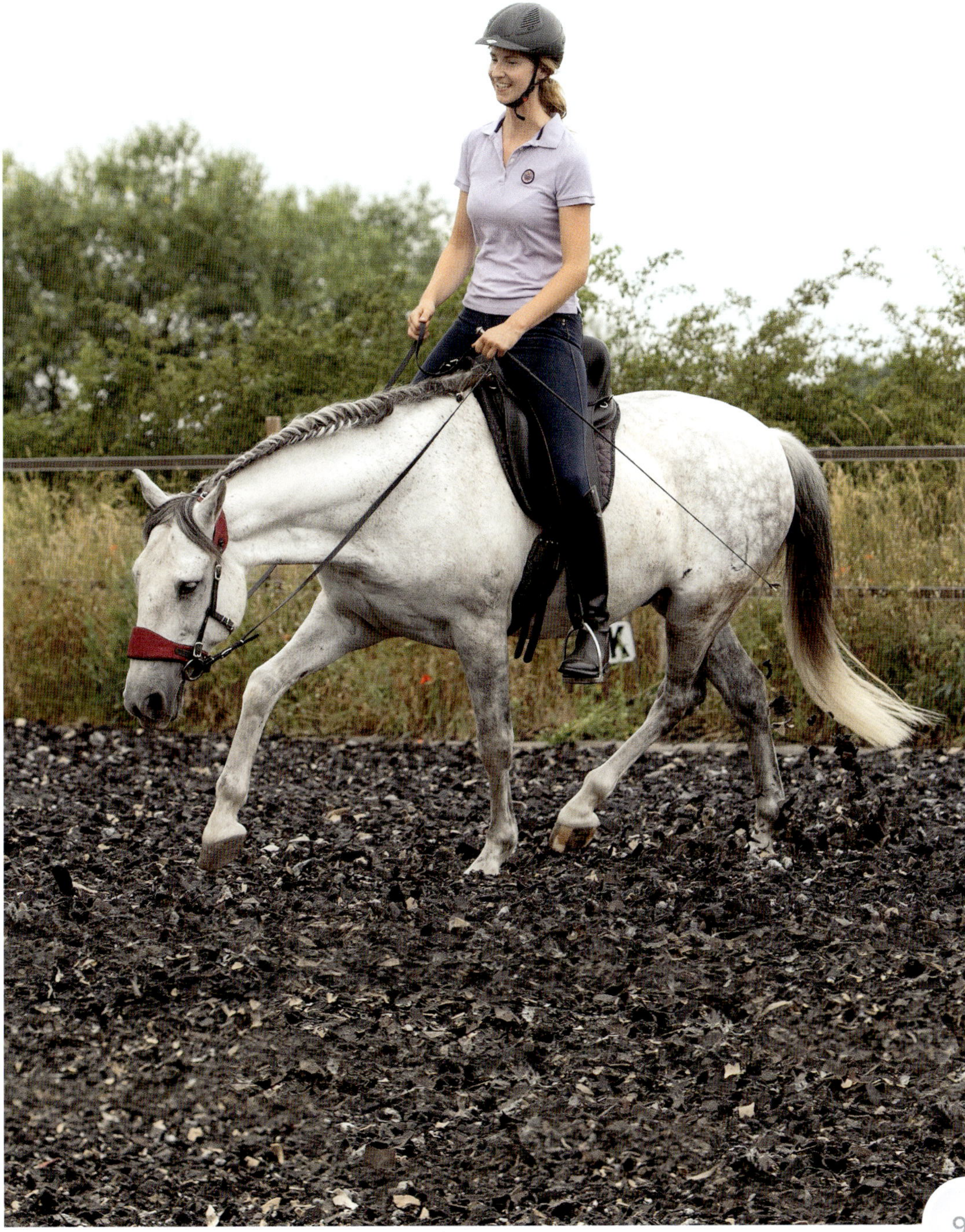

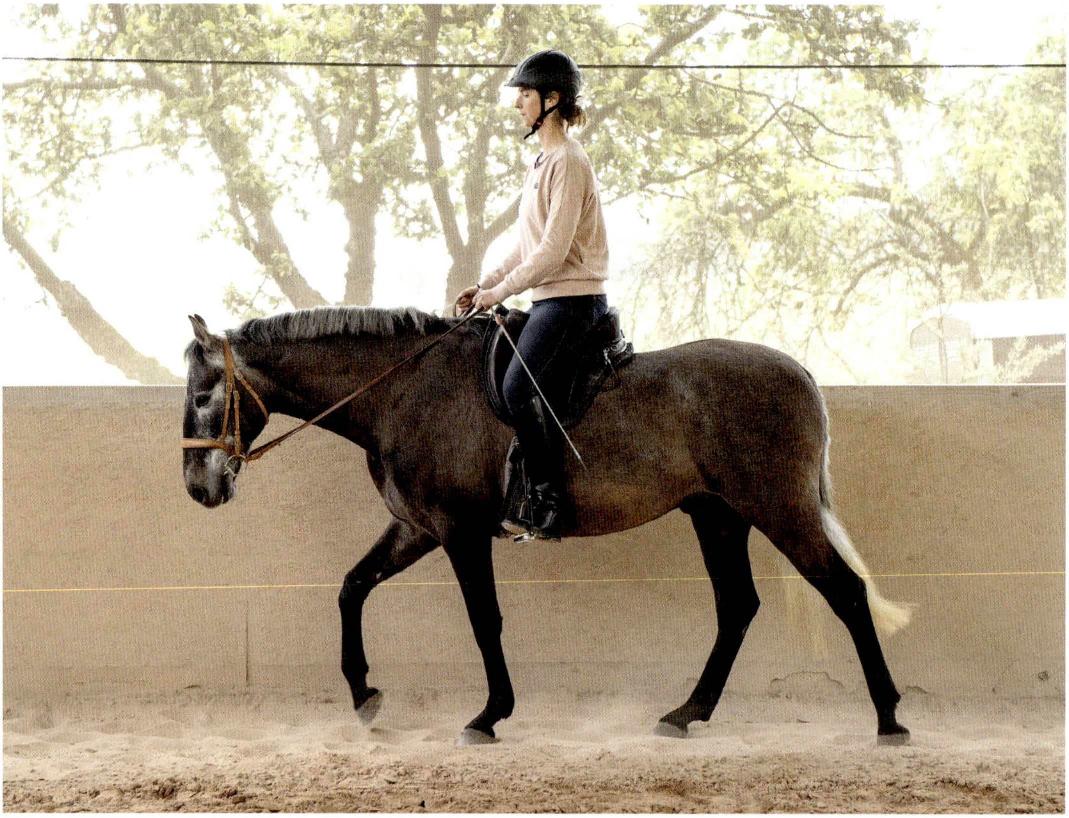

wieder herauskauen lassen. Finden Sie durch Wiederholung heraus, wie Sie für Ihr individuelles Pferd die Hilfen geben und die Lektion vorbereiten müssen, damit sie funktioniert!

In jeder Wiederholung wird das Dehnen ein kleines bisschen besser gelingen, denn das Gerittenwerden in Dehnungshaltung ist im Normalfall selbstbelohnend: Das Pferd erfährt am eigenen Leib, dass es den Reiter am energieeffizientesten tragen kann, wenn es seinen Hals dazu physiologisch nutzt, sprich in voller Länge mit der Nase auf Buggelenkshöhe »ausfaltet«. Durch den Wechsel zwischen Aufnehmen und Herauskauenlassen erhöht sich der Wunsch des Pferdes, herauskauen zu wollen, um damit die in Aufrichtung gebrauchten Strukturen zu entlasten. Umgekehrt verliert auch das per se ja anstrengendere Verkürzen des Rahmens seinen Schrecken, wenn das Pferd weiß, dass mit dem Aufnehmen der Zügel nicht etwa eine halbstündige Knechterei beginnt, sondern dass nach dem Aufnehmen direkt wieder das Verlängern erfolgt. Jede Wiederholung aus Herauskauenlassen und Wiederaufnehmen verbessert die darauffolgende, selbst wenn es noch nicht perfekt lehrbuchgemäß gelingt.

Warum Reiten in wechselndem Rahmen so klug ist

Grundsätzlich ist es für jedes Pferd wichtig, den Rahmen im Laufe einer Reiteinheit immer wieder ändern zu dürfen und keinesfalls immer in gleichbleibender Haltung laufen zu müssen. Muskeln können auf verschiedene Arten arbeiten. Man unterscheidet zum Beispiel dynamische und statische Muskelarbeit. Auf unseren wichtigsten Kniestrecker, den *M. quadriceps femoris*, bezogen, wären Kniebeuge ein Beispiel für dynamische Muskelarbeit. Dabei wechseln sich Kniestreckung und -beugung ab, die Muskellänge des Quadriceps ändert sich. Kniebeugen sind anstrengend, ein trainierter Mensch kann sie aber durchaus einige Minuten machen, ohne dass die Muskulatur nennenswert »brennt«.

Anders ist es beim »Wandsitzen«: Dabei geht man in die Knie, sodass zwischen Ober- und Unterschenkel ein 90-Grad-Winkel entsteht. Auf unseren Seminaren liegt der Rekord im Wandsitzen bei 50 Sekunden – länger hat es keiner von unseren Teilnehmern geschafft. Was der Quadriceps dabei nämlich tut, ist nicht nur statische Muskelarbeit (er verlängert und verkürzt sich nicht), sondern auch exzentrische Muskelarbeit. Er arbeitet in Dehnung und muss für eine bestimmte Haltung sorgen, ohne sich an- und abspannen zu können. Bei exzentrischer Muskelarbeit werden die winzigen Blutgefäße, die die Muskelfasern versorgen, verengt. Die Durchblutungszufuhr und somit die Sauerstoff- und Energieversorgung nimmt ab, der Muskel ermüdet rasch. Dasselbe passiert mit den kurzen Nackenstreckern des Pferdes in der Beizäumung, besonders wenn das Pferd für eine längere Zeit in »Dressurhaltung« mit dem Genick als höchstem Punkt geritten wird.

Wie viele Sekunden können Sie bewegungslos in ein und derselben Haltung verharren? Sie können hier durchaus von dem Gefühl in Ihren Oberschenkeln auf das in den Nackenstreckern Ihres Pferdes in Beizäumung schließen.

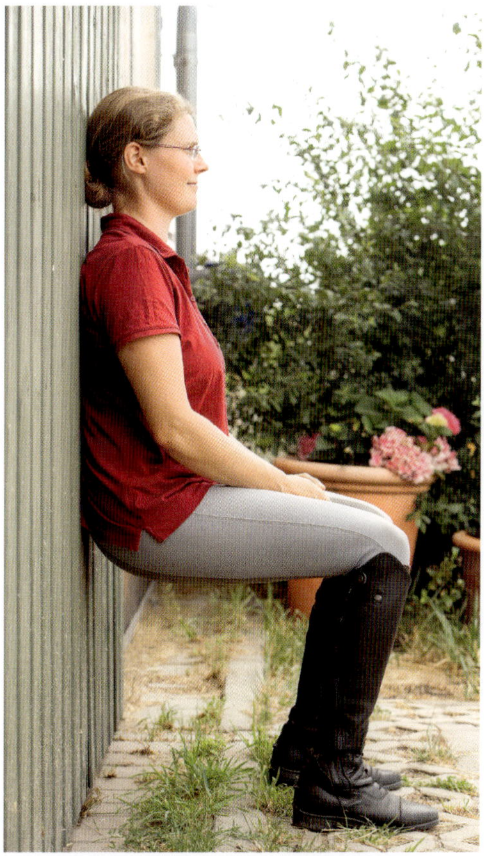

Als kurze Nackenstrecker wird eine Gruppe aus vier Muskeln im Bereich des Genicks bezeichnet. Dazu zählen der große und kleine obere gerade Kopfmuskel (*M. rectus capitis dorsalis major* und *minor*) und der schräge vordere und hintere Kopfmuskel *(M. obliquus capitis cranialis et caudalis)*, siehe dazu auch das Kapitel zur LDR. Ihr eigentlicher Job ist das rhythmische Abzupfen von Gras, also konzentrische Muskelarbeit, bei der sie sich verkürzen und wieder entspannen. Die kurzen Nackenstrecker sind zudem Faszienspanner der Hirnhäute. Zu viel Spannung kann zu Müdigkeit, Konzentrationsstörungen und Kopfschlagen führen. Im Gegensatz zur Ruhehaltung, die von der Hals-Kopf-Position ja etwa der Dehnungshaltung entspricht, müssen die kurzen Nackenstrecker exzentrisch arbeiten, wenn das Pferd »durchs Genick« in Dressurhaltung geht. Jedem Pferd brennen binnen kürzester Zeit die Nackenstrecker, wenn sie nicht immer wieder den Rahmen erweitern und die Nase nach vorn nehmen dürfen.

M. splenius und M. semispinalis

Auch in der Dehnungshaltung arbeiten die Muskeln der Oberlinie zumindest im Trab exzentrisch (im Galopp und Schritt findet eine gewisse Nickbewegung und somit auch konzentrische Muskelarbeit statt), etwa der *M. splenius*, der prominenteste Muskel des Oberhalses. Dieser hat seinen Ursprung in der Rückenlendenbinde, der zentimeterdicken Faszie in der Sattellage, am Nackenband und an den Dornfortsätzen des dritten bis fünften Brustwirbels. Er setzt am Hinterhauptsbein und am Warzenfortsatz des Schläfenbeins in unmittelbarer Nachbarschaft zum Kiefergelenk an sowie an den Querfortsätzen des dritten bis fünften Halswirbels. Einen gut trainierten *M. splenius* wünscht sich jeder Reiter, denn er formt die wünschenswerte schöne Oberlinie. Lässt das Pferd den Hals fallen, dehnt sich der *M. splenius* und es entsteht dadurch auch eine gewisse Dehnung der Rückenlendenbinde, was kleinere Restriktionen in der Faszie löst und dafür sorgt, dass der Rücken des Pferdes sich besser bewegen kann.

Im Gegensatz zum *M. splenius* ist der *M. semispinalis*, der unterhalb des *M. splenius* liegt, prädestiniert für Haltearbeit, da er sehnige Anteile (nicht ermüdende Faszien) besitzt. Deshalb hält das Pferd die Dehnungshaltung auch freiwillig, wenn es unausgebunden longiert wird, relativ mühelos.

Fehler und Lösungen

Was tun, wenn das Herauskauenlassen der Zügel nicht wie oben beschrieben gelingt? Zunächst ist die Zwanglosigkeit zu überprüfen oder wiederherzustellen (siehe Kapitel zur Zwanglosigkeit). Denn nur ein angst- und schmerzfreies Pferd, welches nicht übermäßig unter

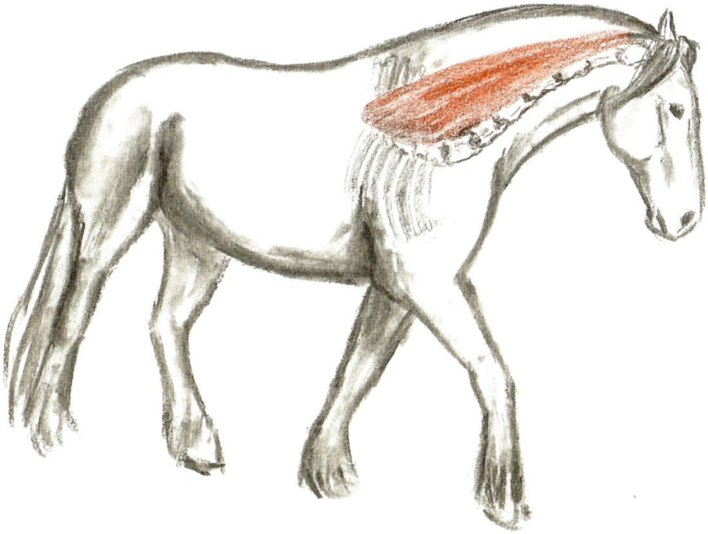

M. semispinalis

M. splenius

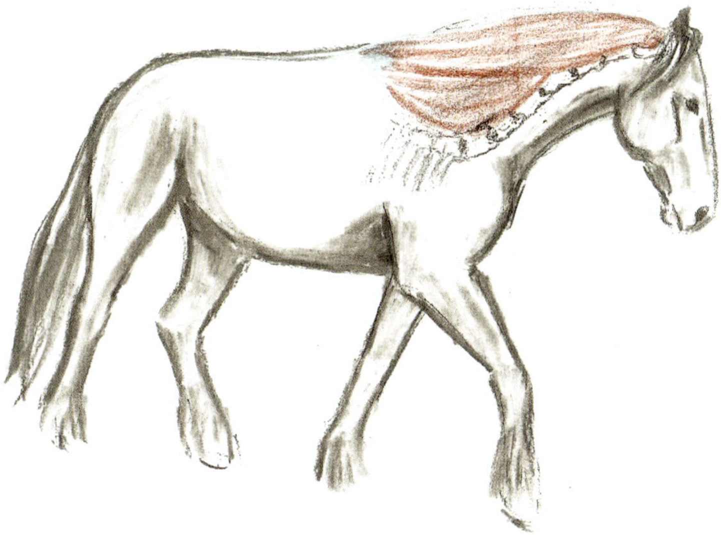

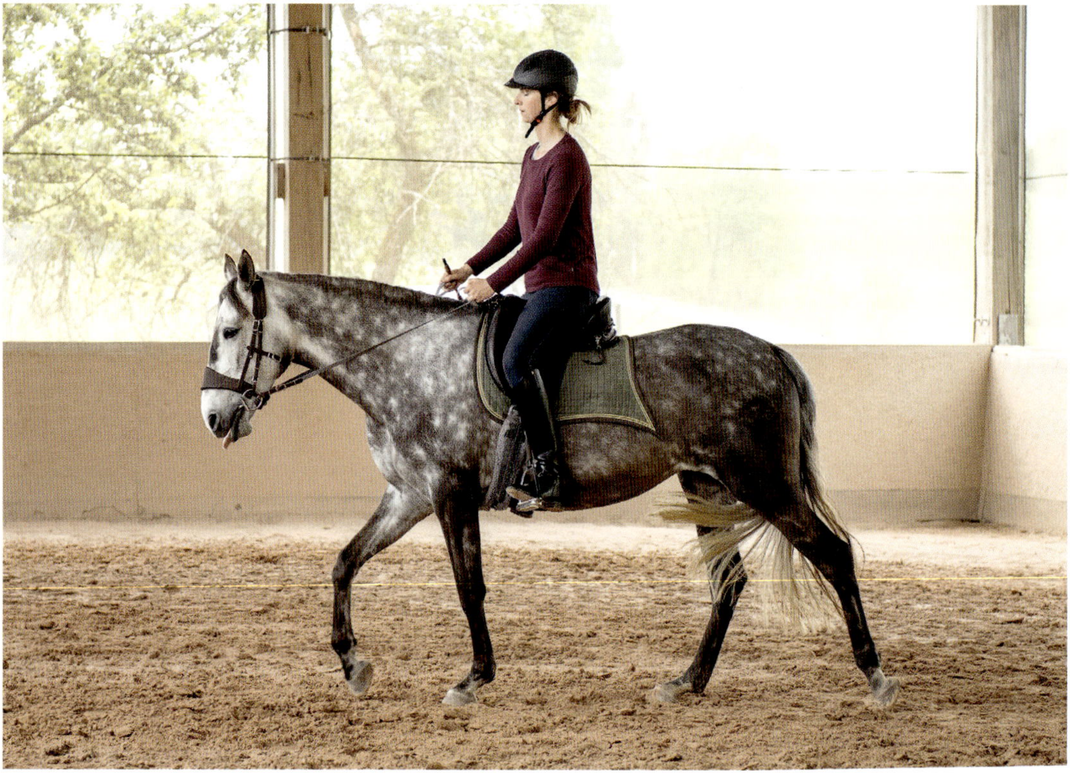

Das sogenannte »Abstoßen am Gebiss« löst das Kauen aus.

Sympathikuseinfluss steht, kann seinen Hals überhaupt fallen lassen. Mögliche körperliche Gründe, die das Einnehmen der Dehnungshaltung verhindern, sind im übernächsten Kapitel zusammengefasst.

Falsch verstandenes Nachgeben

Ein typischer Reiterfehler ist das ruckartige und falsch verstandene Nachgeben. Beim Zügel-als-der-hand-kauen-Lassen streckt der Reiter eben nicht seine Arme nach vorne, sondern lässt sie in korrekter Position, während **das Pferd** die Zügel verlängert. Der Hals muss vor den Reiterhänden länger werden, der Reiter sollte nicht die Hände weiter über den Hals strecken! Ein praktikables inneres Bild für ein herauskauendes Pferd ist eine Schildkröte, die den Kopf aus ihrem Panzer zieht (während der Reiter auf dem imaginären Panzer sitzen bleibt). Optisch muss das von außen für Betrachter und Reitlehrer so aussehen, als würde der Teil des Pferdes, der vor den Händen des Reiters ist, länger werden, während der Teil des Pferdes, der hinter dem Reiter ist, gleich lang bleibt.

Ruckartiges Nach-vorne-Werfen der Arme führt nämlich zu einem nicht zu unterschätzenden Übergewicht »auf der Vorhand« des Pferdes. Zwei menschliche Arme wiegen im Durchschnitt 12 Kilogramm und bringen bei allzu gut gemeintem »Nachgeben« nicht selten auch den ganzen Oberkörper des Reiters aus der Balance. Eine ganz sachte, kontrollierte Schwerpunktvorverlagerung ist sinnvoll, aber »viel hilft viel« gilt eben nicht! Verspürt ein Pferd nämlich plötzlich die berüchtigte Schwerkraftunsicherheit, dann lässt es seinen Hals eben nicht weiter fallen, sondern hebt sich stattdessen heraus, weil sich seine Oberlinie mit Sympathikusaktivität verkürzt. Interessant hingegen ist dazu, dass sich die Belastung der Vorhand bei einem korrekt im Schwerpunkt sitzenden Reiter in der Dehnungshaltung nur ganz geringfügig zunimmt, wie der Kasten auf Seite 35 mit Quellen belegt.

Zu eiliges Tempo

Weitere Fehler passieren im Zuge des Treibens. Wird der Rhythmus des Pferdes nämlich mit Verlängern des Zügels eiliger, verkürzt auch das die Oberlinie. Treiben Sie deswegen beim Herauskauenlassen in betont ruhigem Rhythmus und zwar gefühlt etwas langsamer als das Pferd aktuell trabt. Das Treiben soll die ventrale Kette des Pferdes anregen, sodass es durch die reziproke Hemmung (siehe Abschnitt zum vegetativen Nervensystem im Kapitel über Zwanglosigkeit) die dorsale Kette besser entspannen kann. Gefühlt treibt man »den Bauch nach oben und dadurch den Kopf nach unten«.

Damit das Pferd durch das Treiben nicht eiliger wird, müssen die übrigen Hilfen den Rhythmus konstant ruhig halten. Bei vielen Pferden gelingt das gut im Leichttraben, wenn der Reiter mit Hilfe etwas einwärts gedrehter Oberschenkel (»X-Beine machen«) besonders gering und langsam aufsteht und danach etwas länger einsitzt (mit aufgerichtetem Becken, gefühlt »wie im Kameltreibersitz«). Die Vorverlagerung des eigenen Schwerpunktes ist bei zu eiligen Pferden nicht sinnvoll, sitzen Sie in dem Fall auch beim Herauskauenlassen ganz senkrecht

Rückenbefunde können ein Grund dafür sein, dass das Herauskauen nicht funktioniert. Hier werden die Brustwirbel osteopathisch getestet.

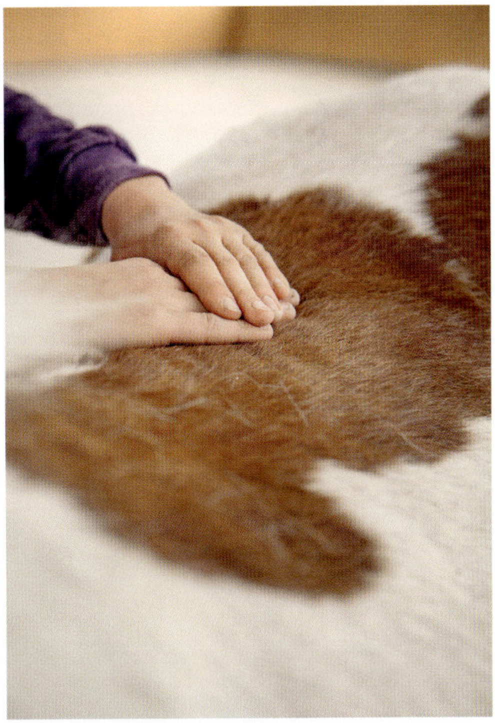

und nicht im leichten Sitz. Auch kann es notwendig sein, trotz der verlängerten Zügel diese mit zum Parieren zu nutzen. Schließen Sie dazu die Fäuste betont, sobald der Takt eilig wird und öffnen Sie sie immer dann und solange, wie das Pferd im Takt bleibt.

Wenn ein Pferd trotz gekonnter Hilfengebung (beispielsweise auch unter einem fähigen Bereiter!) die Zügel nicht herauskaut, sondern mit langem Zügel ausschließlich herausgehoben in Giraffenmanier geht, ist das definitiv behandlungsbedürfig. Auch die Passform des Sattels verdient einen kritischen Blick und gegebenenfalls eine Zweitmeinung.

Wenn das Pferd die Zügel aus der Hand reißt

Andere Pferde tun das Gegenteil und stoßen beim Verlängern der Zügel ruckartig mit dem Hals ganz in die Tiefe und werfen nicht selten den Reiter damit komplett aus dem Gleichgewicht. Das kann daran liegen, dass das Pferd noch nicht genügend trainiert ist, um den Reiter längere Reprisen in Gebrauchshaltung zu tragen. Möglich wäre neben dem Ermüden der Oberhalsmuskulatur und des Rumpfträgers auch mangelnde Schubkraft der Hinterhand, sodass das Pferd sich ruckartig in sein Nacken-Rückenband-System hängt und den Schwerpunkt schnell nach vorn verlagert um sich die Vorwärtsbewegung leichter zu machen. Stellen Sie sich einen Wanderer auf den ersten Kilometern und nach einigen Stunden Fußmarsch vor: Geht er anfangs relativ aufrecht und energiegeladen, wird er sich später mit weniger Körperspannung und zunehmend etwas nach vorn gelehnt vorwärtsbewegen. Das Pferd benötigt also eine Pause oder zeigt uns, wenn dieses Verhalten erst nach zwanzig, dreißig Minuten auftritt, dass die Einheit für heute besser beendet werden sollte.

Auch falsche Grundausbildung kann dieses Verhalten hervorgerufen haben. Wird Pferden der Wechsel des Rahmens zu selten zugestanden, weil sie zum Beispiel die ganze Reitstunde lang in Dressurhaltung »am Zügel« gehen müssen oder pausenlos mit Ausbindern beigezäumt sind, dann nutzen sie verständlicherweise die erste Gelegenheit, endlich ihre brennenden Muskeln zu strecken (nachfühlbar durch die Übung »Wandsitzen«) und fordern das je nach Naturell auch vehement.

Zur Korrektur hilft es, die Zügel in jeder Reiteinheit wirklich häufig herauskauen zu lassen, also den Rahmen früher zu verlängern, als es das Pferd so richtig nötig hat, dann aber immer nur »in Etappen«, also etwa fünf Zentimeter verlängern und die Fäuste wieder zu

Geht ein junges oder noch nicht sehr trainiertes Pferd vehement in die Tiefe, kann das ein Zeichen von Ermüdung sein.

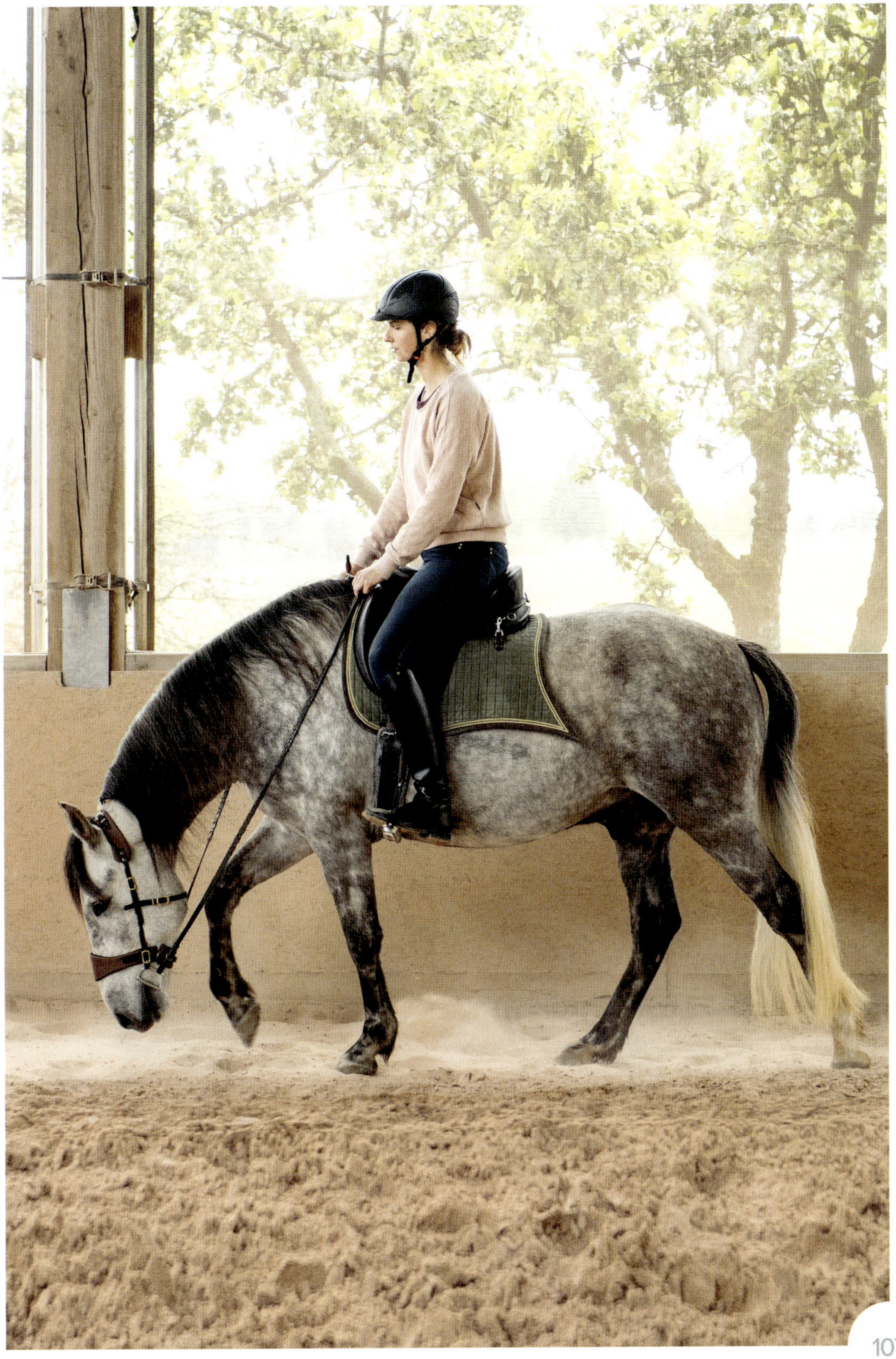

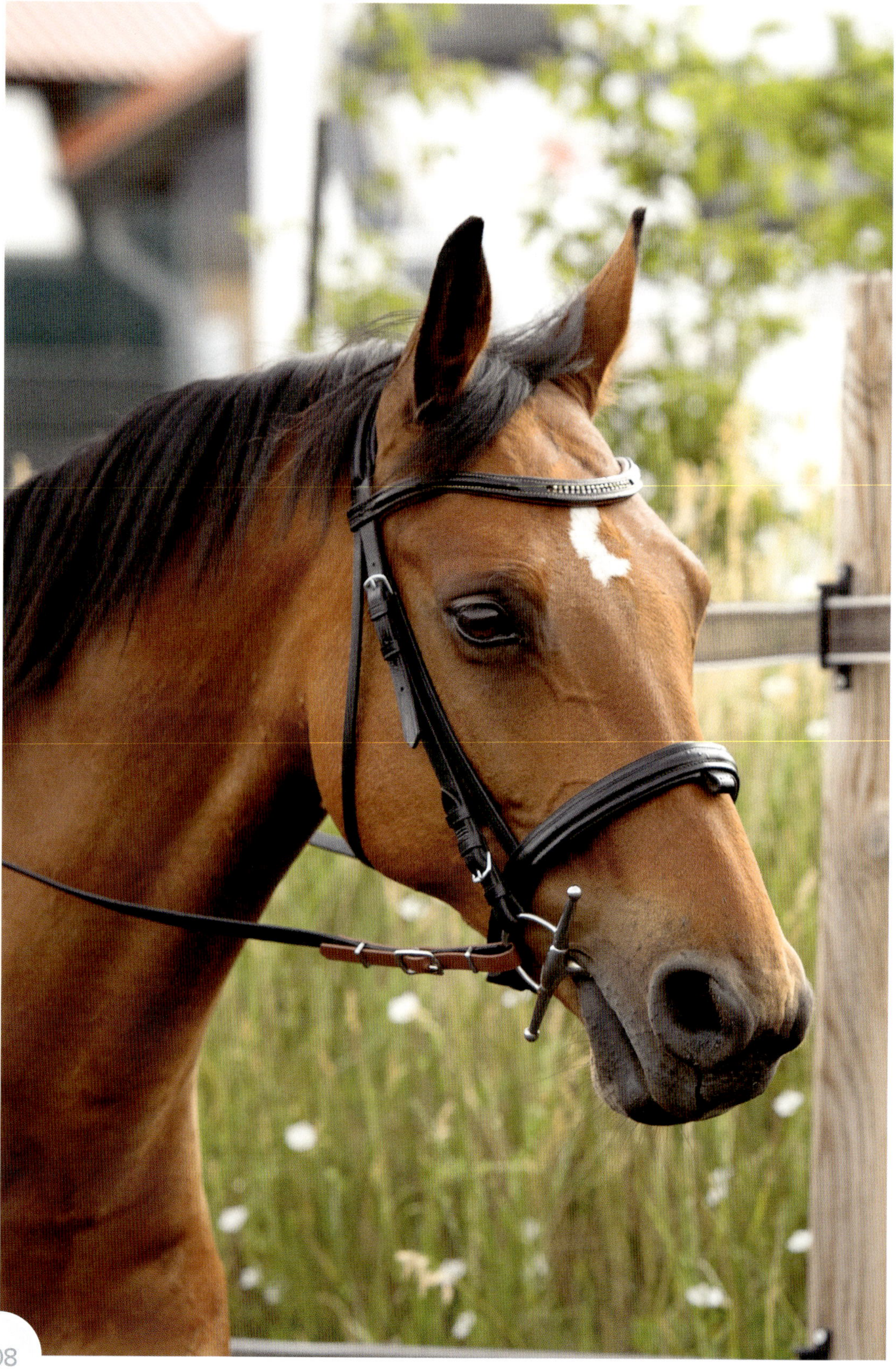

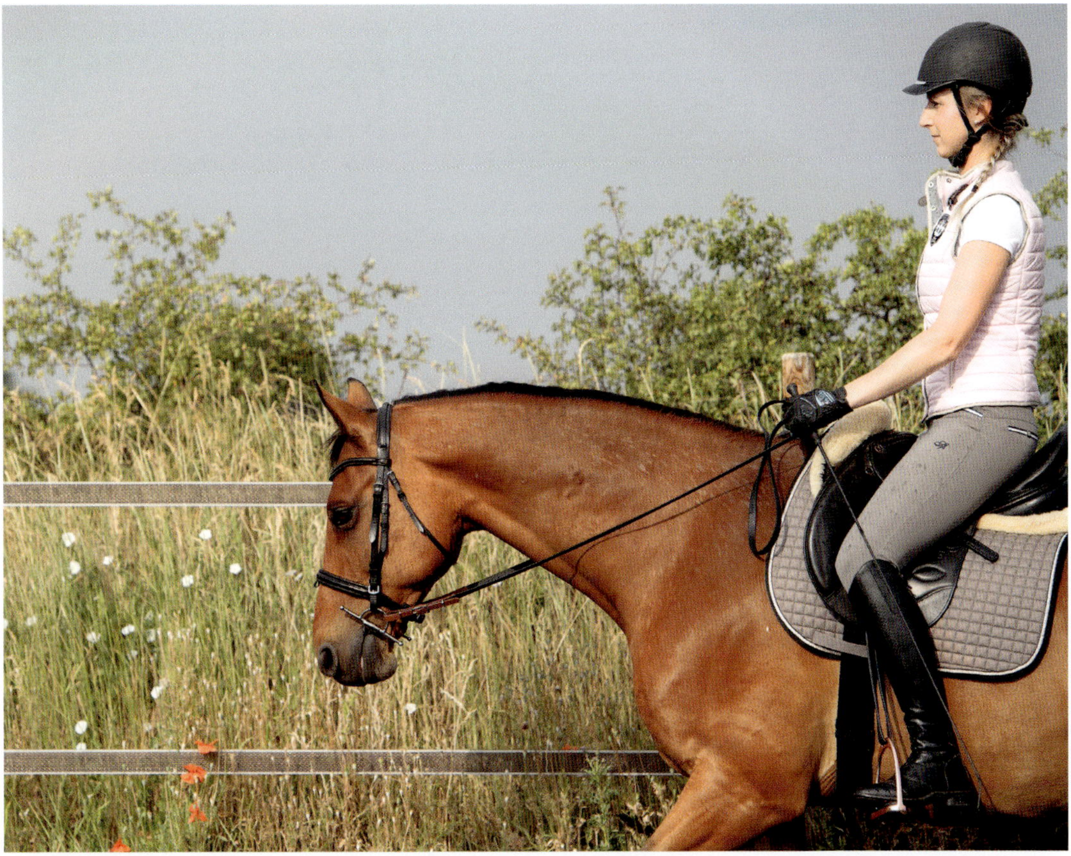

Höhe und Breite der Hände sind korrekt, wenn sie sowohl von der Seite betrachtet, als auch von oben betrachtet auf einer Geraden zwischen Ellbogen und Maulspalte liegen.

schließen und erst nach etwa einer Zirkelrunde die nächsten fünf Zentimeter heraus zu lassen. Das Pferd muss wissen, dass es den Hals verlängern darf, aber es soll den Impuls kontrollieren lernen, dem Reiter die Zügel wegzureißen. Um diesem Impuls korrekt gegenhalten zu können, müssen die Hände des Reiters tief bleiben und der Oberkörper senkrecht. Sehen Sie das Nachvornestoßen kommen, drücken Sie gefühlt Ihren Bauchnabel zwischen tiefen und eher breiten Händen hindurch, während Sie den Schultergürtel hinten lassen, und drücken Sie den gebeugten, dachförmigen Daumen auf den Zügel.

Ist es Ihnen nicht möglich gegenzusitzen und können Sie deswegen die Zügel nicht wie beschrieben herauskauen lassen, dann ist es übergangsweise besser, die Zügel häufig wirklich komplett hinzugeben (»auf den Hals zu werfen«) und somit gleich zum hingegebenen Zügel überzugehen, als das Fehlverhalten des Pferdes weiter zu praktizieren. Guter Beritt und anschließender Unterricht sind notwendig.

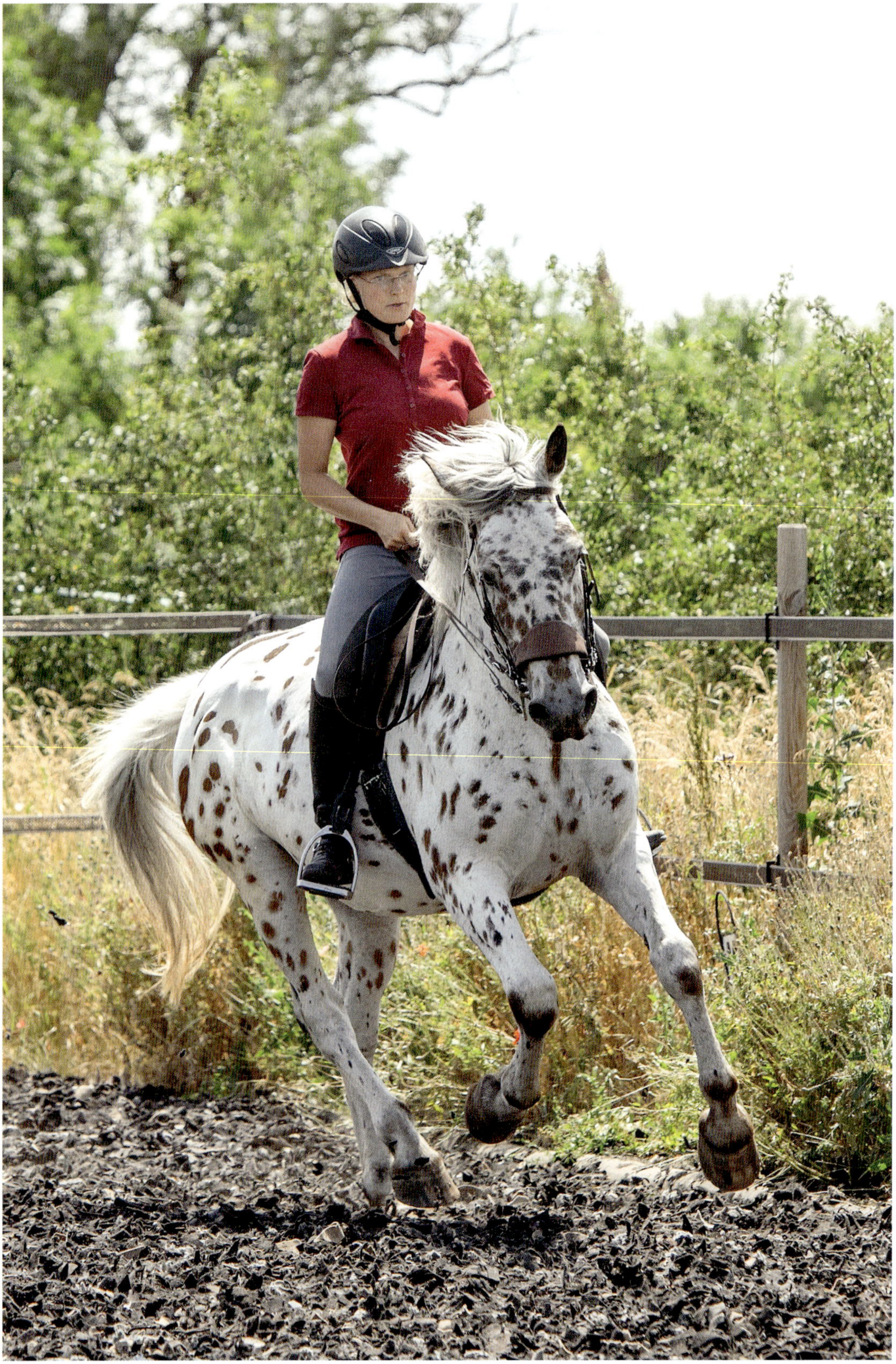

DIE DRESSURHALTUNG: Reiten in Aufrichtung

Die Zeit, die Pferde **natürlicherweise** mit angehobenem Kopf verbringen, beläuft sich auf wenige Minuten am Tag. **»Aufgerichtet«** ist ein Wildpferd, wenn es sich einen kurzen Überblick über die Umgebung verschafft, flüchtet, anderen Pferden (z.B. Stuten) imponieren will oder mit Artgenossen spielt oder gegebenenfalls kämpft.

Eine hohe Kopf-Hals-Position und Aufregung hängen eng zusammen, denn die Rückenstreckerkette wird vom Sympathikus beeinflusst – ein aufgerichtetes Pferd ist nicht tiefenentspannt. Das ist gut so, denn beim Flüchten und Kämpfen geht es ums Überleben, nicht um das verschleißarme Zurücklegen langer Distanzen. Der Pferdekörper ist nicht für lange Phasen in aufgerichteter Haltung gebaut. Kopf und Hals werden muskulär gehalten, was mit einem hohen Energieverbrauch einhergeht und für das Pferd nicht dauerhaft machbar ist.

Was passiert in Aufrichtung im Pferdekörper?

Auch in dressurmäßig korrekter Aufrichtung (Genick höchster Punkt, Pferd beigezäumt) wird das Nackenband im Genickbereich gedehnt, ab dem vierten Halswirbel werden die Wirbelgelenke ineinandergestaucht, der CTÜ wird mehr oder weniger stark komprimiert.

Der Rumpfträger *(M. serratus ventralis)* kann nicht mehr so gut arbeiten, weil Ansatz und Ursprung (Halswirbelquerfortsätze und Schulterblattinnenseite) angenähert sind. Das Schultergelenk wird nicht mehr über das Nackenband und den daran ansetzenden vorderen Teil des *M. trapezius* weitestgehend passiv in Beugestellung gehalten, sondern muss aktiv mit Muskelkraft stabilisiert werden. Die vordere Brustwirbelsäule gerät hinter dem Widerristbereich etwas stärker in die Streckung. Die Lendenwirbelsäule wird nicht mehr durch den Zug des Rückenbands stabilisiert und hängt etwas durch, besonders wenn das Pferd noch nicht genügend Bauchmuskelkraft hat, um sie von unten zu stabilisieren.

Der letzte Lendenwirbel übt mehr Zug auf den ersten Kreuzbeinwirbel aus, der lumbosakrale Übergang (LSÜ) kann gestaucht werden, sofern die Hosenmuskeln (siehe Kasten Seite 114) nicht ausreichend trainiert sind. Ein (Über-)training von Bauch- und Hosenmuskulatur ermöglicht zwar Versammlung, führt aber, wenn der Ausgleich fehlt, zu langfristigen Exterieurveränderungen (nach hinten verkipptes Becken, steilere Knie- und Sprunggelenkswinkel) und langfristig zu typischen degenerativen Veränderungen wie Spat (siehe Buch **Einmal überbaut, immer überbaut?**).

Im versammelnden Schulterherein beginnt das Pferd, sich auch vermehrt aufzurichten.

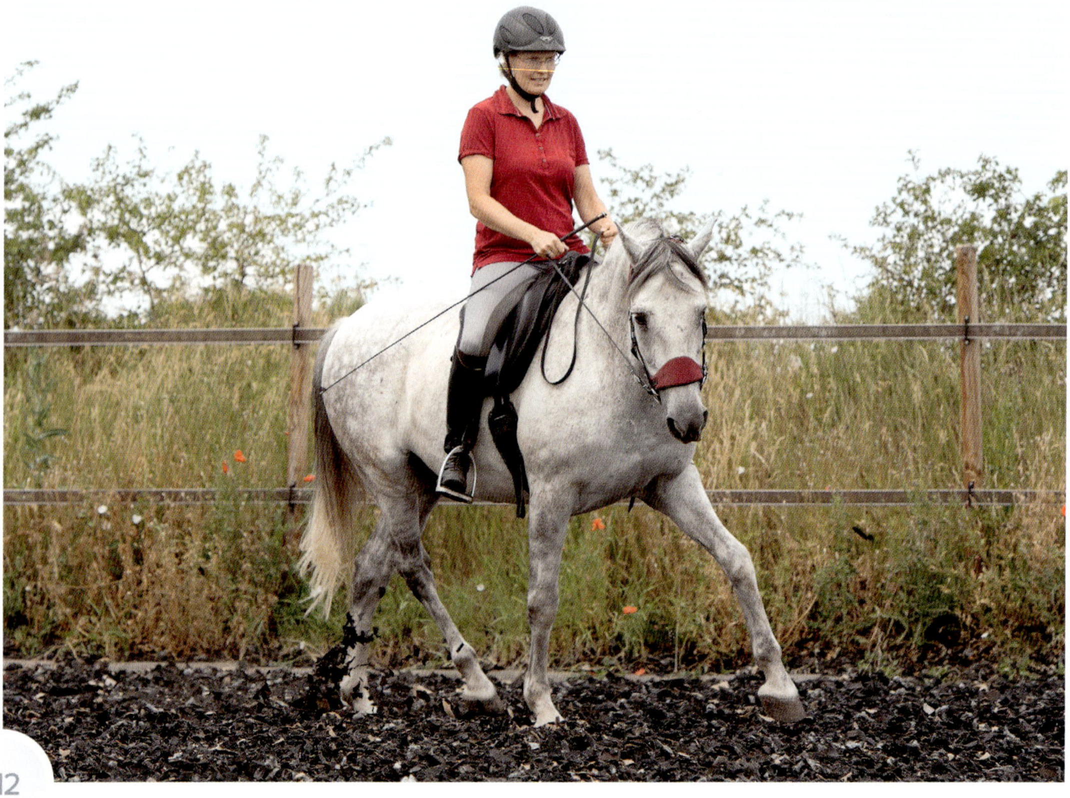

Ist eine Grand-Prix-Prüfung etwa acht Minuten lang, dann ist irgendwo in der Mitte der Zeitspanne die **Lektion starker Schritt gefragt, dabei muss der Reiter die Zügel aus der Hand kauen lassen.**
Unabhängig davon, dass das leider in vielen heute gezeigten Prüfungen nicht korrekt geritten wird und wir stattdessen Pferde sehen, die selbst dabei überzäumt werden und passartigen Schritt zeigen, bleibt die Vorgehensweise natürlich sinnvoll.

Auf den Fesselgelenken der Vorderbeine entsteht durch den insuffizienten Rumpfträger vermehrter Druck, der von Fesselträger und Fesseltrageapparat aufgefangen werden muss.

Um der erhöhten Belastung in hoher Kopf-Hals-Position standzuhalten ist ein mindestens zweijähriges planvolles Training in vorwiegend Dehnungs- und Gebrauchshaltung nötig. *»Man kann die Dressur nicht willkürlich abkürzen. Sie hat ihre Inkubationsfristen!«*, warnt Waldemar Seunig (Von der Koppel bis zur Kapriole, Olms Verlag), einer der bedeutendsten Vertreter der Reitkunst.

Die klassische Ausbildung berücksichtigt diese Inkubationsfristen: In den ersten beiden Remontejahren wird ausschließlich in korrekter Dehnungs- und Gebrauchshaltung und zwar vorrangig im Trab gearbeitet, bis der Rumpfträger sowie die wichtigen faszialen Strukturen wie etwa der Fesselträger stabil sind.
In den darauffolgenden Jahren der Campagneschule werden zunächst die Biegungen kleiner und es kommen Galopplektionen hinzu, was die Bauchmuskulatur des Pferdes kräftigt. Damit einhergehend wird Stück für Stück der Versammlungsgrad und damit natürlich das Maß an Aufrichtung angehoben, bis hin zu versammelten Lektionen wie Traversalen und Galoppwechseln.
Erst danach, also nach in der Regel sechs Jahren professioneller Ausbildung, ist maximale Versammlung und eben auch maximale Aufrichtung im Rahmen der Hohen Schule, also etwa der Piaffe, möglich.

Und selbst auf maximal austrainiertem Niveau wird das Gehen in voller Aufrichtung nicht dauerhaft verlangt, denn es kann von keinem noch so ideal gebauten Pferd pausenlos geleistet werden, ohne zu verschleißen. Denken wir nochmal an die Selbsterfahrung bei der Übung »Wandsitzen« (siehe Seite 101) zurück: Sobald exzentrische Muskelarbeit gefragt ist, werden die entsprechenden Muskelgruppen irgendwann überlastet und müssen sich wieder verkürzen und dehnen dürfen. Das darf das Pferd beim Reiten in wechselndem Rahmen (genau

Welche Muskeln sind überhaupt an der »Hankenbeugung« beteiligt?

Als Hanken werden alle großen Gelenke der Hinterhand bezeichnet, also Hüft-, Knie- und Sprunggelenk. Hankenbeugung beginnt schon im lumbosakralen Übergang (LSÜ). Der gerade Bauchmuskel, der an einer Sehne am Schambein ansetzt, zieht das Schambein etwas nach vorn und kippt so das Becken leicht nach hinten-unten – die Sitzbeinhöcker sinken ab, die Hüfthöcker bewegen sich dabei nach oben-hinten.
Nicht nur die Spannung des geraden Bauchmuskels kann das Becken nach hinten kippen. Das tun auch Muskeln, die an den Sitzbeinhöckern des Beckens ansetzen und besonders in Versammlung sehr aktiv sind – die Hosenmuskeln. Das sind der kräftige *M. biceps femoris*, der die hintere äußere Kruppenmuskulatur bildet, und die *Mm. semitendinosus* und *semimembranosus*, die nach innen ans Knie ziehen. Diese Muskeln setzen an den hinteren Kreuzbeinwirbeln an und ihre Spannung kann das Sakrum zusammen mit der Rotation des Beckens nach hinten abkippen (vertikalisieren).
Wenn diese Muskeln eine zu starke Spannung entwickeln, kann das Pferd eine sehr schräge bis abgeschlagene Kruppe bekommen. Trainiert werden die drei Muskeln in der vorderen bis mittleren Stützbeinphase des Hinterbeins. Die hintere Stützbeinphase fehlt, wenn der Reiter das Pferd vermehrt »setzt«, die vermehrte Beugung der Hanken (übrigens spricht man hier von der Stützbeinphase) wird von den Hosen und vom *M. quadriceps femoris* exzentrisch gehalten, ist also sehr anstrengend.

erklärt in Kapitel ab Seite 89). Dieses Prinzip muss bis zum höchsten Niveau angewendet werden: Nach ein oder zwei versammelten Lektionen, bei denen das Pferd wenige Minuten lang in Dressurhaltung gegangen ist, erfolgt ein Verstärkung des Ganges mit damit einhergehender Rahmenerweiterung oder eine kleine Pause in Dehnungshaltung oder sogar mit gänzlich hingegebenem Zügel. Die Höhe der Aufrichtung wird also grundsätzlich variiert.

Relative Aufrichtung entwickeln

Die klassisch erwünschte Form der Aufrichtung ist die sogenannte relative Aufrichtung: Das Pferd richtet sich im Hals in dem Maße auf, wie es seine Hanken, also die großen Gelenke der Hinterhand, beugt.

Die Hankenbeugung und damit einhergehende relative Aufrichtung geschehen auf der Grundlage der vorab erarbeiteten

Losgelassenheit im Prinzip von selbst, sobald man beginnt, versammelnde Übungen zu reiten. Wenn die Biegungen kleiner werden (aus Zirkeln werden Volten und zwar vom Zehn-Meter-Durchmesser zum Acht-Meter-Durchmesser), die ganzen Paraden (zum Beispiel in Form von Trab-Halt-Trab-Übergängen) geritten und das Schulterherein erarbeitet wird, dann beugen diese Übungen nach und nach die Hanken mehr und das Pferd richtet sich in diesem Zuge graduell auf.

Nach guter Vorbereitung in Dehnungs- und Gebrauchshaltung und einem korrekten Sitz, der natürlich dabei nun von den entlastenden Sitzformen zum Aussitzen im Vollsitz übergeht (wie auf Seite 66 beschrieben), kommt das Genick des Pferdes nach oben.

Relativ aufgerichtet?

Dass Ihr Pferd sich korrekt relativ aufrichtet, bemerken Sie an verschiedenen Dingen: Sie können Ihr Kreuzbein sinken lassen, weil das Pferd hinten gefühlt ein paar Millimeter tiefer wird und rutschen dabei mit den Sitzbeinen nach vorne in Richtung Widerrist. Ihr unterer Rücken fühlt sich ein wenig so an wie im »Kameltreibersitz« (siehe Übung auf Seite 80), Sie werden also keinesfalls ins Hohlkreuz gesetzt. Der Pferdehals richtet sich selbsttätig um einige Millimeter vor Ihnen auf, wobei er von oben betrachtet möglichst »dreieckig« wirkt: An der Halsbasis, wo er aus den Schultern des Pferdes herauszuwachsen scheint, sieht er breiter aus und verjüngt sich dann zum Genick hin. Wirkt er hinter dem Genick verbreitert und am Halsansatz dagegen schmal, ist die Aufrichtung nicht korrekt oder einfach zu viel.

Außerdem wird Ihr Pferd im Gang erhabener, was Sie daran bemerken, dass die Bewegung in Ihrer eigenen Mittelpositur nicht weniger wird, obwohl sich die Gesamtgeschwindigkeit des Pferdes in der Versammlung natürlich verringert. Nuno Oliveira gibt uns das innere Bild mit, der Reiter solle sich vorstellen, seine Mittelpositur wäre eine Ziehharmonika. In der Versammlung wird die Schubkraft, die für Anlehnung verantwortlich ist, zugunsten der sogenannten Trag- oder Federkraft geringer. Deswegen wird der Kontakt zwischen Reiterhand und Pferdemaul in echter Versammlung leichter, ohne dass der Reiter seine Hand aktiv bewegt oder diese gar zum Bremsen nutzt.

Die Höhe der Aufrichtung steht genau wie die Beizäumung in Relation zum Versammlungsgrad: Der Arbeitstrab ist weniger aufgerichtet als der versammelte Trab und erst in der Piaffe ist das Pferd dann maximal aufgerichtet.

Um zu merken, ob ein Pferd sich korrekt aufrichtet, bedarf es also eines Wechselspieles zwischen den Lektionen und somit eines Wechsels der Schub- und Tragkraft. Passen die Verhältnisse nicht, also richtet sich ein Pferd nicht relativ auf, dann muss man auf Fehlersuche gehen. Selbstverständlich kann das daran liegen, dass der Reiter mit Sitz und Hilfengebung die Lektionen einfach noch nicht richtig reiten kann und Unterricht benötigt. Es kann auch sein, dass ein vielleicht geringfügig zu langer Sattel mit einer nicht optimalen Kissenform, der das Pferd im leichten Sitz noch nicht gestört hat, nun im Vollsitz beim Aussitzen doch limitierend ist. Ein erfahrener Ausbilder weiß einzuschätzen, was »normal« ist und einfach weiterer Übungen bedarf, und was dagegen doch auf Probleme hindeutet.

Natürlich kann auch an dieser Stelle der Pferdeausbildung eine osteopathische Befundung und Behandlung notwendig sein, denn wenn besagte Gelenke bewegungseingeschränkt sind, wird es nichts mit der Versammlung und relativer Aufrichtung. Auch die dafür notwendige Geraderichtung muss nicht nur an der natürlichen Schiefe liegen, sondern kann zum Beispiel auch durch Verletzungen und deren Kompensation beeinträchtigt sein, die womöglich zunächst der Behandlung bedürfen. Die klassische Reitkunst kennt zahlreiche Mittel und Wege, um mit Problemen umzugehen,

Mit der vermehrten Hankenbeugung im Travers geht auch eine zunehmende Aufrichtung einher.

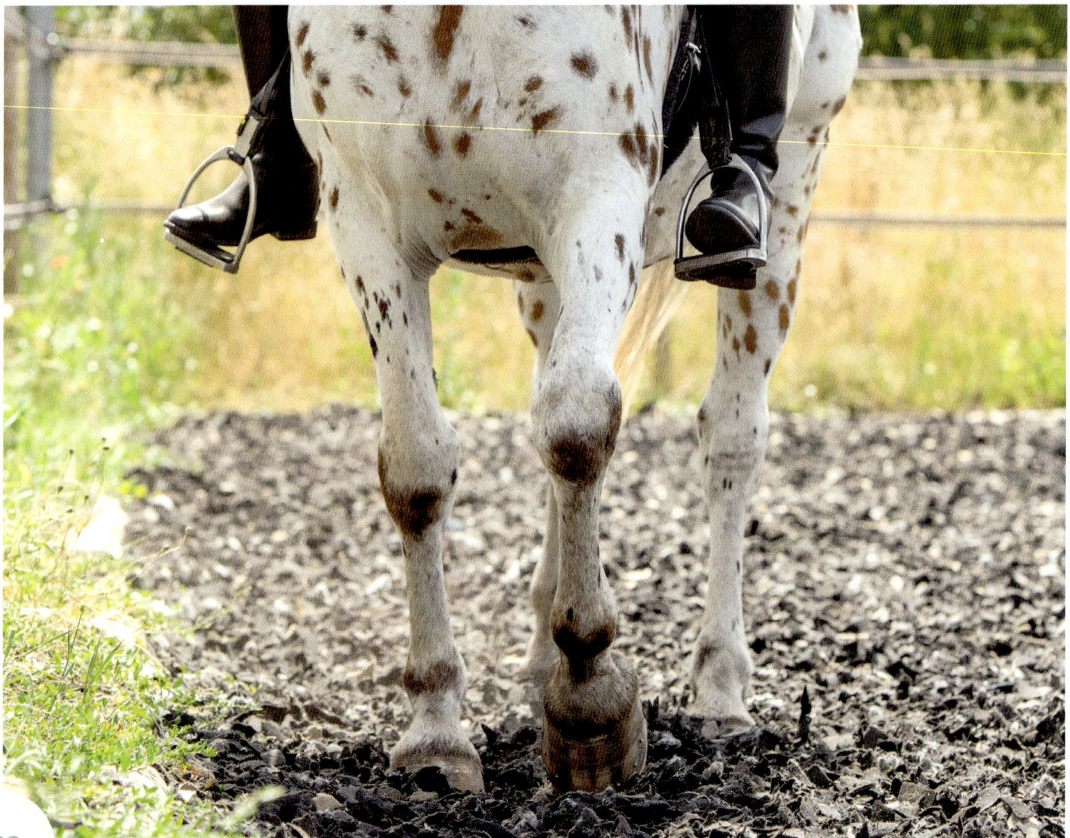

aber nicht jeder Reiter ist in der Lage, diese voll auszuschöpfen. Je nach Befund tut man dem Pferd einen großen Gefallen, zunächst osteopathisch vom Boden aus zu behandeln, bevor dann in Zusammenarbeit mit dem Reiter ein Trainingsplan an der Hand und unterm Sattel ausgeklügelt werden kann.

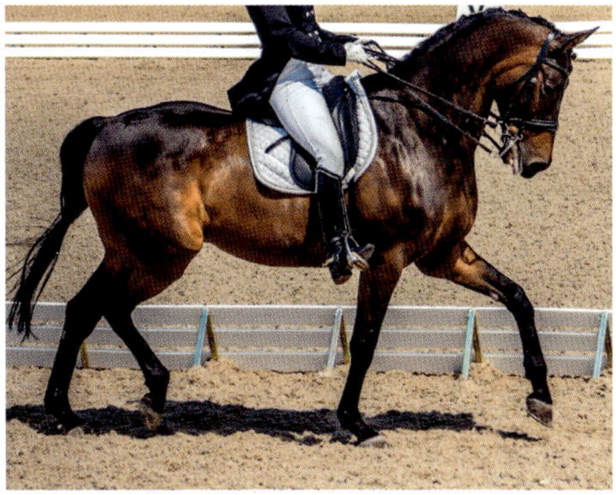

Erfahrungsgemäß verschleißen viele Pferde an der Schwelle zwischen L und M (auch wenn sie ohne Turniervorstellung »nur freizeitmäßig« ausgebildet wurden). Lassen Sie sich hier lieber zu oft auf die Finger schauen als einmal zu wenig!

Falsch: absolute Aufrichtung

Dressurmäßig erwünschte, relative Aufrichtung ist zusammenfassend anstrengend für das Pferd und bedarf viel Trainings sowie vieler Pausen. Dann kann ein dressurmäßig bis zur höchsten Klasse gefördertes Pferd sehr gut gesund alt werden.

Wenn Pferde sich aber nicht auf natürlichem Wege wie beschrieben relativ aufrichten und der Reiter den Fehler begeht, ein Pferd aktiv aufzurichten, in dem er den Kopf und Hals mittels Handeinwirkung nach oben hebt oder zupft oder schlicht die Zügel so kurz fasst, dass das Pferd sich nicht mehr dehnen kann, spricht man von absoluter Aufrichtung. Dabei wird (zur Not sogar mit ausgeklügelten mechanischer Seilkonstruktionen bis hin zum Elektroschock) eine Kopf-Hals-Höhe künstlich eingestellt, die der Hankenbeugung nicht entspricht.

Absolut aufgerichtet herumzulaufen ist in jedem Fall grob schädlich für den Pferdekörper. Werden Halshöhe und Beizäumung mit der Reiterhand erzwungen, bekommt das Pferd Druck auf die Zunge (die ja leider auch bei bekannten Dressurpferden im Sport schon mal blau werden kann), die Laden und die kurzen Nackenstrecker brennen (erinnern Sie sich an die Übung mit dem Wandsitzen). Der CTÜ wird stark komprimiert. Das Reitergewicht drückt den Brustkorb zwischen die Pferdeschultern, viele Pferde haben Mühe zu atmen und man kann häufig unphysiologische Atemgeräusche hören. Das Schultergelenk wird vermehrt komprimiert, das Rumpfgewicht kracht in die Fesselgelenke, Fesselträger, Fesseltrageapparat und Hufrolle werden stark belastet. Die Lendenwirbelsäule wird gestreckt und auch die Kruppenstellung ändert sich und wird flacher, die Knie vermehrt gestreckt, was Knie- und weiterlaufend Sprunggelenk auf Dauer schadet.

Fazit

Ein Pferd durch Handeinwirkung aktiv aufzurichten ist mindestens genauso schädlich, wie es in Hyperflexionshaltung zu zwingen. Gesundes Gerittenwerden geschieht im Bereich dazwischen!

Korrekt ist Aufrichtung dann, wenn man sie vom Pferd passend zum Versammlungsgrad der jeweiligen Übung angeboten bekommt.

Die Dressurhaltung muss immer wieder mit Phasen am langen Zügel (Dehnungshaltung) oder hingegebenem Zügel (völlig freie Haltung) abgewechselt werden.

Richtet sich ein Pferd nicht auf, obwohl die genannten Voraussetzungen erfüllt sind, ist das ein Anzeichen für Probleme, die man individuell mit Reitlehrer, Osteopath, Tierarzt und Sattler angehen muss, anstatt die äußere Form des Pferdes zu manipulieren.

Das Genick als höchster Punkt ist nur dann korrekt, wenn es in Relation zur Hankenbeugung steht.

Warum überhaupt in Aufrichtung reiten?

Was bringt es denn, ein Pferd aufgerichtet in Dressurhaltung zu trainieren? Muss das für die Gesunderhaltung eines Freizeitpferdes überhaupt sein? Das ist eine gute Frage!

Die grundlegende Antwort lautet: »Nein!« Kein Pferd »muss« zwingend in Dressurhaltung geritten werden. Die maximale Aufrichtung wird nur für maximale Versammlung, also die Lektionen der Hohen Schule benötigt, und die sind mit Recht eine Spezialdisziplin für ausgesprochene Sportler (und zwar in und unter dem Sattel) mit einem jahrelangen Trainingsplan und entsprechendem Management.

Für den Hausgebrauch genügen die Lektionen der Camapagneschule völlig. Diese umfassen alle Lektionen bis hin zu Klasse M, also bis zu Traversalen und einzelnen Galoppwechseln. Auch dabei richtet sich das Pferd natürlich auf, aber in Relation zu dem nicht ganz maximalen Versammlungsgrad eben nicht ganz so hoch.

Wenn die genannten Lektionen außerhalb der Interessen und Möglichkeiten von Ihnen als Reiter und/oder Ihrem vierbeinigen Freund liegen, dann können Sie gut und gerne Ihr Leben lang gemeinsam Spaß haben auf dem Niveau der Klasse A. Dabei geht es um Takt, Losgelassenheit und Anlehnung in allen Gangarten und selbstverständlich auch einer gewissen

Geraderichtung durch das Reiten exakter Hufschlagfiguren, die beginnende Schwungentwicklung im Mitteltrab und selbstverständlich auch ein wenig Versammlung in Volten und Paraden. Dabei bewegt sich das Pferd nicht ganz so versammelt und deswegen eben auch natürlicherweise weniger aufgerichtet und wird vorrangig in Gebrauchs- und eben in Dehnungshaltung unterwegs sein. Das ist zum Gesunderhalt für ein Reitpferd nötig, alles darüber hinaus ist gewissermaßen Liebhaberei.

Sollten Sie und Ihr Pferd aber von Seitengängen und Pirouetten träumen und den Weg zu zunehmender Versammlung gehen wollen, dann muss sich das Pferd dabei natürlich auch zunehmend aufrichten.

Es ist nun mal physiologisch, dass sich das Pferd aufrichtet und mehr beizäumt, wenn es kleinere und dafür eben erhabenere, kadenzierter Bewegungen vollführt. Kein Pferd passagiert in Dehnungshaltung!

Das Überstreichen, hier am inneren Zügel, überprüft die Selbsthaltung des Pferdes.

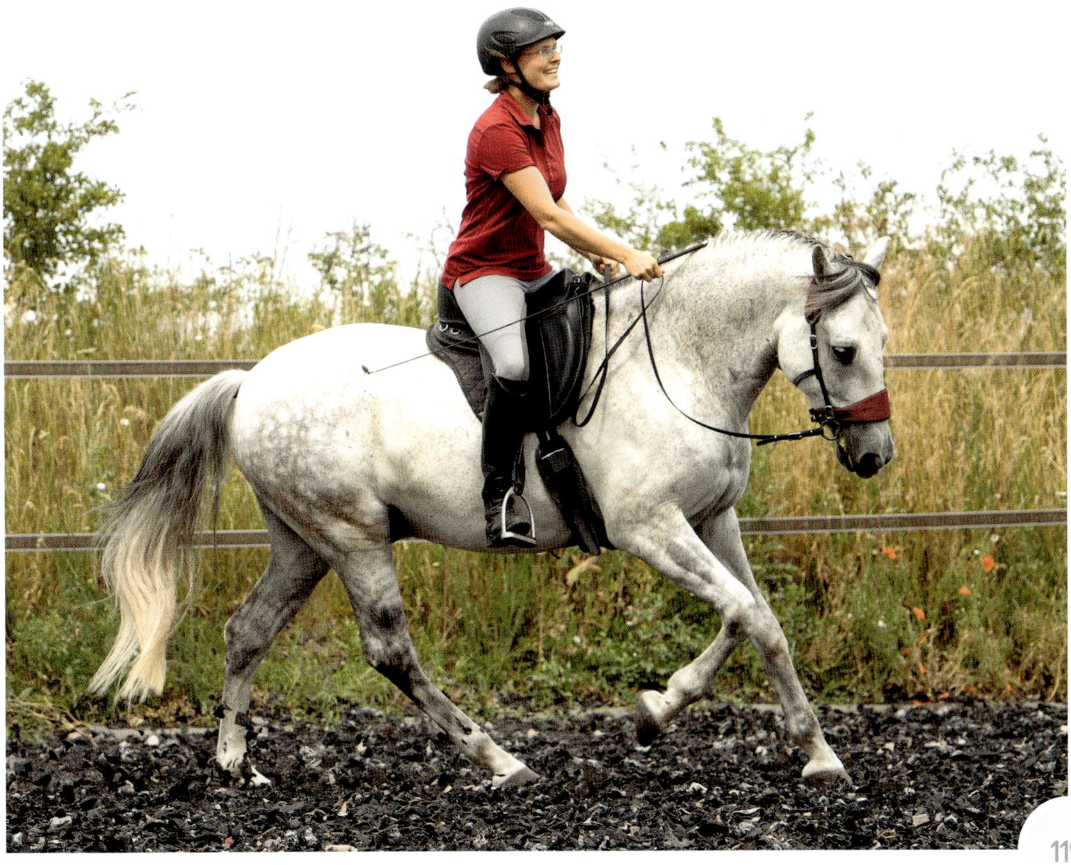

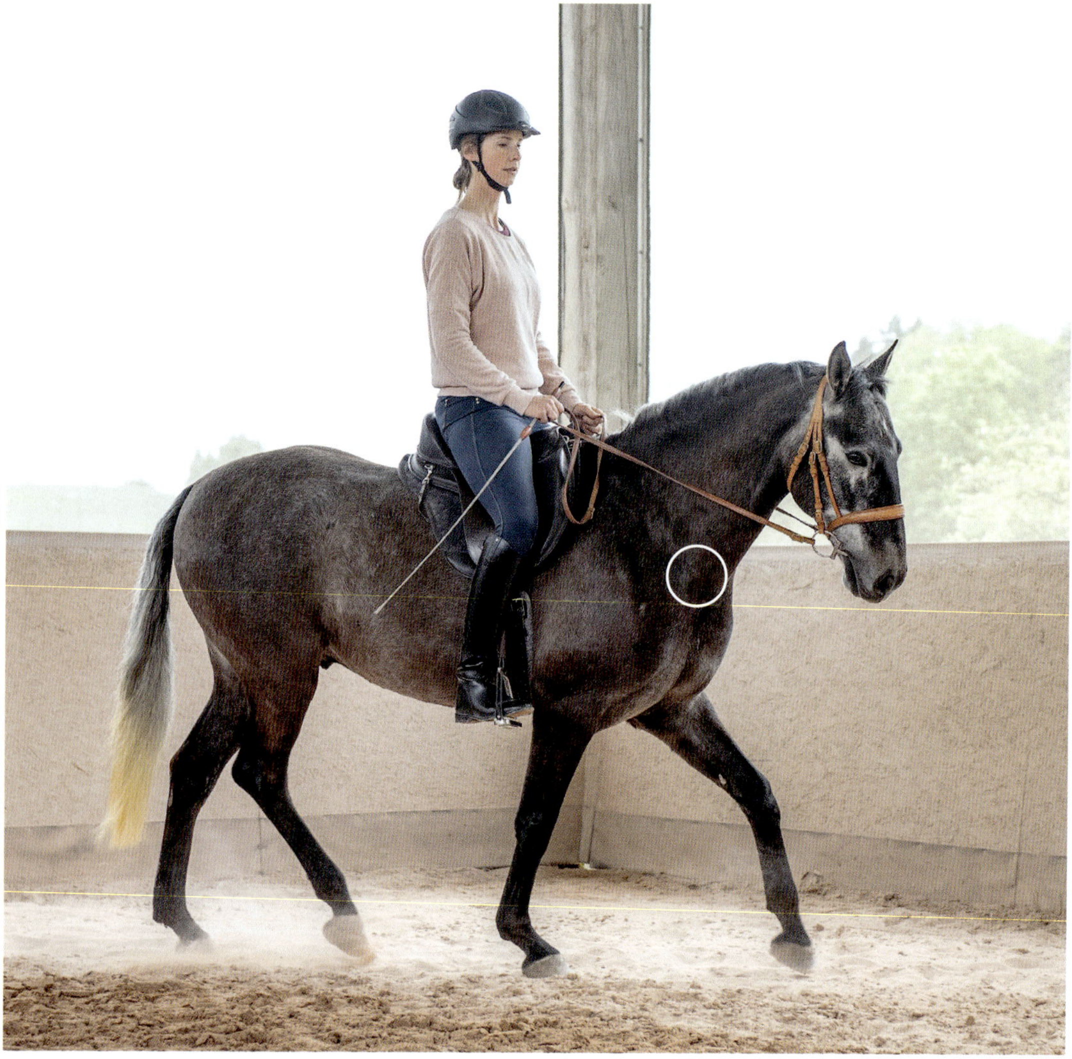

In diesem Moment ist das junge Pferd kurzfristig und geringfügig herausgehoben. Das ist nicht korrekt, aber auch kein Grund zur Sorge, solange sich das etwa durch Herauskauenlassen wieder lösen lässt.

Versammlung muss sein, um die Vorhand zu entlasten?

Diese These ist wissenschaftlich nicht haltbar. Wie bereits im auf Seite 34 angesprochen, ist die Überlastung der Vorhand sehr wenig von der Kopf-Hals-Einstellung abhängig.

Ein in der Praxis weitaus häufigerer Grund für Schäden an der Vorhand ist ein schlecht trainierter Rumpftrageapparat, den man im Trab am besten etwa mit Maul auf Buggelenkshöhe kräftigt. In aufgerichteter Dressurhaltung dagegen ist er nicht komplett funktionsfähig und puffert so das Gewicht des Rumpfes und

Form folgt Funktion

Die Haltung des Pferdes, also seine äußere Form, ist immer als Symptom seiner derzeitigen Funktionsweise zu werten. Im wahren klassischen Reiten weisen wir keine bestimmte Haltung an, subventionieren also keine spezielle Kopfhaltung, sondern versuchen durch funktionales Reiten dahin zu kommen, dass das Pferd in der jeweils passenden Form läuft.
Dies führt zu einer übungsbasierten Reitweise: **Finden Sie heraus, durch das Reiten welcher Lektionsabfolgen, in welchem Tempo und in welcher Sitzform sich Ihr Pferd soweit lösen lässt und wie Sie Ihre Hilfen abstimmen müssen, damit es (wieder) zu einer physiologischen Form findet!**
Welche Körperhaltung angemessen ist, hängt wie beschrieben vom Trainings- und Ausbildungsstand sowie dem aktuellen Versammlungsgrad ab und muss sich in Relation dazu ändern.

des Reiters nicht besonders gut ab, sodass es dann die Vorderbeine sogar besonders belastet. Die wenigen Prozent Gewicht (maximal zwei Prozent), die eine höhere Kopf-Hals-Position nach hinten umlastet, kompensieren nicht die Insuffizienz des Rumpfträgers vorn!

Kein Problem: Kurzfristiges Herausheben

Aus unserer praktischen Arbeit kennen wir die Angst vieler Reiter, dass der Pferdekopf »nach unten müsse«, weil »das sonst schlecht für den Rücken sei«, aber so simpel ist das nicht! Genauso schädlich für den Rücken und das gesamte Pferd ist es nämlich, wenn jede Tendenz des Pferdes, sich aufzurichten, dadurch zunichte gemacht wird, dass dem Pferd der Kopf (beispielsweise über die riegelnde Reiterhand) künstlich beigezäumt und tiefer eingestellt wird.

Wenn es gerade mal nicht gelingt, das Pferd perfekt über den Rücken zu reiten, dann hebt es sich stattdessen heraus. Dabei wird der CTÜ komprimiert mit allen negativen Auswirkungen.

Herausgehobenes Herumlaufen darf nicht mit korrekter Aufrichtung verwechselt werden und es wäre sehr verschleißend, wenn man es stundenlang praktizieren würde. Aber in der Realität ist die Ausbildung oder gar Korrektur von Pferden und

Reitern ein oft lang andauernder Prozess, in dem nicht an allen Stellen alles perfekt rund laufen kann.

Ein kurzfristiges Herausheben ist als ein akuter Verlust der Losgelassenheit zu werten, der völlig undramatisch ab und zu einfach einmal passieren kann, wenn Mensch und Pferd etwas anstrengendes Neues lernen oder gerade mal nicht ihren besten Tag haben. Um die Losgelassenheit wieder herzustellen eignen sich sämtliche lösenden Lektionen, insbesondere das Zügel-aus-der-Hand-kauen-Lassen.

Ist die Losgelassenheit aber dauerhaft gestört und lässt sich womöglich auch gar nicht so einfach wiederfinden, also hebt sich ein Pferd ständig und über lange Strecken heraus und nimmt das Herauskauenlassen nicht an, muss analysiert werden: Hebt das Pferd sich immer heraus, wenn der Reiter aussitzt? Hebt es sich immer heraus, wenn ein bestimmtes Tempo gefordert wird? Hebt es sich nur unter einem bestimmten Reiter heraus? Auf der Suche nach der Ursache müssen bisweilen mehrere Fachleute zusammenarbeiten.

Nicht gesunderhaltend wäre es, wenn man stattdessen nur das Symptom bekämpft, indem man eine gefälligere Kopfhaltung antrainiert – und zwar weder durch das »Herunterfummeln«, »Abspielen« oder »Durchstellen« des Pferdes, aber genauso wenig durch das »Anklickern« einer bestimmten Kopfposition mittels positiver Verstärkung.

Losgelassenheit erhalten

Nicht nur in der Dehnungshaltung, sondern auch in der Versammlung und damit aufgerichteter Haltung muss die Losgelassenheit erhalten bleiben. Oberstes Kriterium dafür ist der gleichmäßige Takt des Pferdes! Jegliche Taktstörung (von passartigem Schritt bis hin zum Stolpern in Trab und Galopp) hängen mit mangelnder Losgelassenheit zusammen. Geht ein Pferd über den Rücken, bewegt es sich nahezu lautlos und trabt geschmeidig und katzenhaft. Sobald es hörbar lauter aufzufußen beginnt, ist entweder die Losgelassenheit gerade verloren gegangen oder aber der Rumpfträger ermüdet. Es wird Zeit für eine Pause oder das Trainingsende. Weitere Anzeichen von Losgelassenheit sind außerdem ein frei getragener, pendelnder Schweif, eine ruhige Maultätigkeit mit einer geringen Schaumentwicklung (mehr dazu im Buch **Die 50 häufigsten Irrtümer ...**) und das Abschauben.

Wie erkenne ich unphysiologische Körperhaltung von außen?

Egal ob Sie als Trainer unterwegs sind oder Ihre eigenes Reiten auf Fotos beurteilen wollen, gibt es mehrere Symptome für die korrekte Relation

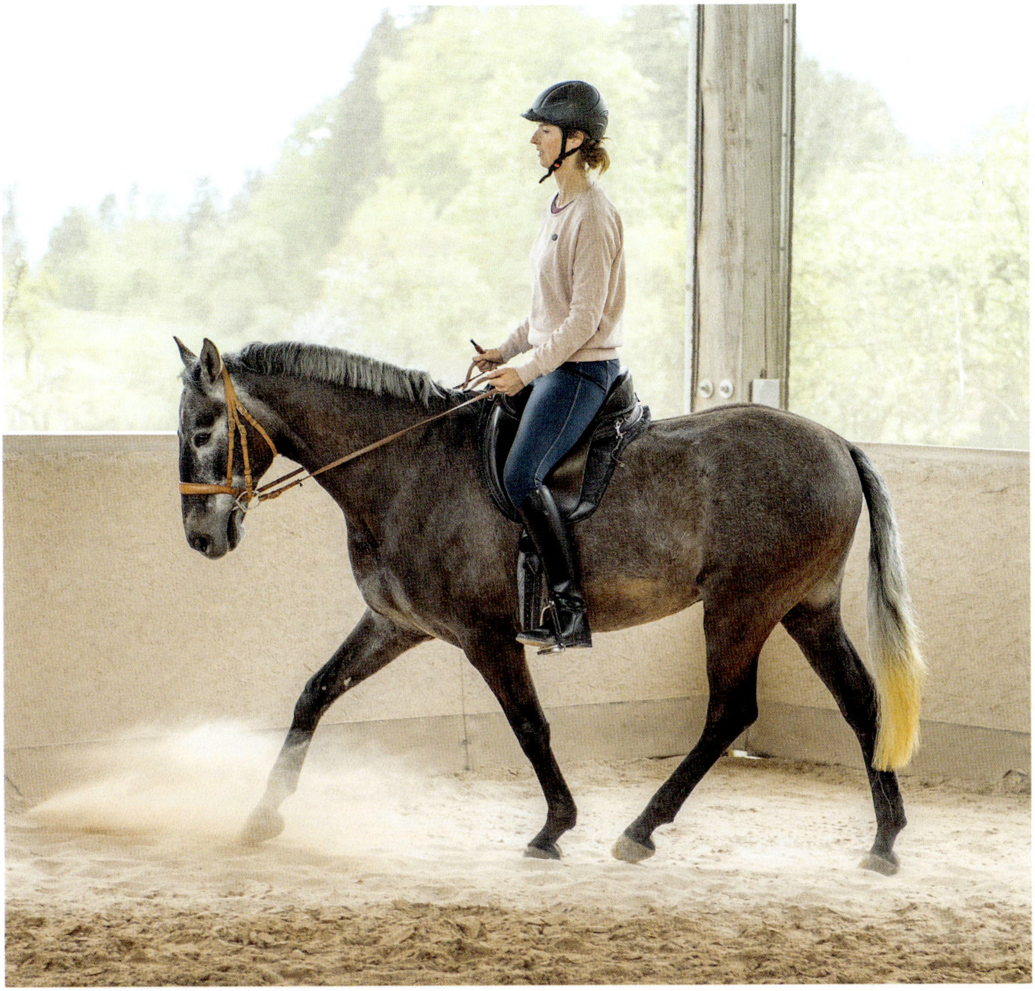

Dasselbe Pferd wie auf der vorherigen Seite ist hier wieder in physiologischer Form unterwegs. Vergleichen Sie das Verhältnis von Oberhals- zu Unterhalslinie und den Rücken hinter dem Sattel. Anhand dieses Bildvergleiches sehen Sie, dass es dabei längst nicht nur auf die Kopfhöhe ankommt, die ist nämlich etwa gleich.

zwischen Haltung und Bewegung:
Wie bereits angesprochen muss die Oberhalslinie von Genick bis zum Widerrist in Seitenansicht doppelt so lang erscheinen wie die Unterhalslinie von der Kehle bis zum Bug. Ist das der Fall, dann wird der CTÜ nicht komprimiert. Am leichtesten zu erreichen ist das in Dehnungshaltung. Mit zunehmender Ausbildung und Versammlung sollte das jedoch auch mit weiter aufgerichtetem Pferd der Fall sein. Sobald die Oberhalslinie jedoch genauso lang oder sogar kürzer erscheint als die Unterhalslinie, handelt es sich nicht um korrekte relative Aufrichtung, sondern um schädliches Herausheben. Verlängern Sie die Zügel und sorgen Sie dafür, dass das

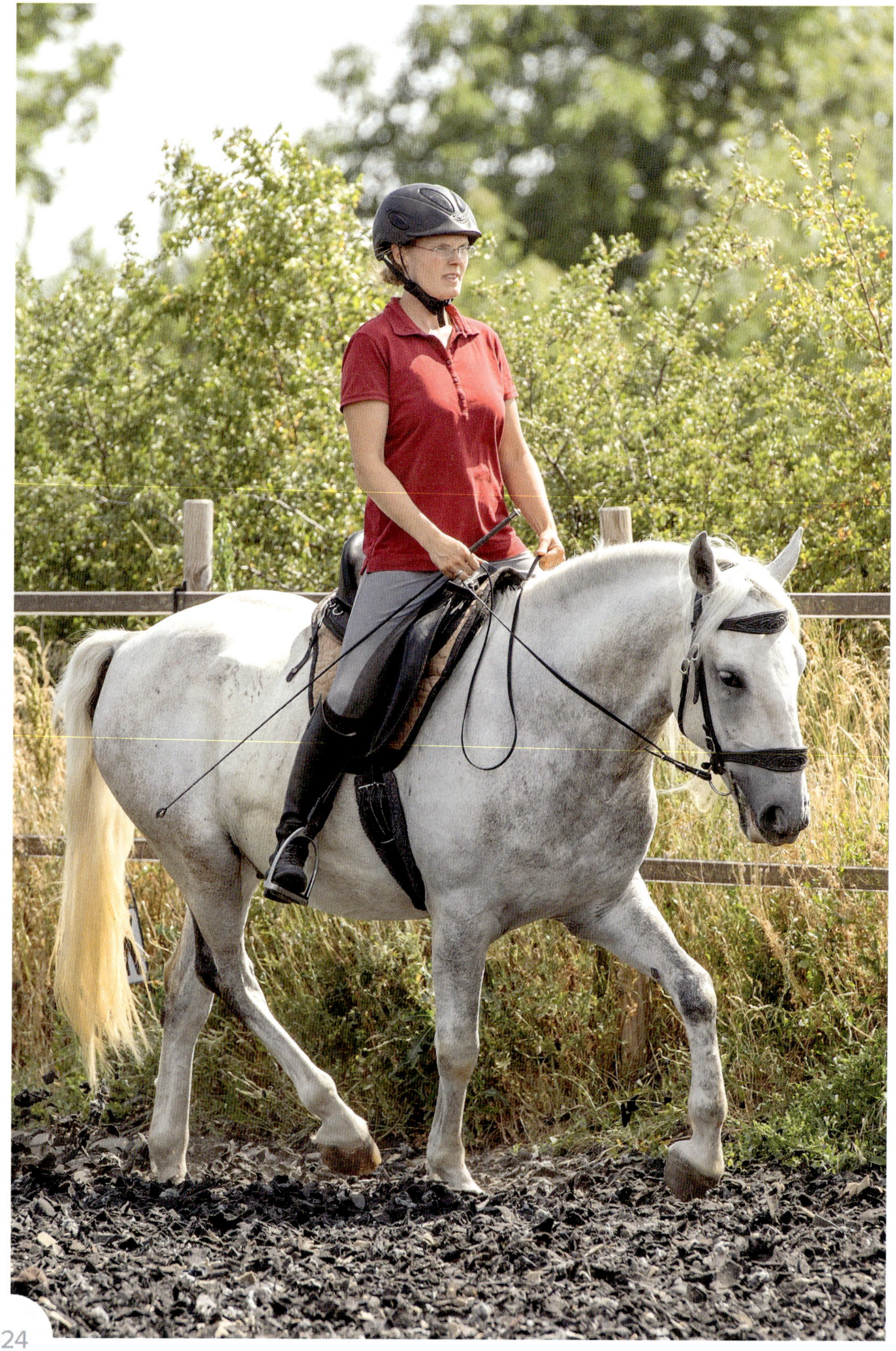

Pferd sich wieder soweit Richtung vorwärts-abwärts dehnt, dass das Verhältnis 2:1 erreicht wird. Der Halsansatz sieht dabei sowohl von oben als auch von der Seite betrachtet breit aus und verjüngt sich möglichst gleichmäßig bis zum Genick.

Auch den korrekten Takt können Sie auf Fotos beurteilen: Die Hinterröhre muss parallel zum Unterarm des Pferdes sein. Das diagonale Beinpaar muss gleichzeitig vom Boden abfußen. Ist der linke Vorderhuf beispielsweise bereits in der Luft, während der rechte Hinterhuf noch im Sand schleift, ist daran mutmaßlich ein verkehrt benutzter *M. brachiocephalicus* (siehe Seite 56) Schuld, in jedem Fall ist aber der Takt gestört. Die Fesselköpfe der Stützbeine sollten so wenig wie möglich in Richtung Boden durchtreten und am Vorder- und Hinterbein möglichst gleich belastet sein.

Verlängert man die Stirn-Nasen-Linie des Pferdes bis zum Boden, trifft man auf den Punkt, an dem das Vorderbein im nächsten Schritt auffußen soll. Dieses sollte immer dort hintreten, wohin es zeigt. Eine falsch verstandene Pseudo-Aufrichtung liegt vor, wenn die Stirn-Nasen-Linie rückwärts-abwärts zeigt, während das Vorderbein spektakulär angehoben wird.

Ein Lipizzaner ist kein Warmblüter.
Jede Rasse hat ihre eigenen Vorzüge und Herausforderungen.

Die Rückenlinie des Pferdes sollte hinter dem Sattel möglichst gerade erscheinen und nicht konkav gebogen sein und in Richtung Kruppe ansteigen.

Vergleichen Sie jedes Pferd ausschließlich mit sich selbst!

Je nach Typ, Rasse und Ausbildungsstand bewegen sich Pferde natürlich unterschiedlich und sehen dabei auch unterschiedlich aus. Vergleichen Sie die Entwicklung eines Pferdes deswegen bitte einfach nur mit sich selbst innerhalb einer Arbeitseinheit oder innerhalb einiger Monate des Trainings. Der Hals eines Vollblüters muss nicht aussehen wie der eines Lusitanos und ein Tinker wird vermutlich lauter auffußen als ein Vollblüter, während die Fesseln eines Paso Peruanos immer etwas durchtrittiger sind als die eines Haflingers.

Betrachten Sie die Entwicklung eines Individuums also bitte relativ zu sich selbst! Das kann und wird dazu führen, dass das eine Pferd etwas länger und mehr aufgerichtet geritten werden kann, während ein anderes sich in etwas tieferer Dehnungshaltung besser loslässt, während das dritte auf dieser Höhe vielleicht Taktfehler zeigt und deswegen mit etwas höherem Hals geritten werden sollte.

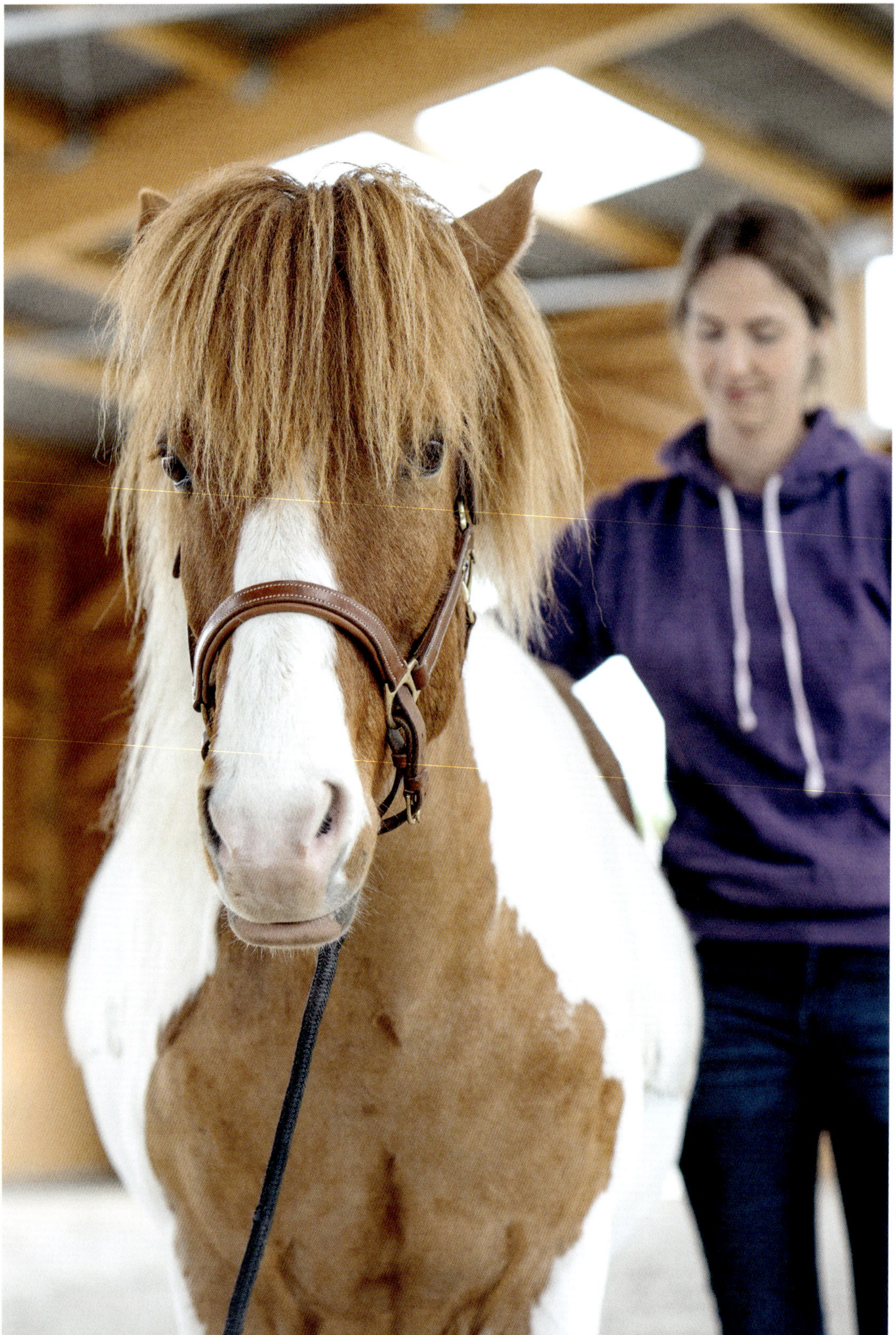

Wenn das Pferd sich **NICHT DEHNEN MÖCHTE**

Ein ungestresstes Pferd wird immer irgendwann Kopf und Hals fallen lassen. **Ist Ihr Pferd quasi immer herausgehoben unterwegs** (auch schon in freier Bewegung an der Longe oder unter anderen Reitern), **spricht das für handfeste Probleme.**

Körperliche Probleme, die die Dehnungshaltung verhindern

Jede Irritation der Rückenlendenbinde, die ja das Ursprungsgebiet des *M. splenius* und *M. semispinalis* ist, sorgt für mangelnde Dehnungsbereitschaft des Pferdes. Ursächlich für Probleme mit dieser die Sattellage überziehenden Faszie ist häufig ein Problem mit dem aktuellen Sattel oder noch nicht therapierte Schäden, die ein alter, unpassender Sattel hervorgerufen hat.

Kann diese Ursache ausgeschlossen werden, kommen alle denkbaren Schmerzprobleme im Rücken infrage. In der kalten Jahreszeit ist das oft Kälte, die nicht jedes Pferdes ohne Verspannungen und Rückenschmerzen erträgt.

Die meisten unserer Reitpferde wurden seit Jahrhunderten auf Reiteigenschaften selektiert, nicht darauf, einen Winter im Offenstall zu überstehen. Bemerken Sie, dass Ihr Pferd bei Kälte oder Nässe mit weggedrücktem Rücken herumsteht und sich beim Reiten deutlich schlechter löst,

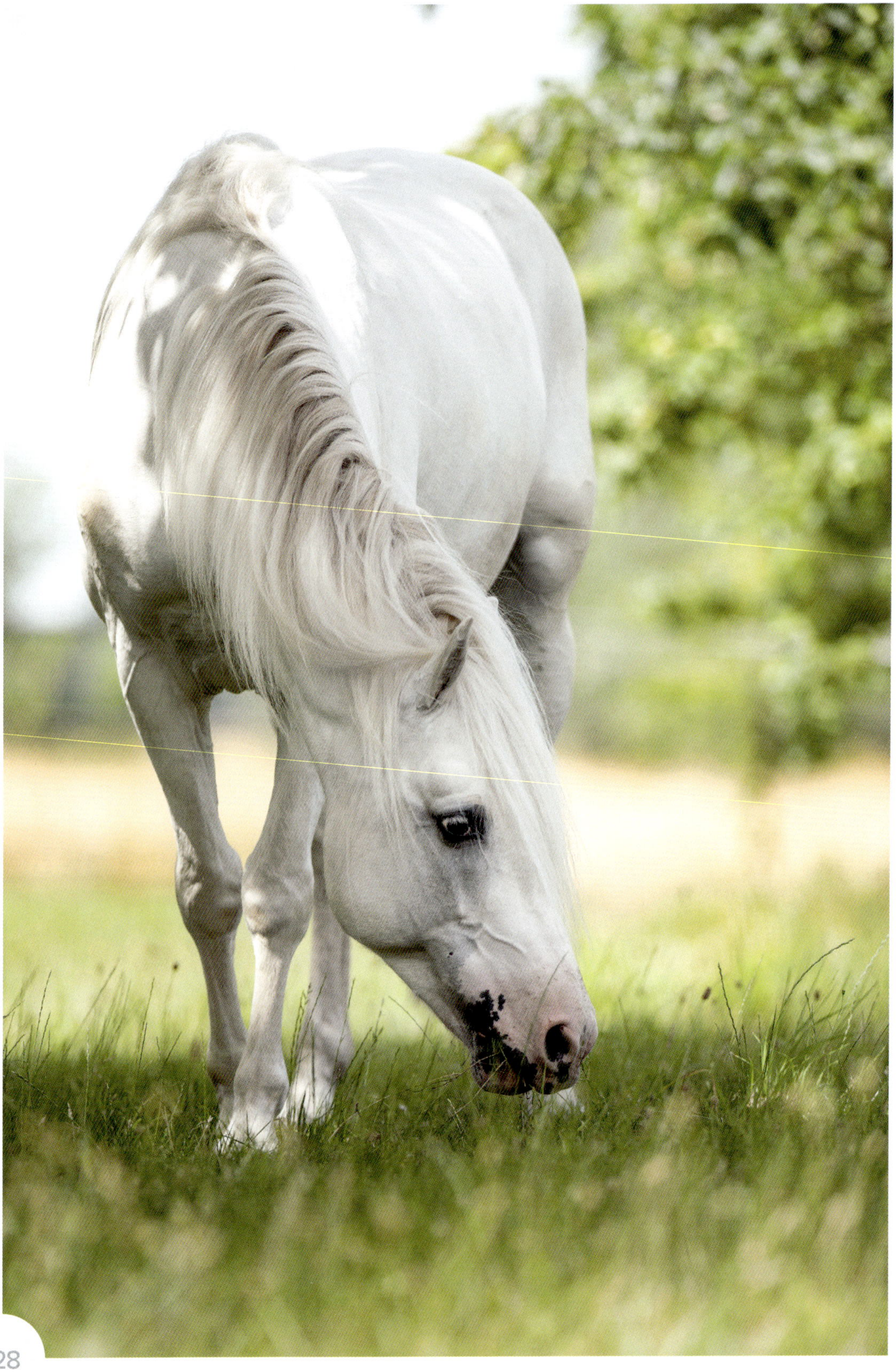

sollten Sie über Eindecken nachdenken – besonders wenn Ihr Pferd sich nicht aussuchen kann, ob es sich im Trockenen aufhalten kann, weil z.B. die Heuraufe nur teilüberdacht ist und das Pferd nicht ohne nass zu werden fressen kann.

Leider passiert es in gemischten Herden häufig, dass Stuten ständig in der Rosse von Wallachen besprungen werden. Je nachdem, in welchem Maße das passiert, kann auch das gravierende Rückenbeschwerden bei der Stute hervorrufen. Wird Ihr Pferd plötzlich deutlich unrittiger und dehnt sich praktisch von einem auf den anderen Tag schlechter, liegt meist eine akute Verletzung vor. Vielleicht ist Ihr Pferd getreten worden, hat sich auf der Koppel beim Herumtollen überschlagen oder sich, ohne dass Sie es wissen, in der Box festgelegt. In jedem Fall lohnt sich eine osteopathische und je nach Problem auch tierärztliche Befundung und gegebenenfalls Behandlung, um den Ursachen auf den Grund zu gehen.
Auch jegliche Kiefergelenks- oder Zahnprobleme können die Dehnungsbereitschaft beeinträchtigen, denn der *M. splenius*, der in der Dehnungshaltung ja exzentrische Muskelarbeit verrichtet, setzt unter anderem am Schädel am Warzenfortsatz in der Nähe des Kiefergelenks an und verspannt bei Problemen in diesem Bereich.

Stress oder Verletzungen aus dem Alltag des Pferdes können Gründe sein, warum's unter dem Sattel nicht erwartungsgemäß klappt.

Nicht zuletzt können Schmerz in den Vorderbeinen das Pferd davon abhalten sich auf mittlerer Dehnungshöhe bewegen zu wollen: Dazu zählen Hufrollenprobleme, schleichende Rehe oder degenerative Erkrankungen im Hufbereich. Solche Pferde laufen oft gebunden, wollen den Hals extrem tief oder eher aufgerichtet tragen.

Stress verhindert Dehnungsbereitschaft

Viel Sympathikusaktivität verspannt die dorsale Kette und sorgt für erhöhte Faszienspannung. Ein Pferd mit wie auch immer geartetem Dauerstress wird bereits beim Dösen in der Box oder auf dem Paddock eine Tendenz zur verspannten Oberlinie und damit zum Unterhals zeigen.

Reiter sind oft davon überzeugt, dass ihr Pferd gar nicht gestresst sein kann. Schließlich reiten sie nur zwei Mal pro Woche ins Gelände und ermöglichen ihrem Pferd Herdenkontakt. Aber Achtung: Herdenhaltung ist nicht gleich Herdenhaltung. Je nach Zusammenstellung der Herde und ja nach Platzangebot kann diese Haltung manche Pferde massiv stressen. Auch ein Fütterungsthema (zu lange Fresspausen, mangelnde Heuqualität, Stoffwechselthemen) oder chronische Schmerzen (Magenbeschwerden zum Beispiel) sorgen für »Dauerstress«.

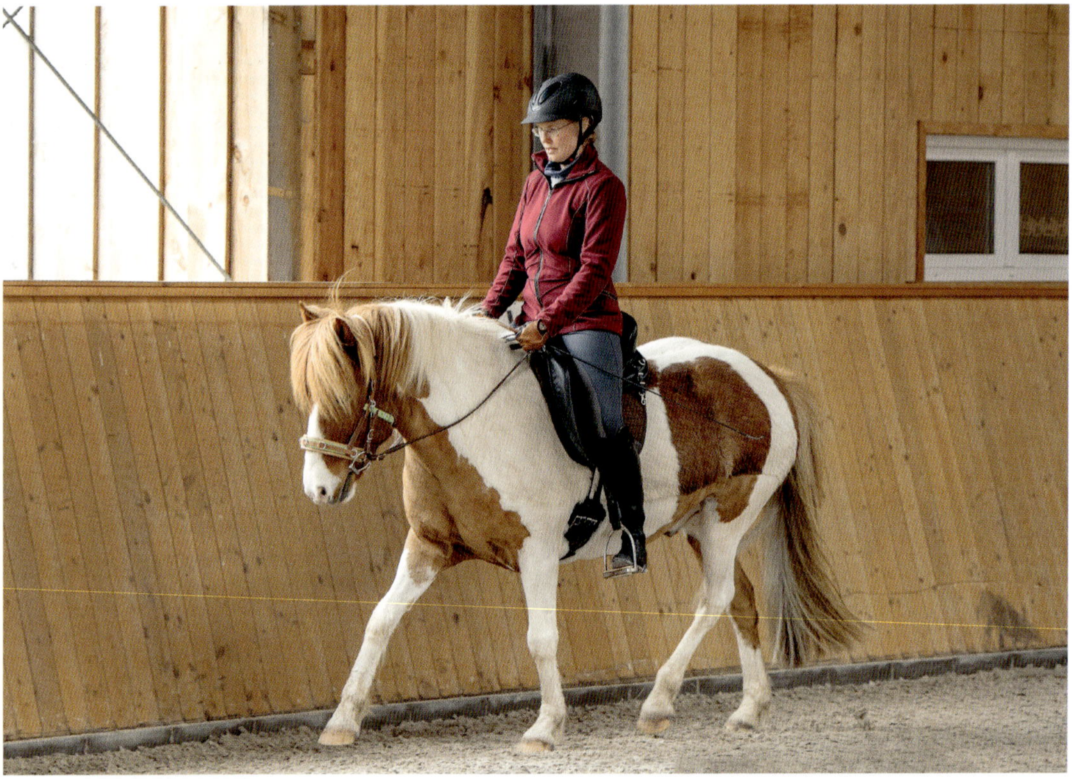

Unter einem versierten Ausbilder sollte klar werden, worin reiterliche Probleme liegen und wie diese mit Hilfe von Beritt und/oder Unterricht angegangen werden können.

Reiterfehler

Über den Einfluss von Reitersitz und Hilfengebung haben wir in diesem Buch bereits ausführlich geschrieben. In der Praxis ist es nämlich wirklich in den allermeisten Fällen so, dass das »Noch-nicht-Können« des Reiters oder Longenführers die Dehnungsbereitschaft des Pferdes einschränken oder ihm das Dehnen regelrecht verleiden. Das ist natürlich selten böse Absicht des Besitzers, aber Reiten und Longieren zu lernen ist nun mal schwer und bedarf jahrelanger Arbeit und ständiger Verfeinerung und Korrektur.

Deswegen ist der Beritt beziehungsweise die Trainingstherapie ein so wichtiger Teil unserer Arbeit. Häufig lassen Pferde, die mit dem Besitzer noch herausgehoben unterwegs waren, bei uns an der Longe oder unter dem Sattel den Hals dann doch fallen. Dann muss ganz individuell geschaut werden, was das Pferd und der Besitzer lernen müssen, damit es eben auch bei ihnen klappt. In diesem Buch haben wir die Übungen und Tipps zusammengefasst, die sehr häufig helfen. Im Einzelfall kann das natürlich aber auch an tausend weiteren Kleinigkeiten liegen. Gehen Sie gemeinsam mit Ihrem Reitlehrer auf die Suche! Lassen Sie sich ehrlich korrigieren und arbeiten Sie an Ihren Defiziten, auch wenn das bisweilen hart ist.

Lassen Sie zudem bitte Ihr Pferd regelmäßig vom Ausbilder Ihres Vertrauens korrekturreiten, schauen Sie dabei zu und stellen Sie im Anschluss Fragen. Durch das »Selberspüren« kann Ihnen ein guter Ausbilder oft deutlich konkreter sagen, was Sie tun sollen.

Er korrigiert Ausbildungsfehler und bildet Ihr Pferd Stück für Stück weiter mit Ihnen aus. Dieser Prozess kann je nach Problemlage durchaus einige Wochen bis hin zu Monaten regelmäßiger gemeinsamer Arbeit in Anspruch nehmen, bleiben Sie dran!

Zeigt das Pferd aber auch unter Ihrem Trainer keine Dehnungsbereitschaft und nach dem Beritt auch keine Verbesserung in puncto Losgelassenheit? Nun, wenn es dafür keine gute Begründung mit handfesten Befunden gibt, dann holen Sie besser eine Zweitmeinung ein. »Reitlehrer« kann sich jeder nennen, egal ob mit Qualifikation oder ohne – und es gibt keinen Garant für tatsächliches Können im Sattel.

»Der Osteopath sagt, mein Pferd hat nix!«

Ein gesundes Pferd bewegt sich gerne in physiologischer Haltung. Dass ein Pferd darauf »einfach keinen Bock« zu haben scheint, ist immer ein Zeichen für ein

Nach Ursachen und Zusammenhängen muss man manchmal lange suchen. Befunde in der Halswirbelsäule beispielsweise können mangelnde Dehnungsbereitschaft erklären.

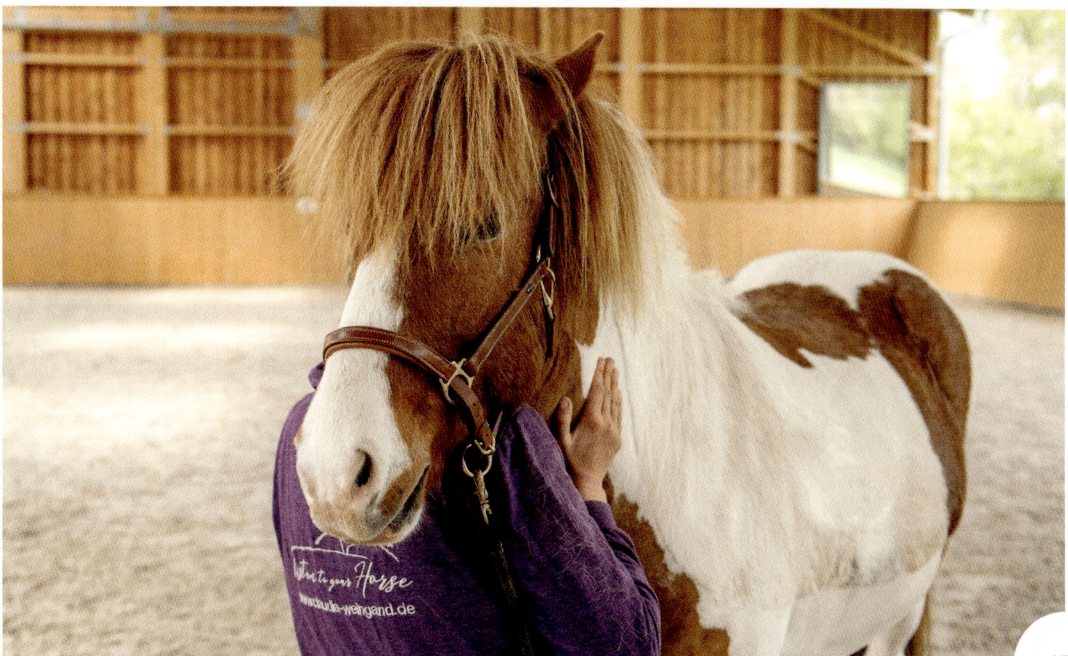

unerkanntes Problem, oder eben bei sensiblen Pferden vielleicht auch für das Zusammenkommen mehrerer kleiner Problemchen. Kennen Sie den Grund nicht, dann suchen Sie weiter! Kommen Sie dabei mit einem Therapeuten auch mit einer oder mehreren Nachbehandlungen nicht weiter, dann ist auch hier eine Zweitmeinung interessant. Informieren Sie sich über die Qualifikation des Therapeuten.

Zusammenarbeit ist Trumpf!

Ein seriöser Pferdetherapeut befundet Ihr Pferd komplett und gibt Ihnen seine Erkenntnisse auch schriftlich (wenn nicht standartmäßig, dann mindestens auf Nachfrage). Bei krankhaften Auffälligkeiten wird er Ihnen empfehlen, Ihren Tierarzt hinzuzuziehen, der weitere diagnostische Mittel einsetzt. Oft ist außerdem die Zusammenarbeit mit einem ausgebildeten Pferdezahnarzt angezeigt. Um Fütterung und Haltung passend zu machen, muss der Stallbetreiber mit ins Boot geholt werden. Auch die Meinung des Hufbearbeiters und gegebenenfalls eine dem Befund angepasste Bearbeitung kann entscheidend sein. Auch der Sattler sollte mit einbezogen werden, wenn es um Änderungen am Equipment geht.

Befinden Osteopath und Tierarzt das Pferd für (wieder) trainierbar, ist nun der Ausbilder gefragt. Mit Hilfe von genau auf die Probleme angepasstem Beritt und Unterricht können die Schwierigkeiten nachhaltig gelöst werden. Ein in dieser Hinsicht gut ausgebildeter Reitlehrer (z.B. mit der Zusatzqualifikation Osteo-ConceptCoach) kann dem schriftlichen Befund entnehmen, was auf den Trainingsplan muss.

In jedem Fall empfiehlt sich die persönliche Absprache zwischen Reitfachleuten und Gesundheitsfachleuten. Wird übereinander geredet statt miteinander, wird nicht selten aneinander vorbei trainiert und dem Pferd ist nicht geholfen!
Gerade wenn Sie als Besitzer die Aussagen der Fachleute als konträr empfinden und Ihnen nicht klar ist, was denn im Alltag oder Training nun konkret gemacht werden soll, holen Sie sie bitte zu einem gemeinsamen Termin.

Dieser Prozess kostet Zeit, Geld und Nerven, denn kein gut ausgebildeter Profi leistet das umsonst. Aber das sollte Ihnen Ihr Pferd wert sein!

Die Zusammenarbeit zwischen Fachleuten entscheidet nicht selten über den Erfolg.

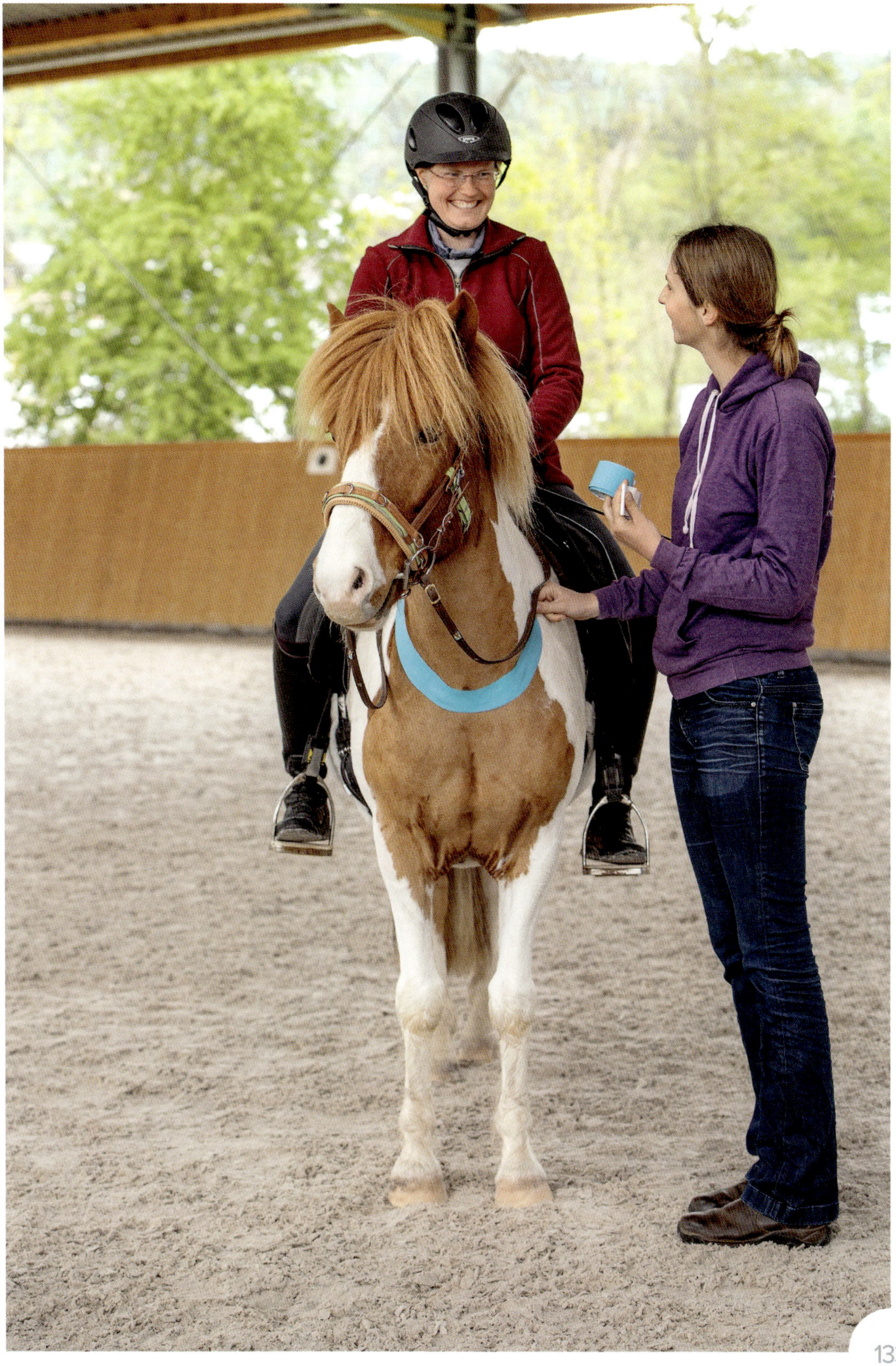

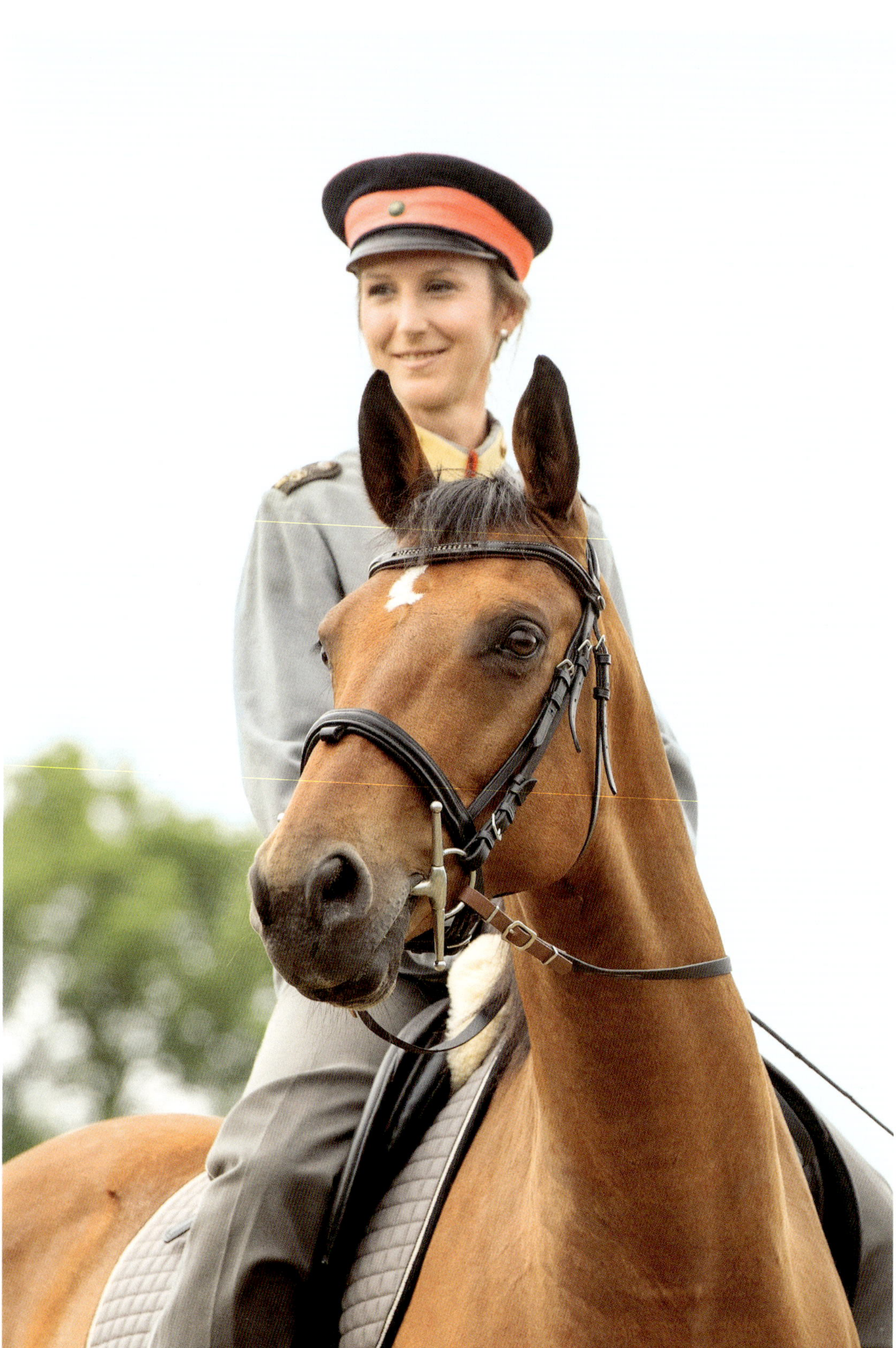

Thesen von Gegnern der Dehnungshaltung: SCHADET DIE DEHNUNGSHALTUNG DEM PFERD?

Lehnen einzelne Ausbilder oder alternative Reitweisen das Reiten in Dehnungshaltung kategorisch ab, so liegt das zum einen daran, dass nicht selten das gesundheitsschädliche Reiten in Hyperflexion (LDR) mit der Dehnungshaltung assoziiert wird. Warum das klar getrennt werden muss, haben wir bereits erläutert. Darüber hinaus kursieren allerlei Thesen, dass auch das korrekte Reiten in der von uns beschriebenen physiologischen Dehnungshaltung dem Pferd womöglich schaden könnte. **Ist da was dran?**

In der Dehnungshaltung arbeitet die Rumpftragemuskulatur nicht

Das Gegenteil ist der Fall. Der Hauptrumpfträger, der *M. serratus ventralis* (siehe Abschnitt dazu auf Seite 28), kann optimal in leichter Vordehnung, also in Gebrauchs- oder Dehnungshaltung arbeiten, besonders wenn in der klassischen Ausbildungsgangart Trab geritten wird. Ist er gut trainiert, hebt er den gesamten vorderen Teil des Brustkorbs (und damit übrigens den Widerrist, auf den sich Dehnungshaltungsgegner gern fokussieren). In Aufrichtung dagegen muss dieser Hauptrumpfträger bereits gut trainiert sein: Ansatz und Ursprung nähern sich an und die Halsbasis läuft Gefahr in die Streckung zu kommen, besonders wenn der Reiter im Vorfeld auf das Grundlagentraining (Trabarbeit in

Dehnungshaltung) verzichtet hat. Fesselträger, Fesselgelenk und Beugesehnen werden vermehrt belastet, wenn der obere Stoßdämpfer insuffizient wird.

Dehnungshaltung überlastet die Vorhand

Abgesehen davon, dass die Vorhand ohnehin 60 Prozent des Gewichts des Pferdes trägt und diese dafür ausgelegt ist, gibt es keine uns bekannten Studien, die eine gravierende Überlastung der Vorhand in Dehnungshaltung feststellen konnten. Weishaupt et al wiesen 2006 nach, dass die Differenz der Gewichtsverteilung im Vergleich der Kopf-Hals-Haltungen im Höchstfall 2 Prozent (10 Kilogramm bei einem 500-Kilo-Pferd) beträgt (siehe Seite 35) – jeder Reiter, der die Arme aus Unwissenheit nach vorne durchstreckt, belastet das Pferd stärker, denn ein menschlicher Arm wiegt im Durchschnitt 6 Kilogramm.

Die alten Meister haben die Dehnungshaltung nicht praktiziert

Darauf würden wir mit der Gegenfrage antworten: Welche alten Meister denn genau? Genau wie heute gab es schon immer verschiedene Reitkonzepte, begründet auf verschiedenen Verwendungszwecken in den unterschiedlichen Kulturen.

Liest man die Werke genau, so fällt auf, dass selbst bei Reitmeistern, die landläufig nicht unbedingt als ausgesprochene Befürworter der Dehnungshaltung gelten, die Wichtigkeit des langen Halses vor allem für junge Pferde und das Reiten mit langem oder hingegebenem Zügel für die im Laufe der Reiteinheit häufigen Pausen (also allen gerade nicht-versammelten Momenten) thematisiert werden.

Die nächste Frage ist, woher man überhaupt wissen möchte, dass zum Beispiel in der Renaissance oder Barockzeit »nie« mit langem Hals geritten wurde. Weil es davon keine Stiche gibt?

Unwahrscheinlich ist, dass beim Überwinden langer Distanzen dauerhaft in Aufrichtung oder gar Versammlung geritten wurde, denn das ist schlicht unphysiologisch und man kommt nebenbei erwähnt nicht von der Stelle. Napoleon ist wohl kaum von Paris bis Moskau piaffiert! Pferde waren Transportmittel, und zwar teure und überlebenswichtige Transportmittel. Auch wenn in Nahkampfsituationen selbstverständlich aufgerichtet und beigezäumt geritten wurde, musste man zum Ort der Schlacht ja überhaupt mal hingekommen sein (auch ein Reitkunstpferd fuhr nicht im Pferdetransporter zur Schlacht).

Was wir festhalten können: Damals wie auch heute war das Reiten in Dehnungshaltung nicht das ENDZIEL der klassischen Ausbildung. Natürlich freuen die damaligen Meister der Reitkunst genau wie heutige Dressurreiter besonders über gelungene Lektionen. Einen teuren Stich in Auftrag zu geben, um dann unspektakuläre Grundlagenarbeit darzustellen war sicher nicht im Sinne der Liebhaber der Reitkunst.

Es gibt auch keine Stiche davon, wie man den Pferden die Hufe ausgekratzt, ausgemistet oder sich die Schuhe gebunden hat. Dennoch dürfen wir davon ausgehen, dass auch früher gemistet, Hufe gekratzt oder eben Kleidung angezogen wurde.

Gibt es Reiten in Dehnungshaltung bei Nuno Oliveira?

Für viele Liebhaber und Kenner klassischer Reiterei ist Nuno Oliveira (1925-1989) einer der größten Meister unserer Zeit, denn ihm gelang es, die Schulen de la Gueriniѐres und Bauchers miteinander zu verbinden. Uns interessiert, ob er die Dehnungshaltung nutzte. Das Wort selbst kommt freilich in seinen zahlreichen Schriften nicht vor, jedoch existieren mehrere Fotos von ihm und seinen Schülern am langen und hingegebenen Zügel (zum Beispiel in »**Junge Pferde, Junge Reiter**«, Olms Verlag).

Außerdem sprechen folgende Zitate eine klare Sprache:

»Damit das Pferd den Hals länger macht, müssen Sie es langsam und allmählich dazu auffordern (...). Wenn es dies langsam und weich tut, ist das der Beweis für einen entspannten und runden Rücken. Wenn Sie die Zügel hingeben und das Pferd streckt sich nicht, können Sie sicher sein, dass Sie es nicht korrekt gearbeitet haben.«

»Ist das Pferd nicht in der Lage, in allen drei Gangarten den Hals lang zu machen und dabei im Takt zu bleiben, mit rundem Rücken, dann können Sie sicher sein, dass die Arbeit, die Sie machen, nicht korrekt ist.«

Nuno Oliveira

Er sieht als also durchaus als einen wünschenswerten Prozess, dass das Pferd den Hals fallen lässt, wozu der Reiter es gezielt auffordern soll. Des Weiteren ist die Dehnungsbereitschaft des Pferdes für ihn ein Prüfstein korrekter Ausbildungsarbeit, genau wie sie das für uns heute ist.

Speziell zu jungen Pferden sagt er: »Beim Zureiten muss man danach trachten, dass das Pferd sich streckt und nach und nach Vertrauen findet.« Auch gibt er entspannte Entwarnung, wenn manches Pferd dabei vielleicht sehr tief kommt: »Wenn der Pferdekopf am Anfang zu tief ist, kommt er mit dem Schwung in die korrekte Position.« Hier zeigt sich also, dass das Pferd zu Beginn der Ausbildung in die Tiefe durfte und sich dann mit

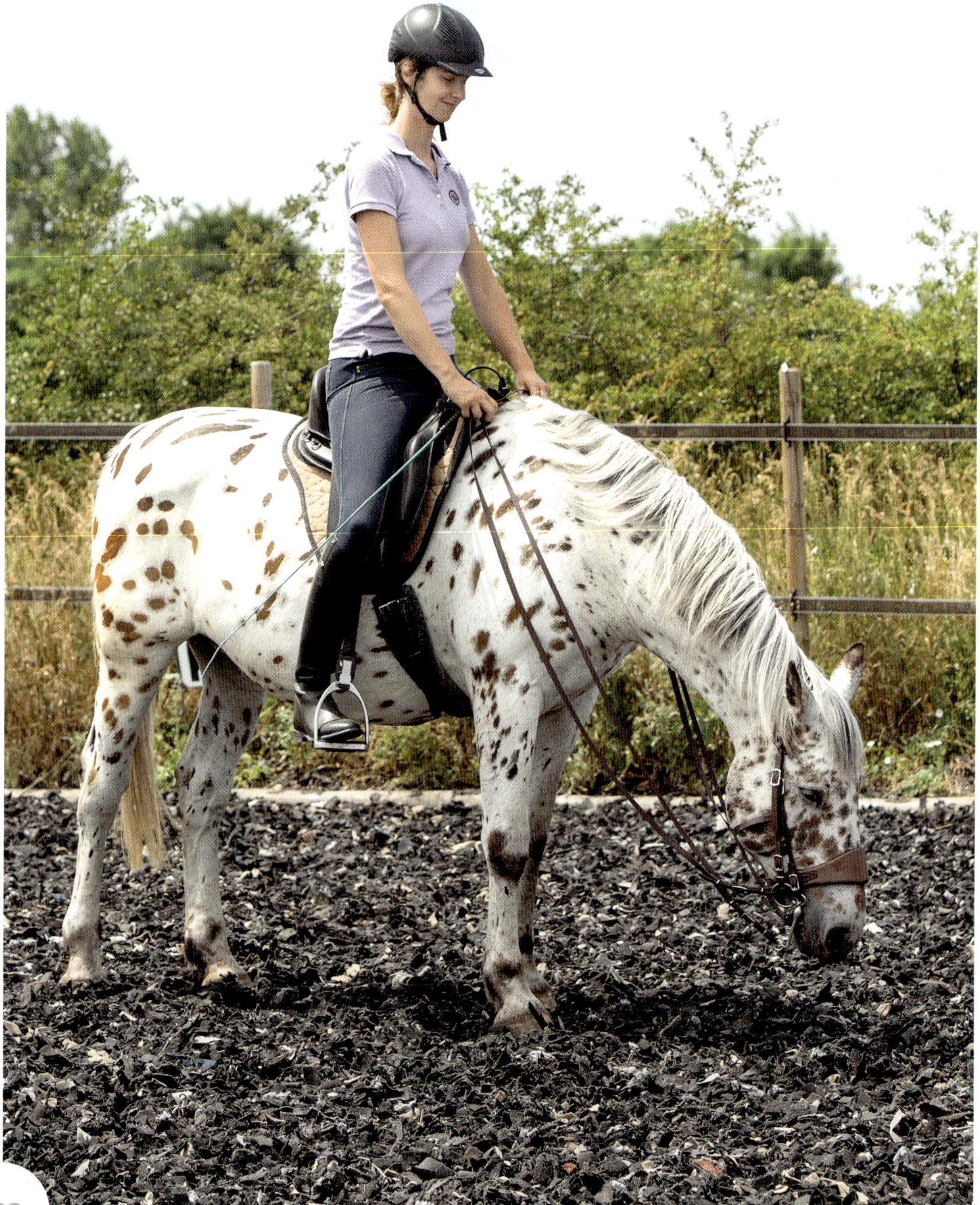

Erreichen des Schwunges selbst aufrichtet. »In dieser Phase, die nach dem Zureiten in Ruhe erfolgt, vervollständigt man die Schwungkraft, welche nach und nach zur Versammlung führt. Schwungkraft entsteht aus physischer und psychischer Entspannung.«

Auch das deckt sich mit unserer Auffassung der klassischen Lehre, in der die Zwanglosigkeit (Parasympathikus und entspannte dorsale Kette, genau erklärt auf Seite 23) und Losgelassenheit vor dem Schwung kommt und dann zu Versammlung und damit einhergehender Aufrichtung führt. An keiner Stelle ist jedoch die Rede davon, dass das Pferd in eine bestimmte Halshöhe manipuliert oder gezwungen wurde, sondern er erläutert explizit den Prozess der Ausbildung mit zunehmend versammelnderen Übungen, wobei er vor zu früher Versammlung warnt.

In seinem gesamten Werk legt Oliveira größten Wert auf die Art der Hilfengebung des Reiters, anstatt die Aufrichtung überhaupt explizit zu thematisieren. Manche Reiter vertreten die Auffassung, das Pferd dürfe sich höchstens im Halten strecken, nicht aber im Gang. Nachdem Oliveira das Strecken bereits in allen Gangarten gefordert hat, fügt er das Herauskauenlassen AUCH im Halten hinzu, und zwar ausdrücklich für Fortgeschrittene: »Der erfahrene Reiter kann, mit einem korrekt ausgebildeten Pferd, das Dehnen des Halses auch im Halten verlangen.«

Das Zügel-aus-der-Hand-kauen-Lassen im Stand.

»Lassen Sie das Pferd in Richtung Boden schauen und folgen Sie seinem Rücken mit Ihrem Rücken« ist ein interessanter Ratschlag, deckt dieser sich doch mit unseren praktischen Erfahrungen, dass Pferde sich insbesondere beim Entlastenden Sitzen gut dehnen, weil sie der Schwerpunktvorverlagerung folgen.
Die praktischen Übungen dazu mit und ohne Pferd sowie die anatomischen und biomechanischen Zusammenhänge Pferd finden Sie im Kapitel »Vom leichten Sitz zum Aussitzen«, Seite 66)

In der ursprünglichen »deutschen Klassik« gemäß der Heeresdienstvorschrift wurde nicht in Dehnungshaltung geritten?

Nachdem uns diese These wiederholt begegnetist, haben wir das recherchiert. Die Dehnungshaltung wäre laut heutigen Gegnern nämlich nicht klassisch, sondern eine »moderne Erfindung«, die man namentlich Udo Bürger und den Nationalsozialisten in die Schuhe schiebt, die die Pferdeausbildung 1939 angeblich beschleunigen wollten.

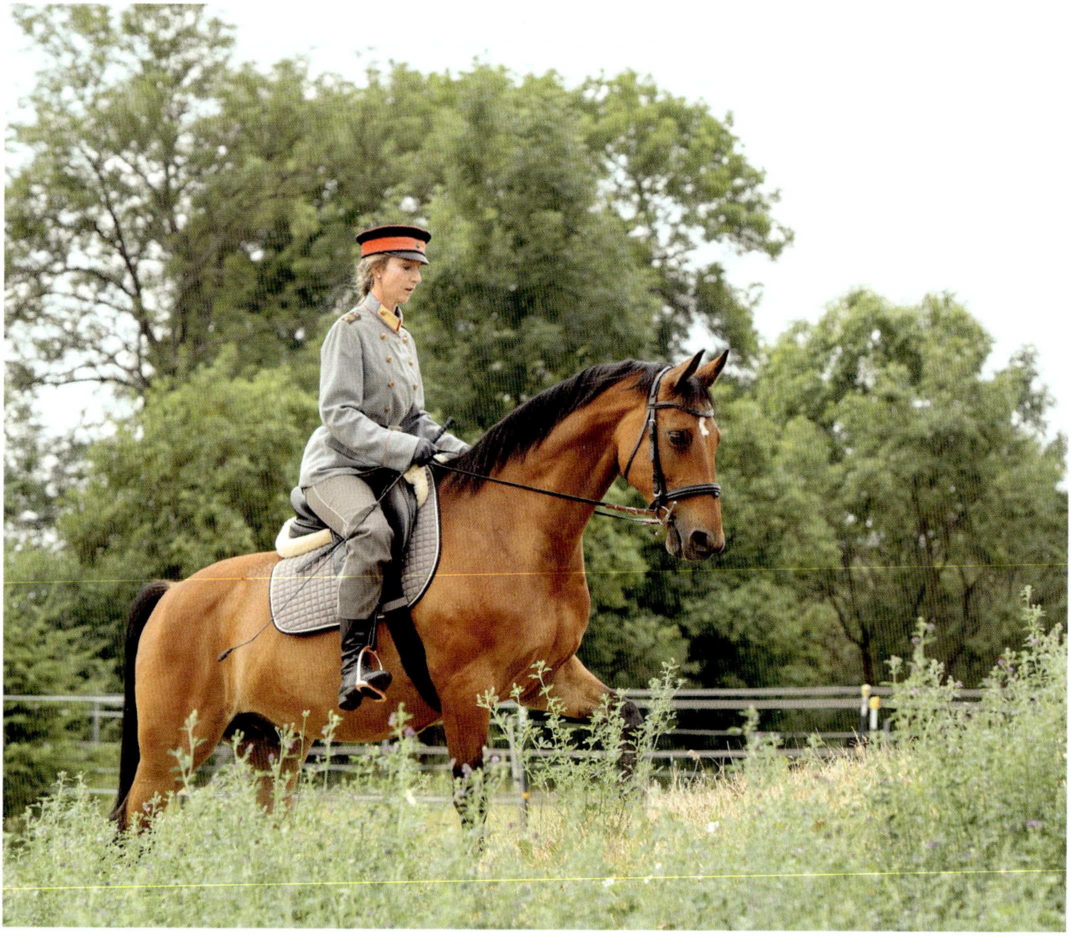

Variationen in der Haltung passieren im Gelände automatisch: Beim Berganreiten wird der Hals etwas länger und flacher, während sich das Pferd bergab mehr aufrichten muss.

Von Heidebreck und Lauffer, Mitautoren der Reitvorschrift, fassen in ihrem Kommentar »Was bringt die Reitvorschrift vom 29. Juni 1912 Neues?« im Kapitel »Hauptgrundsätze« ausdrücklich zusammen:

»Der Grundsatz der alten Reitinstruktion [dem noch älteren Vorgänger der Reitvorschrift, Anm. der Verfasser], *dass die Aufrichtung aus der Tiefe stattfinden muss, hat in der Reitvorschrift eine noch klarere und schärfere Fassung erhalten. Es wird verlangt, dass die Aufrichtung erst beginnen soll, nachdem das Pferd sichere Anlehnung in der Tiefe gewonnen hat.«*

»Erstes Ziel der Ausbildung soll es nun sein, diese Muskeln [Rücken-, Hals- und Bauchmuskeln, die die Rückenwirbelbrücke feststellen] durch allmählich gesteigerte Übung zu entwickeln und zu kräftigen. Das Pferd wird sich dann unter dem Reiter mit langem Hals und hängender Nase losgelassen bewegen.«

Die Reitvorschrift selbst, also die originale Quelle von 1912, warnt:

»Wird ein Pferd mit Hals und Kopf in die Höhe gearbeitet, bevor die Hinterhand Kraft und Geschick erlangt hat (...), so wird es im Rücken unter dem Sattel tiefer, also zum Tragen des Reitergewichts weniger befähigt werden.«

»Als beste Gebrauchshaltung ist die anzustreben, in der das Pferd in geringerer Zusammenstellung, aber völliger Durchlässigkeit mit längerem und tieferem Hals, in weniger erhabenen, aber geräumigen Gängen sich selbst trägt.«

Fazit: Die Reitvorschrift aus dem Jahr 1912 sowie das Werk Hans von Heydebrecks strotzt regelrecht von vielen weiteren solcher Aussagen und strukturiert die Pferdeausbildung so klar »aus der Tiefe« über die »Gebrauchshaltung« in die »Dressurhaltung«, dass wir alleine damit dieses Buch füllen und jedes unserer Kapitel untermauern könnten.

Im Gelände ist in der Regel die Gebrauchshaltung am sinnvollsten, aber auch hier ist immer wieder das Herauskauenlassen in die Dehnungshaltung beispielsweise für die Nackenstrecker wichtig.

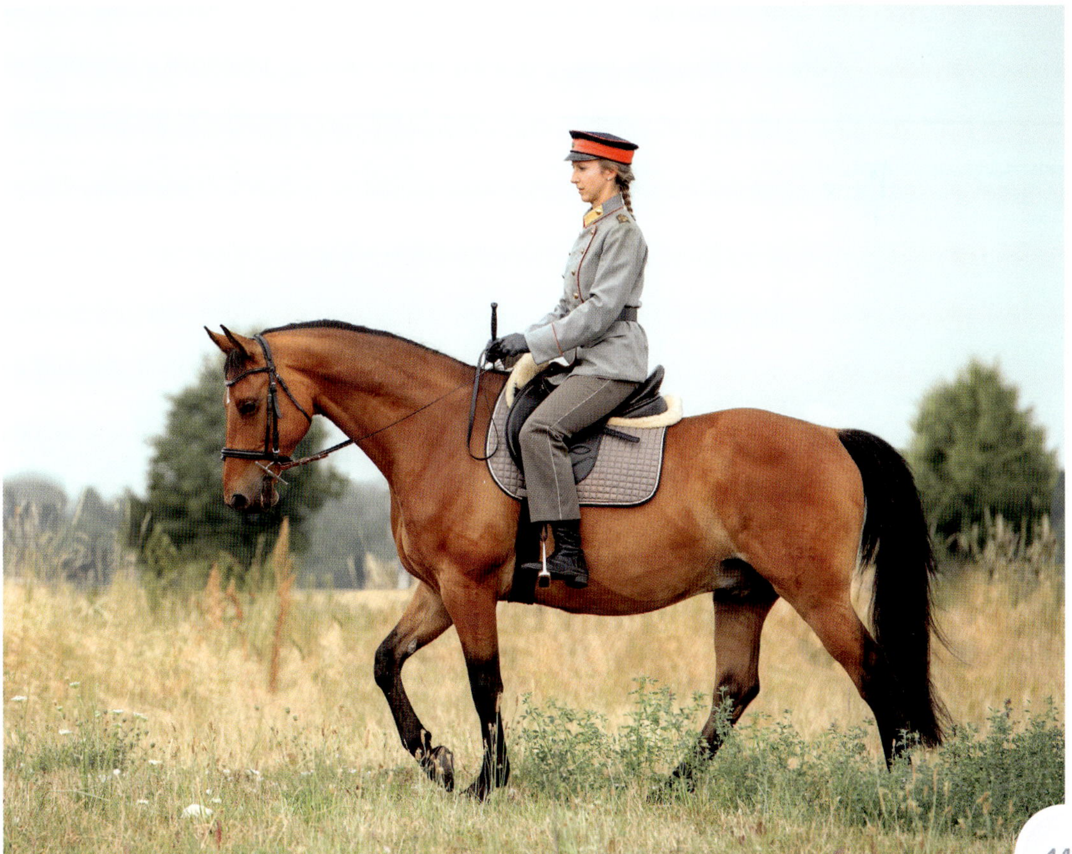

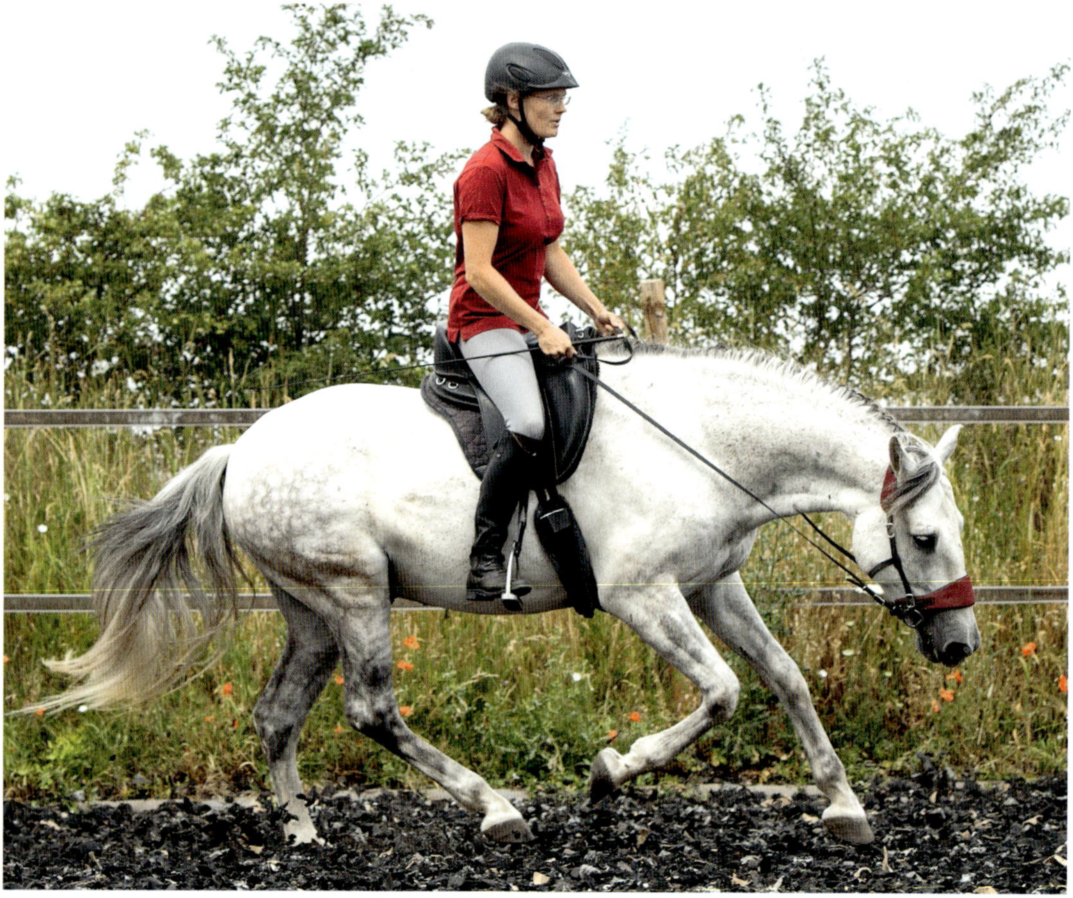

Die Dehnungshaltung schadet, wenn sie falsch praktiziert wird – und kaum jemand kann sie korrekt reiten

Es gilt der Spruch, dass man nach jeder Façon nicht reiten können kann. Auch in Konzepten, die die Dehnungshaltung ausschließen oder anders benennen, wird bisweilen schlecht geritten. Nur dass zwangloses Joggen mit hingegebenem Zügel grundsätzlich viel weniger schadet als absolut aufgerichtetes Pseudodressurreiten! Ein Reiter, der sein Pferd nur und immer mit tiefem Hals »auseinandergefallen« herumlaufen lässt, kommt trainingstechnisch nicht weit (was Geraderichtung, Schubkraft und Tragkraft angeht) und kann auf Dauer sein Pferd in den Verschleiß reiten. Ein solches bislang »auseinandergefallen bewegtes« Pferd kann ein Reiter mit entsprechendem Können und passendem Training aber grundsolide allmählich aufrichten.

Wer dagegen absolut aufgerichtet reitet, stresst sein Pferd massiv, überlastet direkt den CTÜ, das ventrale Längsband und provoziert innerhalb weniger Einheiten irreparable Schäden an Psyche und Körper seines Pferdes. Von dort ist es ein deutlich längerer, manchmal unmöglicher Weg zur Losgelassenheit.

Dehnungshaltung demütigt und unterwirft die Pferde

Im Gegenteil. Jedes Pferd, das sich psychisch und körperlich loslässt, wird die Dehnungshaltung freiwillig anbieten. Einem Pferd diese angenehme Pause von der anstrengenden Dressurarbeit zu verbieten und es stattdessen nach oben zu »korrigieren«, ist für das Pferd frustrierend bis schädlich. Um herauszufinden, ob Ihr Pferd sich in Dehnungshaltung wohl fühlt, empfehlen wir, auf wissenschaftlich festgelegte Mimikmerkmale zu achten.

Falten über den Augen, eine dreieckige Augenform, ein festes, verkniffenes Kinn oder viel Schaum vor dem Maul sind Hinweise auf Stress und/oder Schmerzen. Auch eine Pulsmessung ist aufschlussreich (Equipment gibt es u.a. von Polar). Unseren eigenen Messungen nach sinkt der Pferdepuls in Dehnungshaltung, ein Zeichen für Entspannung und Aktivität des Parasympathikus. Hat ein Pferd seinen Hals nämlich in voller Länge und physiologischer Form zur Verfügung, ist die Schwerkraftunsicherheit

Das junge Pferd nimmt im Freilauf gutgelaunt und völlig freiwillig die Dehnungshaltung ein, während es sich durchaus munter bewegt.

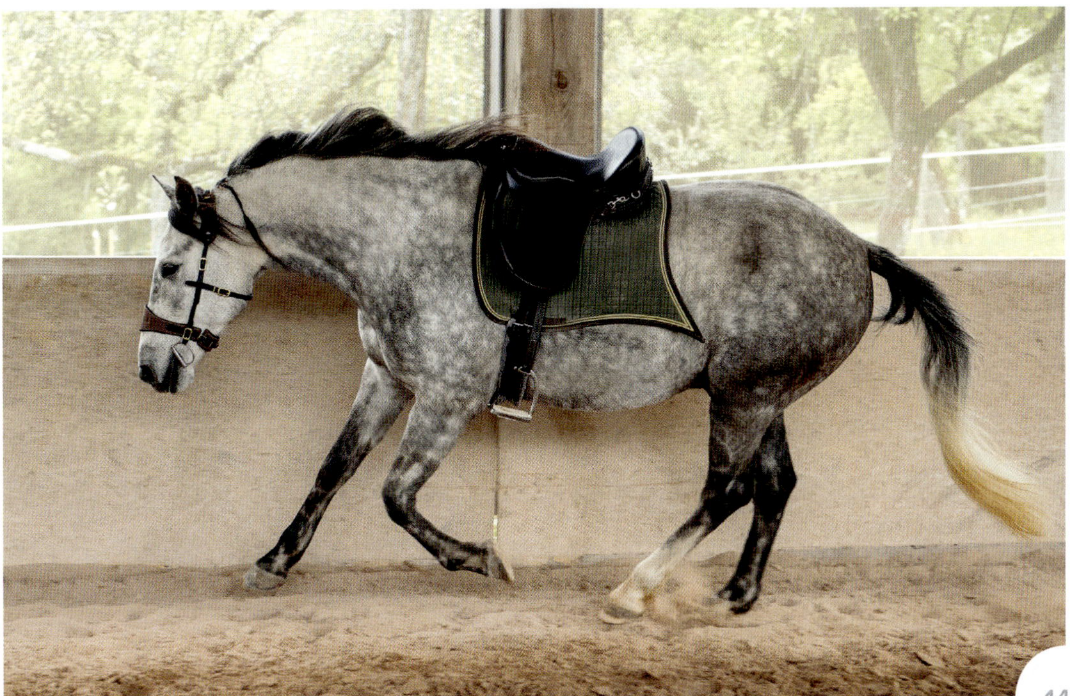

(siehe Seite 74) am geringsten. Das Pferd wählt die Haltung, in der es sich am besten und sichersten bewegen kann. Deswegen wirkt das Reiten in Dehnungshaltung selbstbelohnend und wird von klassisch ausgebildeten und losgelassenen Pferden völlig freiwillig angeboten. Das sieht man bereits in der Arbeit mit absolut rohen, unverdorbenen Pferden. An der Kappzaumlonge ohne jeglichen Hilfszügeleinsatz bei absolut passiver Hand und korrektem Treiben (siehe Longieren als Dialog), lassen sie freiwillig den Hals fallen.

Was Pferde hingegen tatsächlich unterwirft und nicht nur körperlich, sondern auch psychisch massiv schädigt, ist das Reiten in Hyperflexion (auch Rollkur oder LDR genannt). Wie wir ab Seite 49 ausführlich dargelegt haben, gibt es zwischen Hyperflexion und korrekter, klassischer Dehnungshaltung himmelweite Unterschiede.

Der Hengst von Reitmeister XY, der nur in Aufrichtung geritten wird, ist gesund

Helmut Schmidt wurde als starker Raucher weit über 90. Also ist Nichtrauchen ungesund? Hier liegt ein Logikfehler vor! Die Pferde, die nicht gesund geblieben sind, wird Reitmeister XY wohl nicht in der Öffentlichkeit vorstellen. Andersherum sind mit Grundlagentraining in korrekter Dehnungshaltung unzählige Pferde gesund alt geworden.

Dass junge Dressurpferde heutzutage so früh verschleißen liegt eher daran, dass sie sehr früh absolut aufgerichtet auf Auktionen oder Turnieren strampeln müssen. Daran ist aber nicht die Dehnungshaltung schuld, denn in dieser werden gerade diese armen Tiere überhaupt nicht geritten!

Dazu kommt, dass viele scheinbar oder vielmehr angeblich gesunde Pferde des Reitmeisters in unserem Beispiel nur in sehr kurzen Gängen oder sogar ausschließlich seitwärts vorgestellt werden. Die dabei zu sehenden Taktfehler werden dann gerne auf die Schiefe geschoben und mit noch mehr Seitwärts bearbeitet. Für eine tatsächliche Ganganalyse, also um wirklich seriös zu beurteilen, ob ein Pferd lahmt, müsste man es geradeaus in der Grundgangart Arbeitstrab sehen. Ist es überhaupt nicht möglich, ein Pferd »einfach mal so« ohne spezielle Vorbereitung ganze Bahn mit langem Zügel taktklar anzutraben, dann ist es definitiv nicht ganz gesund!

Dieses Reitpony zum Beispiel geht auf die zwanzig zu und ist trotz eines bewegten Lebens mit durchaus ernstzunehmenden Belastungen seit langem gesund. Auf Grundlage korrekter Dehnungshaltung kann es seit Jahren auch schwere Lektionen ausführen.

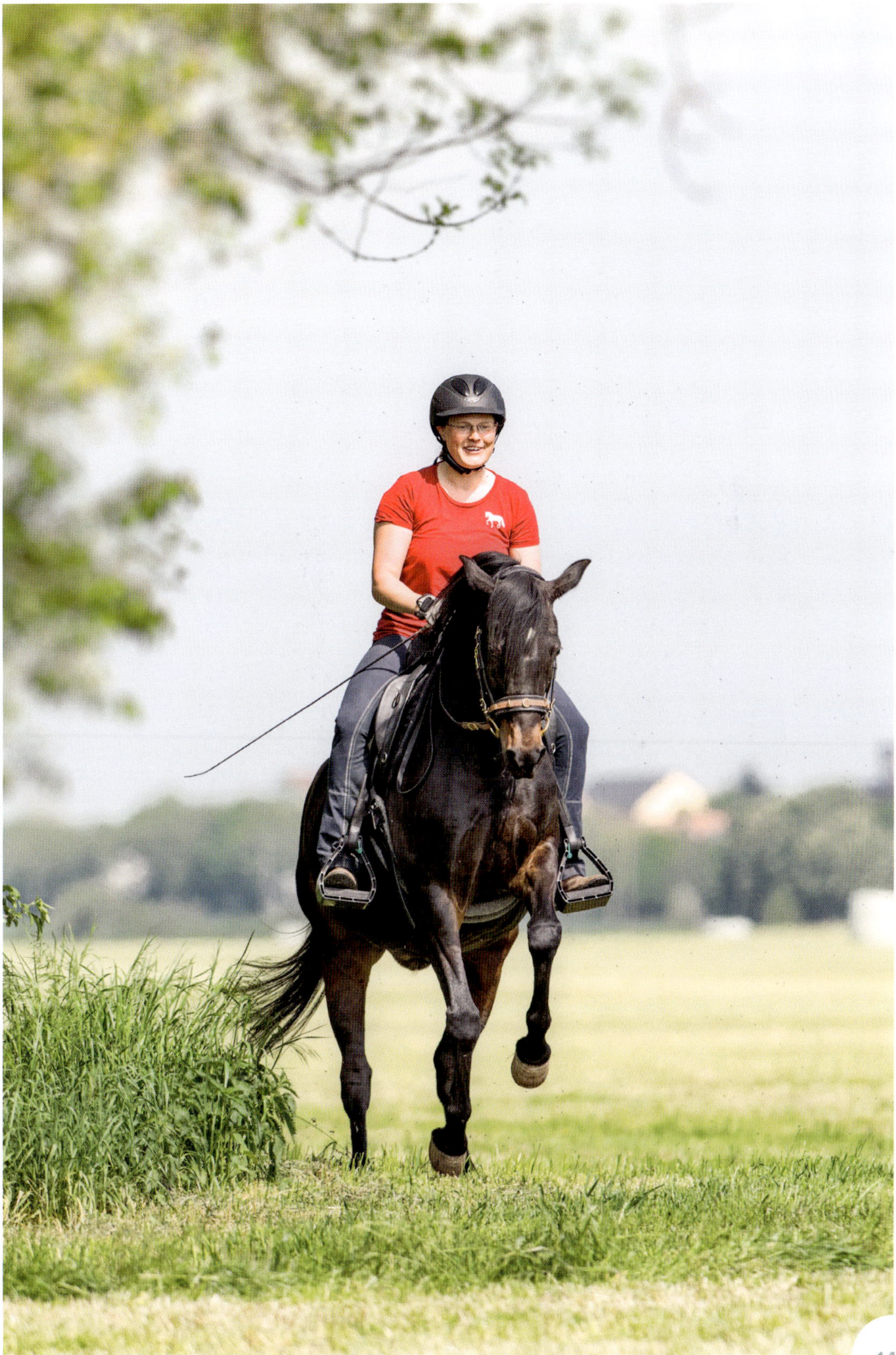

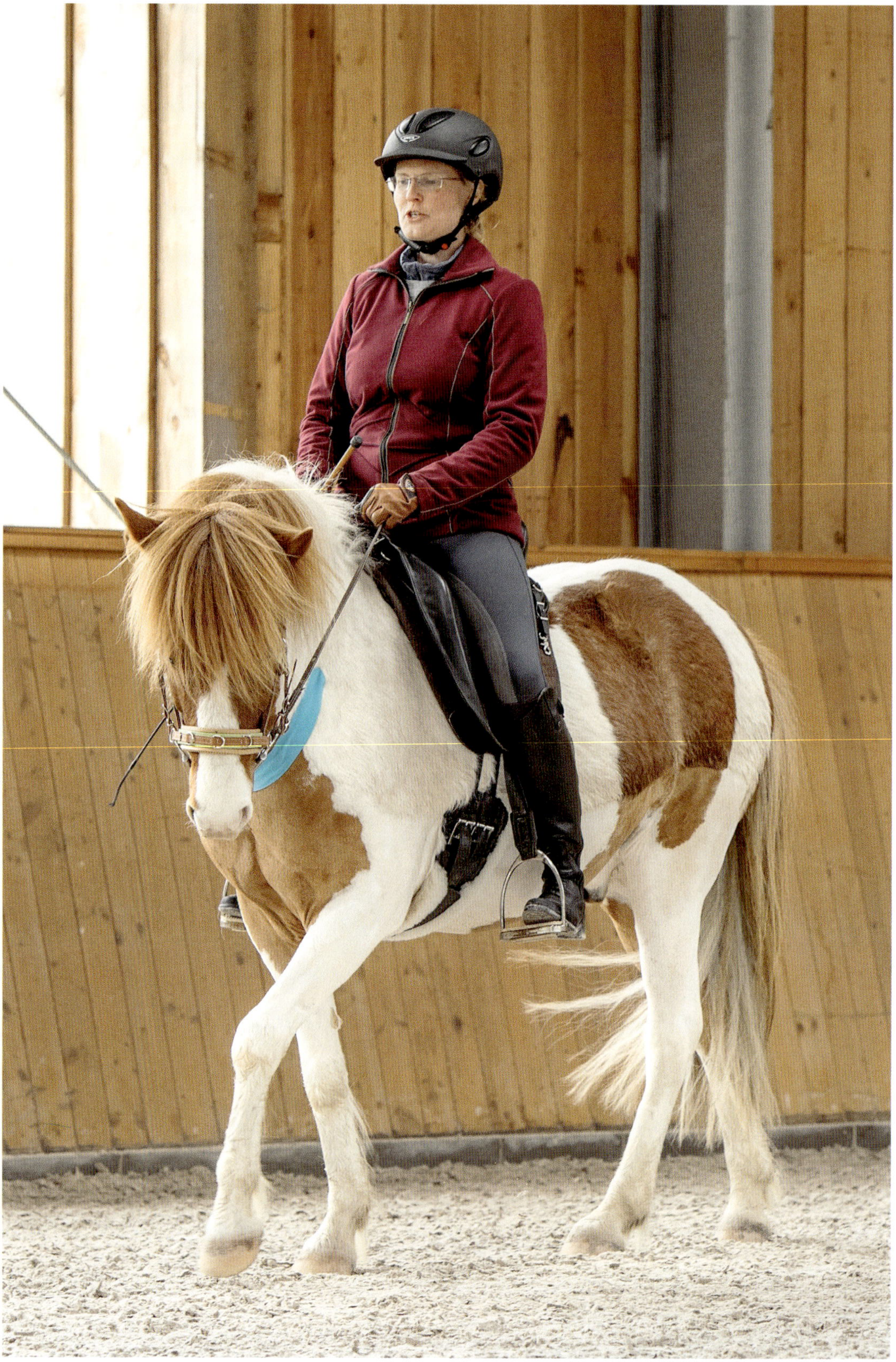

OSTEODRESSAGE FALLBEISPIEL: Isländerwallach Nói

Der **10jährige Isländerwallach Nói** ging im vergangenen Winter unklar lahm. Er wurde mehrfach tierärztlich untersucht und durchgeröntgt, aber nichts gefunden, was seine diffuse, immer wieder auftretende Lahmheit erklären konnte.

Zunächst befundete und behandelte Claudia Nói. Sie stellte unter anderem Restriktionen in der Rückenlendenbinde und der Widerristbinde fest, die auf einen nicht optimal passenden Sattel hindeuteten. Auch war die Oberlinienmuskulatur relativ verspannt, der Rumpfträger auf einer Seite deutlich schwächer. Die letzten Halswirbel waren zu einer Seite geshiftet, der Atlas hatte eine Rotationsfehlstellung und es fiel auf, dass Nói in der Ganganalyse im Trab seltsame Atemgeräusche zeigte, die tierärztlich als unkritisch eingeschätzt worden waren, jedoch nicht physiologisch sind. Außer einer zu langen Zehe an den Vorderhufen gab es keinen besonderen Befund an den Vorderbeinen. Da keiner der Befunde direkt die Probleme erklärte, vereinbarte Nóis Besitzerin auf Claudias Rat hin einen Termin zum Beritt mit Katharina und bewegte das Pferd bis dahin an der Longe.

An vereinbarten Termin mit Katharina bewegte Nói sich lahmfrei und wurde deswegen von ihr (mit neuem, nun passendem Sattel) geritten. Dabei spürte sie eine rhythmische Rotationsbewegung im Genick des Pferdes, welche auch Claudia in der Therapie aufgefallen war und die sie bereits einmal behandelt hatte. Ansonsten war das Pferd jedoch in Schritt und Trab sehr angenehm zu reiten, wenn gleich das Atemgeräusch dabei auffällig blieb. Nói ging gefühlt gut über den Rücken und wurde von Katharina vor allem in Biegungen und Konterbiegungen gearbeitet.

Die Dehnungsbereitschaft war lehrbuchgerecht vorhanden. Im Galopp fiel jedoch auf, dass der Einsprung trotz guter Vorbereitung festgehalten und sehr nach oben heraus stattfand und es danach schwer fiel, weiter durchzugaloppieren. Der Takt im Trab wurde danach deutlich schlechter. Im Kontext der Lahmheitsgeschichte beschloss Katharina, den Galopp hintenanzustellen und nochmals mit Claudia gemeinsam zu einem Osteo-Dressage-Termin zu kommen.

Beim gemeinsamen Termin zeigte sich Nói in der Ganganalyse minimal schief, weswegen Claudia seinen geringfügig rotierten Atlas und seinen Beckenschiefstand nachbehandelte. Dann begann Katharina zu reiten und konnte sofort vermelden, dass die Rotationsbewegung im Genick dank Claudias Behandlung nun verschwunden war und Nói sich zu beiden Seiten gleichermaßen weich stellen ließ. Beim Reiten in wechselndem Rahmen fiel zunächst nebenbei auf, dass Nói in einer etwas tieferen Kopf-Hals-Haltung plötzlich auch im Trab normal atmete. Das ansonsten immer zu hörende Geräusch verschwand in einer etwas tieferen Dehnungshaltung, wenn sich das Maul etwas unterhalb der Buggelenke befand.

Das ergab Sinn: Nói hat einen rassetypisch sehr tief angesetzten Hals. Erst in ziemlich tiefer Dehnungshaltung (Maul etwas unterhalb des Buggelenks) wurde sein CTÜ (siehe ab Seite 19) nicht überstreckt und somit komprimiert. Im Bereich des CTÜ liegen wichtige Strukturen wie das Armgeflecht, der Plexus brachialis. Wird dieses Nervengeflecht gestört, kann es zu Schmerzen oder auch Taubheit im Vorderbein und Widerristbereich kommen. Möglicherweise erklärte das das manchmal unklare Gangbild. Auch die Atemgeräusche können Symptom einer Störung in diesem Bereich sein, weil auch ein den Kehlkopf versorgender Nerv *(N. laryngeus recurrens)* im CTÜ-Bereich aus dem Spinalkanal austritt. Die Zwerchfellmuskulatur wird vom *N. phrenicus* versorgt, der auch hier aus dem Wirbelkanal tritt.

Um Nói zu vermitteln, wie er störungsfrei traben kann, haben wir ein CTÜ-Tape angebracht. Das Tape am Halsansatz hat ihn dazu angeregt, diese tiefere Haltung auszuprobieren. Reiterlich besteht die Kunst darin, diese tiefere Halshaltung zu ermöglichen, ohne dabei den Genickwinkel zu eng werden zu lassen. Kommt die Stirn-Nasen-Linie nämlich hinter die

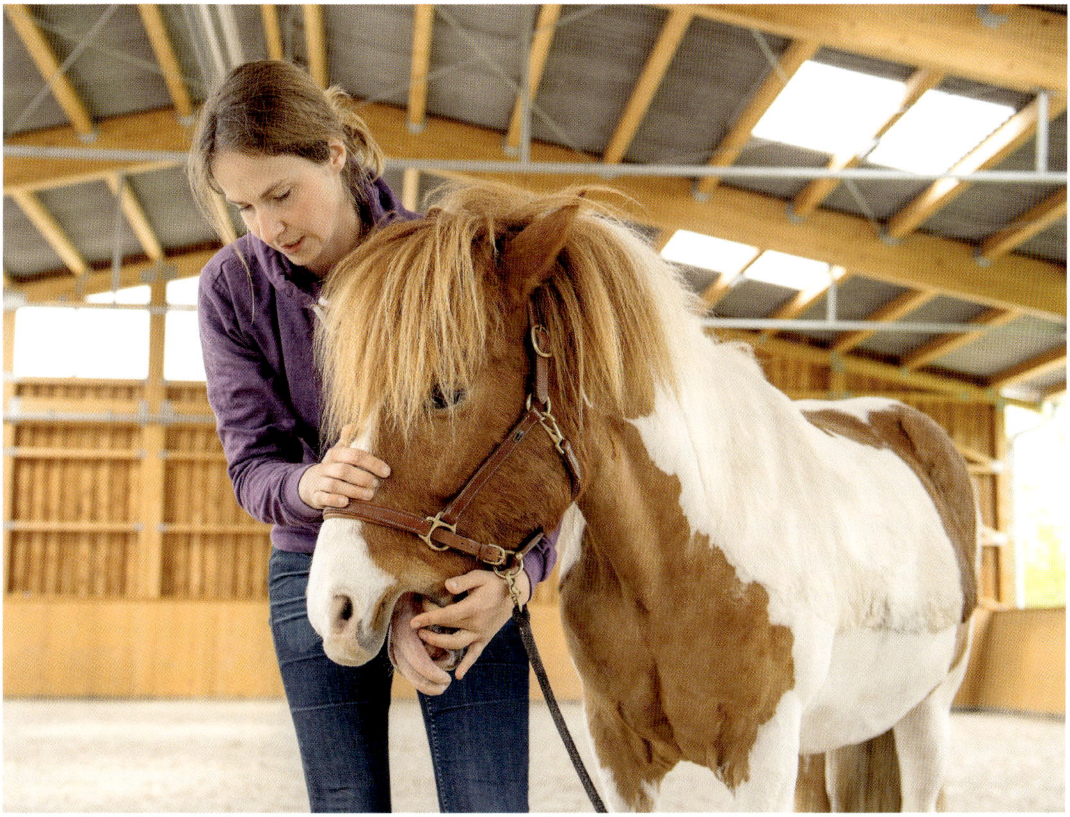

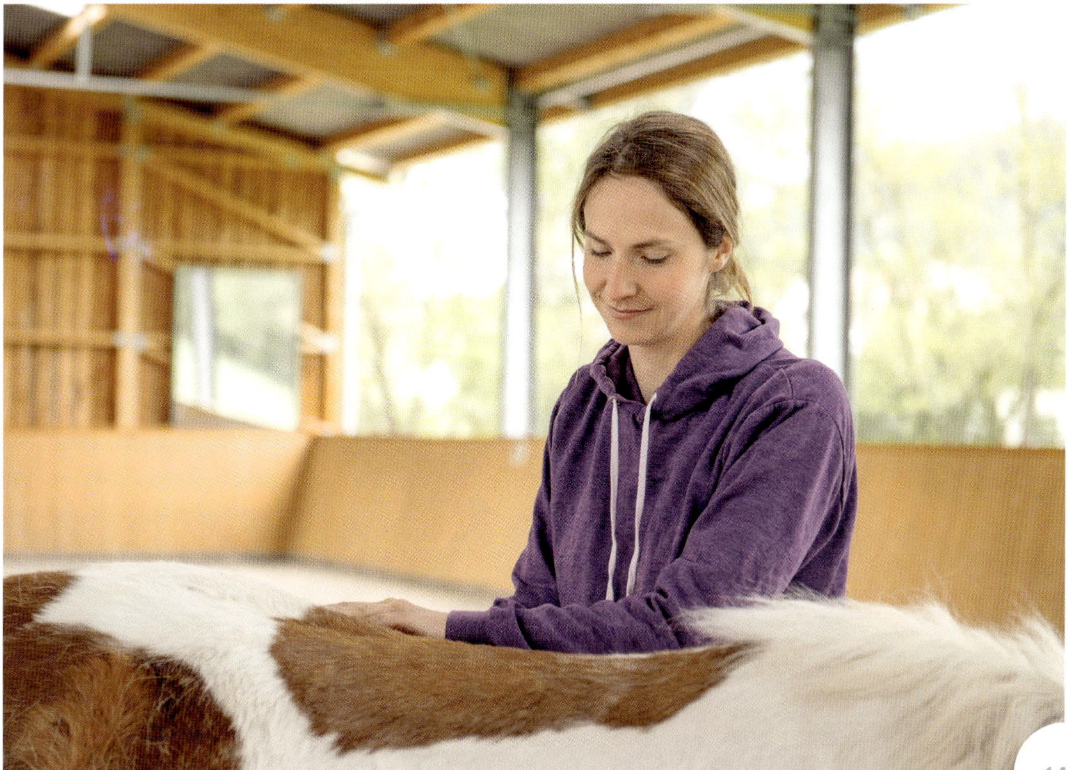

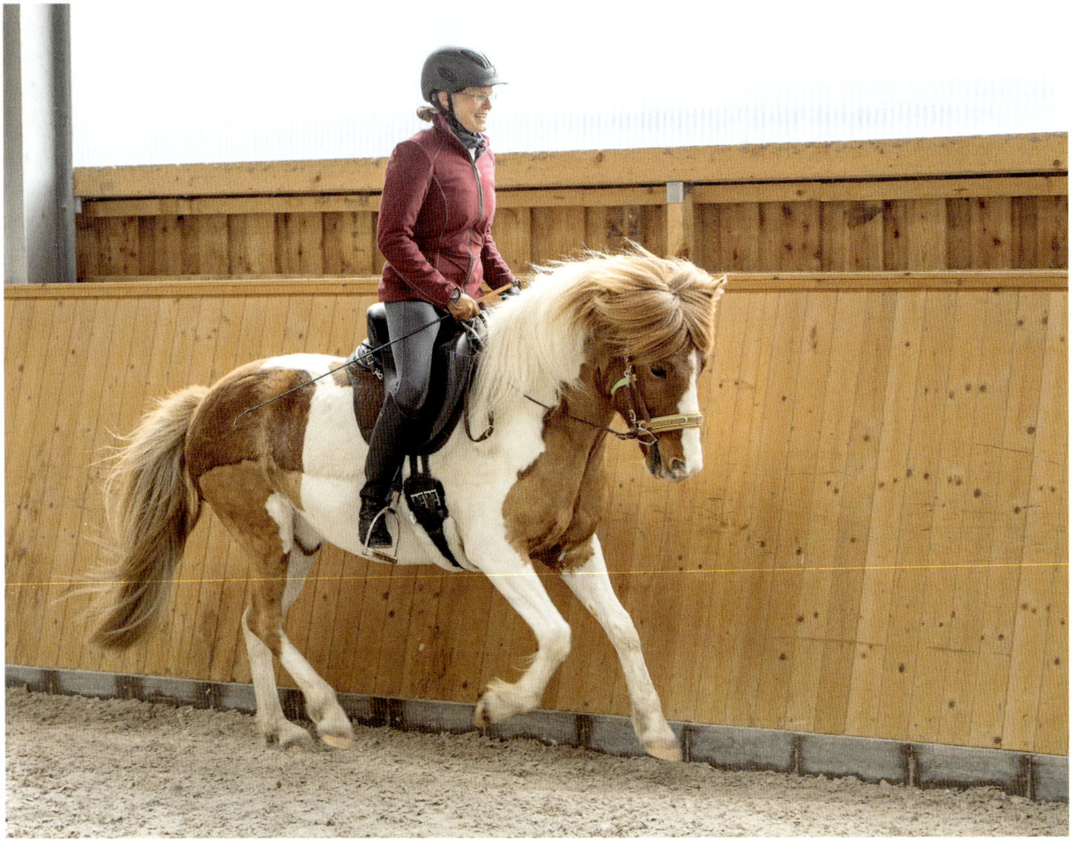

Galopp war zunächst nur im leichten Sitz möglich.

Senkrechte, wäre dem Kehlkopf absolut nicht geholfen. Gerade in etwas tieferer Haltung muss mit absolut weicher, passiver Hand und sanftem Nachtreiben dafür gesorgt werden, dass das Pferd im Genick offen und mit der Stirn-Nasen-Linie vor der Senkrechten bleibt.

Im Anschluss an den Termin stand für die Besitzerin zunächst das Longieren mit dem CTÜ-Tape auf dem Trainingsplan. Sie berichtete uns, dass Nói in den nächsten Trainingseinheiten jedes Mal sofort eine enorme Rückentätigkeit zeigte und in seiner individuell korrekten Dehnungshaltung gelaufen ist, ohne dass sie ihn in irgendeiner Weise (wie etwa mit Hilfszügeln) in diese Position gezwungen hätte. »Er wirkt, als sei er richtig erleichtert, dass er endlich diese angenehme Position entdeckt hat. Sogar im Linksgalopp, den er bisher nur mit Herausheben realisieren konnte, hat er sich deutlich abgestreckt und gedehnt«, schreibt uns seine Besitzerin. Das Atemgeräusch war zumeist verschwunden.

Im nächsten Schritt soll die Besitzerin nun im Reitunterricht lernen, wie auch sie Nói

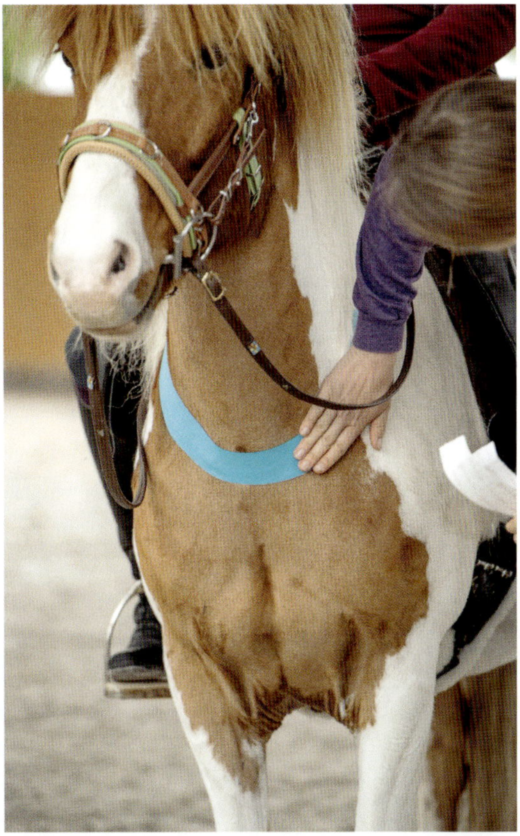

Dieses Tape unterstützt das Fallenlassen des Halses und somit den CTÜ.

auf diese Weise reiten kann. Wenn das in Schritt, Trab und Galopp stabil im Takt bleibt, kann das Pferd dann selbstverständlich weiter ausgebildet und mit zunehmender Versammlung auch relativ aufgerichtet werden. Das Atemgeräusch sowie der Takterhalt geben einwandfrei Aufschluss darüber, in welchen Etappen das geschehen kann.

Mit Tape fand Nói zu einer etwas tieferen Dehnungshaltung und ließ sich dort zum ersten Mal so richtig los. Das Atemgeräusch verschwand.

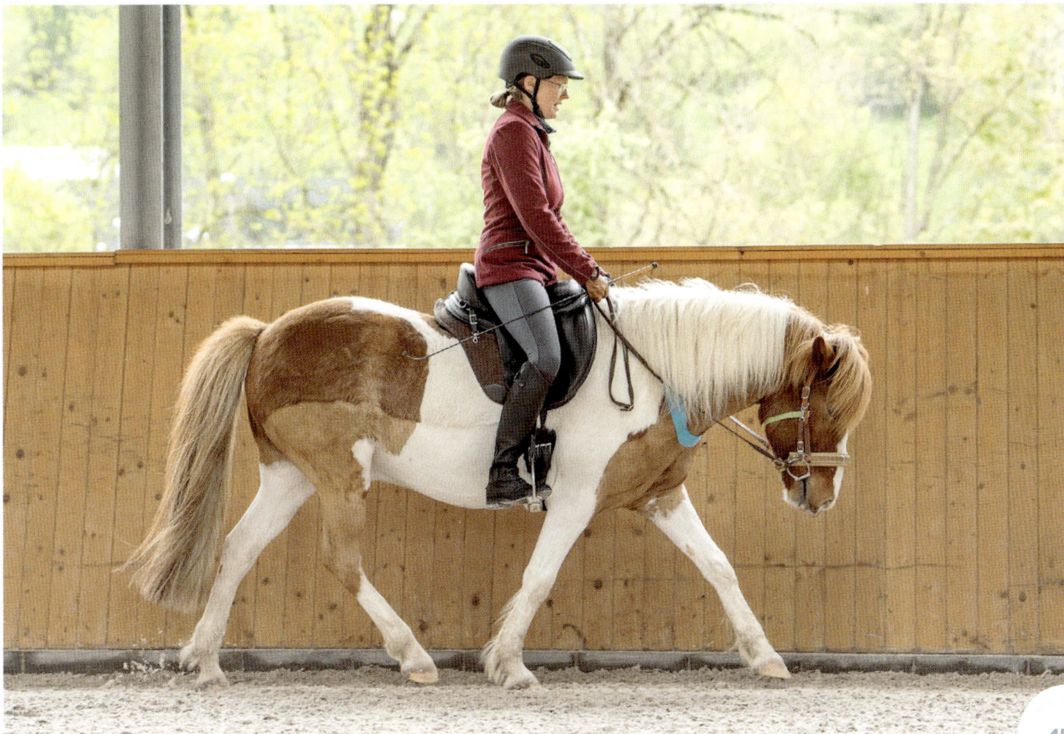

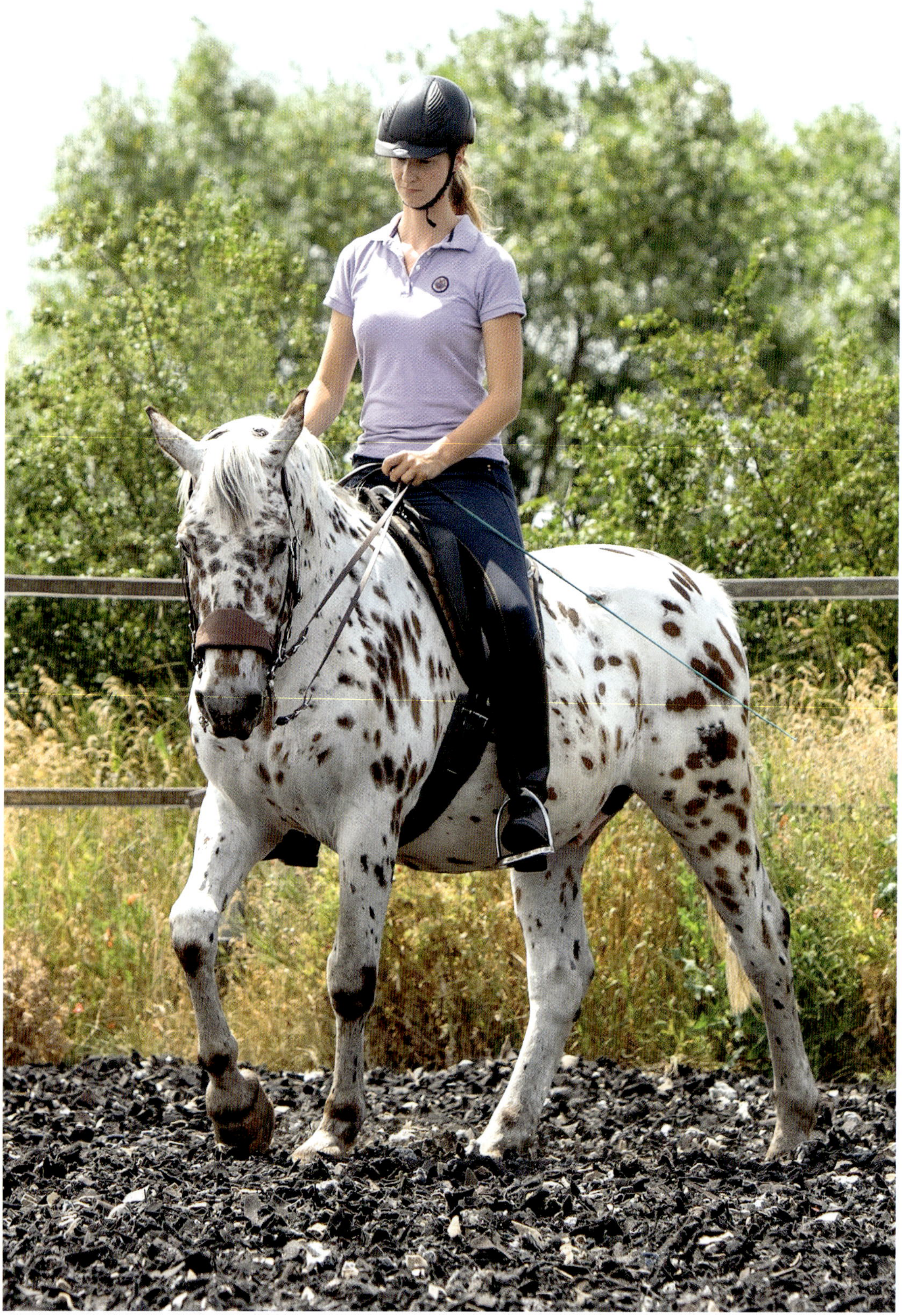

SCHLUSSWORT

Sich in Dehnungshaltung entspannt fortzubewegen liegt in der Natur des Pferdes. Sie ist essentieller Bestandteil der Ausbildung, etwa um ein junges Pferd gesund aufzubauen und ältere Pferde gesund zu erhalten. Wir empfehlen nicht, ausschließlich in Dehnungshaltung zu reiten, sondern sie sinnvoll in die Gesamtausbildung zu integrieren, die natürlich aus mehr Elementen als dem Traben in Dehnungshaltung besteht. Wie tief tief ist, hängt vom Pferd ab, von seinem Ausbildungsstand und seinem Exterieur. **Wichtig ist uns, dass das Pferd in der Tiefe nicht eng wird, sondern den Genickwinkel öffnet!** Gängige Thesen, die die Dehnungshaltung verteufeln, konnten wir in diesem Buch auf Grundlage tiermedizinischer Forschungen entkräften.

Über uns

Claudia Weingand ist osteopathische Pferdetherapeutin nach Welter-Böller mit Zusatzqualifikation craniosacrale Osteopathie und viszerale Osteopathie und OsteoConceptCoach.

Katharina Möller ist Ausbilderin für klassische Reiterei und FN-Trainerin A. Unter dem Namen OsteoDressage verbinden die beiden osteopathische Pferdetherapie und klassische Ausbildung von Reitern und Pferden. Dabei kombinieren sie osteopathische Befundung und Behandlung, Ausrüstungskontrolle, Trainingstherapie und Beritt sowie Reit- und Longierunterricht für die Besitzer und erstellen individuelle Trainings- und Rehapläne.

Die beiden führen heute neben ihrem Ausbildungsstall in Baden-Württemberg ein Onlinecollege mit zahlreichen Onlinekursen, Trainingsplänen und einer Trainerausbildung rund um die Themen Ganganalyse, Reiten wie es Pferde lieben, Longieren als Dialog, Rhea, Trainingstherapie und Pferdegesundheit. Gemeinsam haben sie außerdem mehrere erfolgreiche Fachbücher veröffentlicht und betreiben einen Podcast.

Alle Informationen finden Sie auf **www.osteodressage.college.**

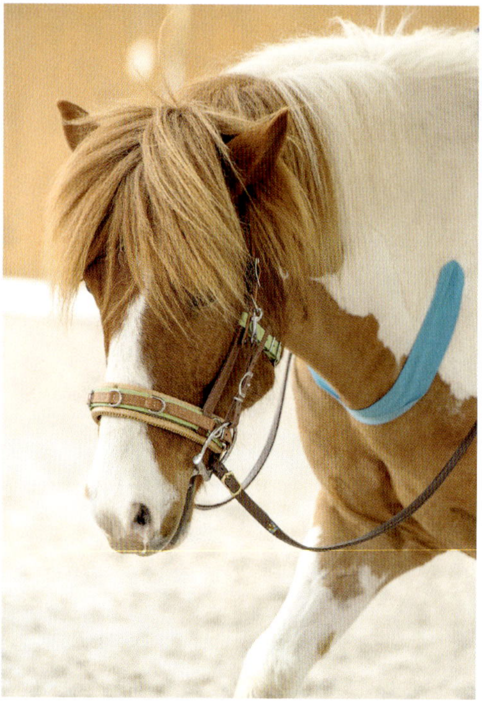

Isländer Nói profitiert von individuellem OsteoDressage-Training mit Tape.

Außerdem sind Katharinas Nachwuchspferde Mojo (Boukris des Balmes) und Nathan (KL Maestoso Sofia 327) sowie Claudias Berittpferde Chandor und Nói unter den Autorinnen zu sehen. Als Gastreiterin unterstützte Madlen Brückner mit ihrem Pferd Glenn Casparo. Vielen Dank!

Die im Buch gezeigten Pferde…

… werden von Claudia Weingand und Katharina Möller ausgebildet und sind mit einer Ausnahme auch unter den beiden Autorinnen selbst zu sehen. Sie finden es wichtig, das theoretische Wissen auch persönlich in der Praxis anwenden zu können und sitzen beide täglich im Sattel verschiedenster Pferde.

Die Pferde Hariel, Invincible, Fugitivo, Taranis aus der schützenden Hand und Dobllino sind nicht nur ihre privaten Reitpferde, sondern darüber hinaus auch als Lehrpferde für Schüler und in zahlreichen Kursen im Einsatz.

OsteoDressage in der Praxis

Claudia Weingand und Katharina Möller kommen im Rahmen von Praxiskursen oder Einzelterminen zu Ihrem Pferd und Ihnen an den Stall. Sie kombinieren osteopathische Befundung und Behandlung, Ausrüstungskontrolle, Trainingstherapie und Beritt sowie Reit- und/oder Longierunterricht für den Besitzer und erstellen einen individuellen Trainingsplan für Sie und Ihr Pferd, bei Bedarf ergänzt durch Taping, Dehnung- und Mobilisationsübungen. Vier Augen sehen bekanntlich mehr als zwei. Gemeinsam stellen sie ihr breit gefächertes Wissen und Können in den Dienst Ihres Pferdes. Informationen und Kontaktmöglichkeit finden Sie im Internet auf der Webseite **www.osteo-dressage.com**

Claudias junge Lusitanos mit den Autorinnen unterwegs im schwäbischen Wald.

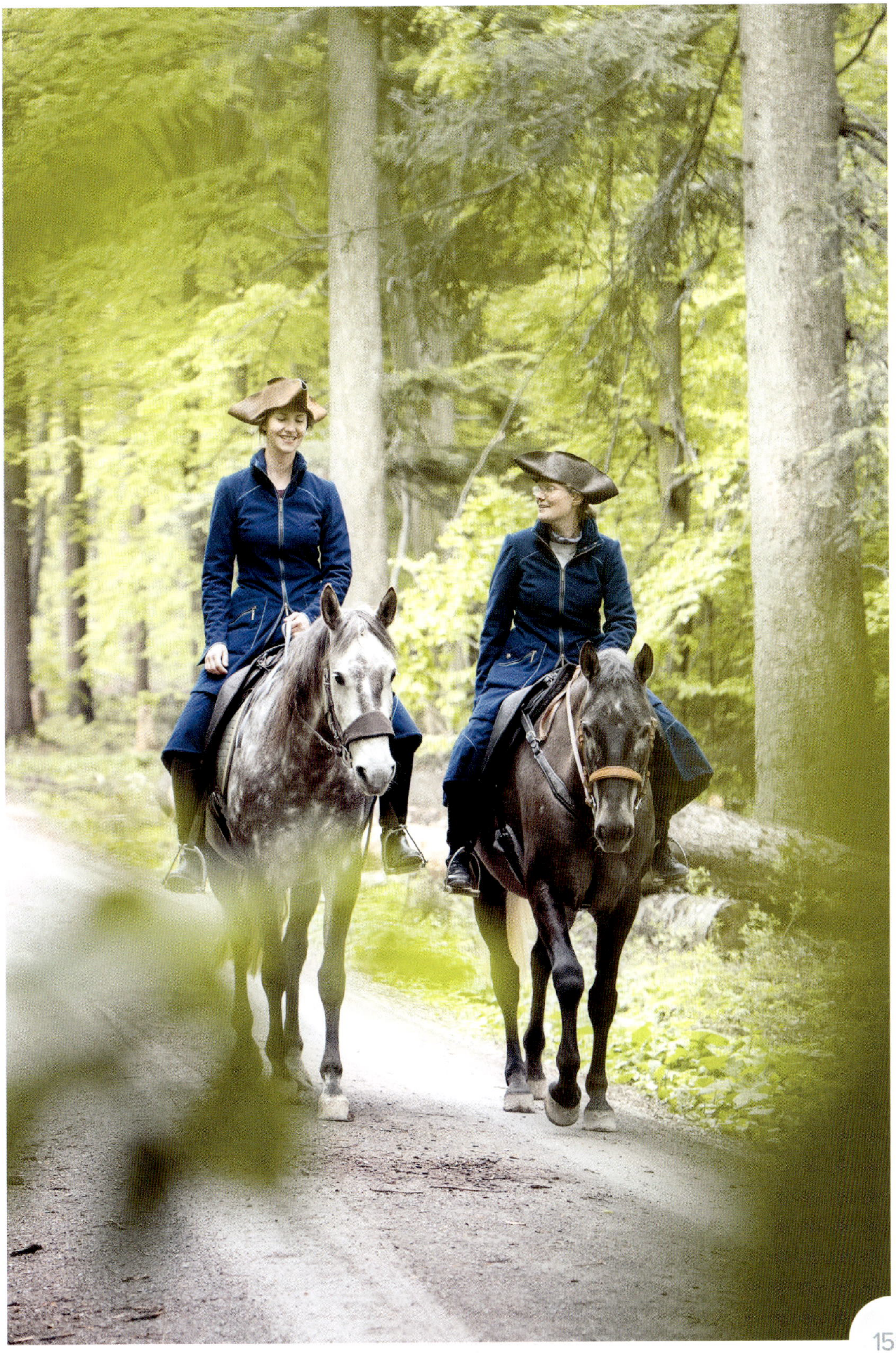

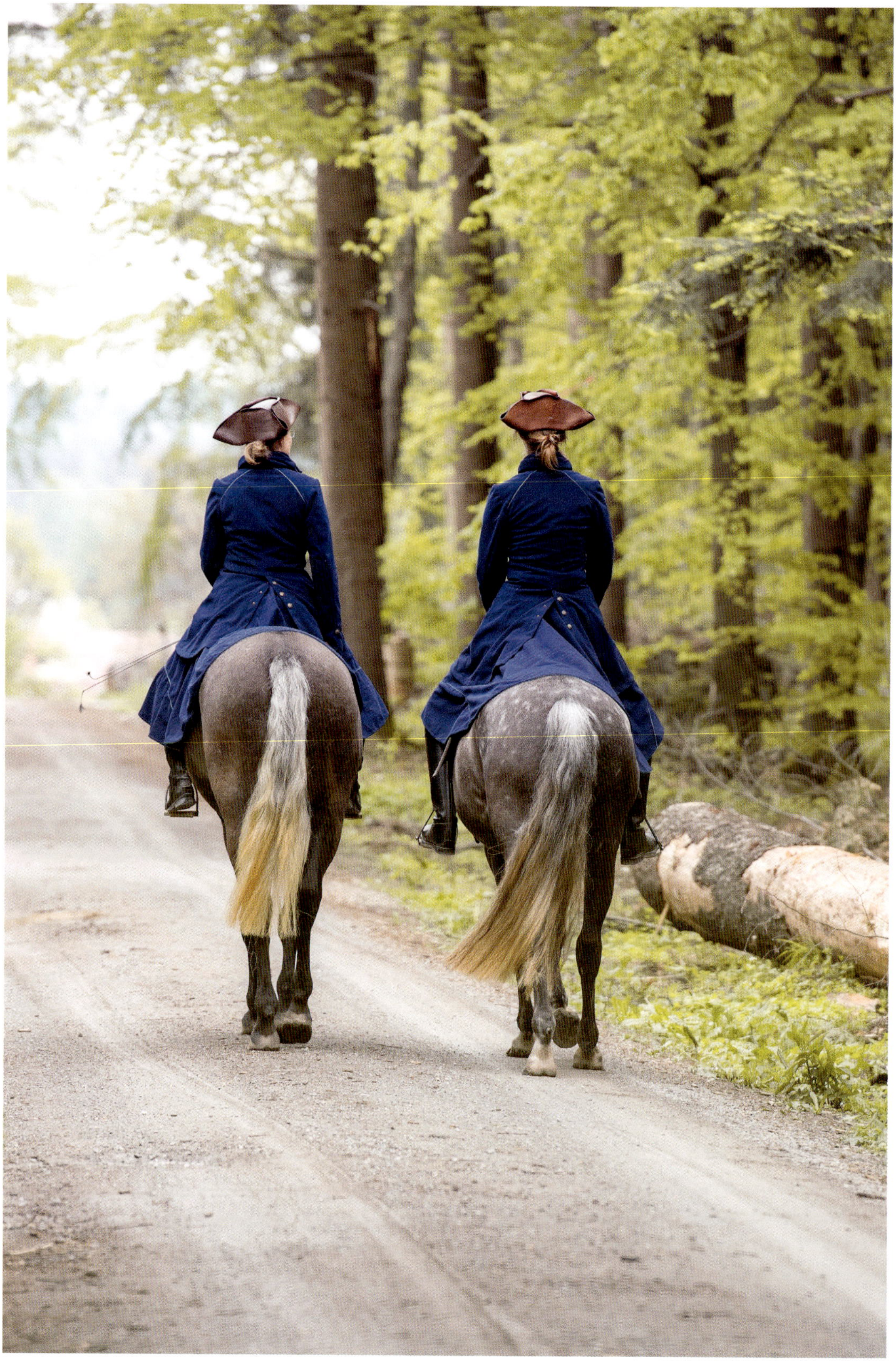

LITERATUR zum Weiterlesen

D.V.E. Nr. 12 Reitvorschrift vom 29. Juli 1912 (herunterzuladen auf der Webseite des Kavallerieverbandes: https://www.kavallerieverband.de/wissen/historische-literatur/)

Ellendorf, Franz: **Leistungstraining für das Pferd.** Schlütersche Verlagsgesellschaft, Hannover 2010

Möller, Katharina: **Basis-Guide für feine Hilfen.** Cadmos Verlag, Schwarzenbek, 2013

Möller, Katharina: **Jungpferdeausbildung mit System.** Cadmos Verlag, Schwarzenbek 2015

Möller, Katharina: **Longieren als Dialog.** Cadmos Verlag, Schwarzenbek 2017

Möller, Katharina: **Pferde sinnvoll lösen.** Cadmos Verlag, Schwarzenbek 2014

Nickel, Richard; Schummer, August; Seiferle, Eugen: **Lehrbuch der Anatomie der Haustiere.** Paul Parey, Berlin 1961 (Originalausgabe)

Oliveira, Nuno: **Die Kunst des Reitens. Gesammelte Schriften.** Olms Verlag, Hildesheim 2016

Richtlinien für Reiten und Fahren, Band 1. FN-Verlag, Warendorf 2013

Rieskamp, Bianca; Schwabl von Gordon, Gert: **Die klassische Reitlehre in der Praxis gemäß der H.Dv.12.** Olms Verlag, Hildesheim, 2011

Schleip, Robert: **Lehrbuch Faszien: Grundlagen, Forschung, Behandlung.** Elsevier, Urban & Fischer Verlag, München 2014

van den Berg, Frans: **Angewandte Physiologie Teil 1-3.** Georg Thieme Verlag, Stuttgart 2001

Von Heydebreck, Hans: **Die deutsche Dressurprüfung & Das Gebrauchspferd und seine Ausbildung,** Olms Verlag, Hildesheim 2001

Von Heydebreck, Kurt; Lauffer, Fritz: **Was bringt die Reitvorschrift vom 29. Juni 1912 Neues?** (herunterzuladen auf der Webseite des Kavallerieverbandes: https://www.kavallerieverband.de/wissen/historische-literatur/)

Welter, Maximilian; Welter-Böller, Barbara: **Gutes Training schützt das Pferd.** Cadmos Verlag, Schwarzenbek 2016

Welter, Maximilian; Welter-Böller, Barbara: **Tapingpraxis für Pferd und Reiter.** Welter-Böller Verlag, Overath, 2018

Welter, Maximilian; Welter-Böller, Barbara; Weingand, Claudia: **Die 50 häufigsten Irrtümer in der Pferdeausbildung.** Cadmos Verlag, Schwarzenbek 2017

Welter-Böller, Barbara; Weingand, Claudia: **Einmal überbaut, immer überbaut? Exterieuranalyse und Tipps zum Pferdetraining.** Müller Rüschlikon Verlag, Stuttgart, 2019

Die erwähnten Dissertationen finden Sie unter den an den entsprechenden Textstellen angegeben Titeln bzw. anhand der Namen der Autorinnen im Internet als öffentlich zugängliche PDFs.

WEITERE BÜCHER der Autorinnen

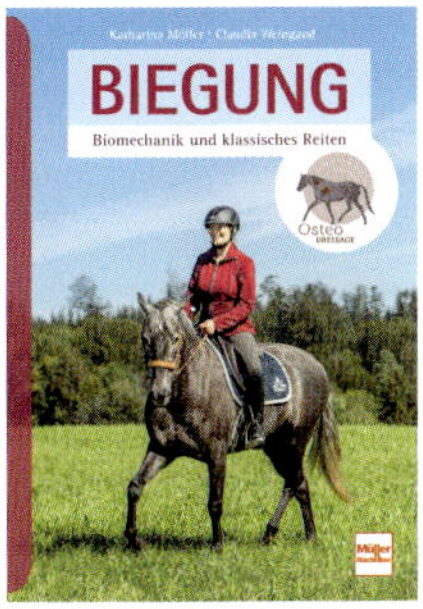

Egal, ob man einen Ausgleich zum Geländereiten möchte oder von Seitengängen und hohen Lektionen träumt – um das Thema Biegung kommt kein Reiter herum. Sie ist für gesunde Reitpferde unerlässlich. Ein Pferd jedoch zu lange, zu stark oder falsch zu biegen, kann es grob verschleißen und dem reiterlichen Vorankommen im Weg stehen. Die Autorinnen erklären, unter welchen Voraussetzungen und warum Biegung nützlich ist, wann sie schadet und wie sie korrekt entwickelt wird. Auch die Mysterien um die richtige Rotation des Brustkorbs und die natürliche Schiefe werden besprochen und anhand anatomischer und biomechanischer Fakten erklärt.

Katharina Möller/Claudia Weingand

BIEGUNG – Biomechanik und klassisches Reiten

160 Seiten, 122 Bilder | ISBN 978-3-275-02180-2 | € 24,90 / € (A) 25,60

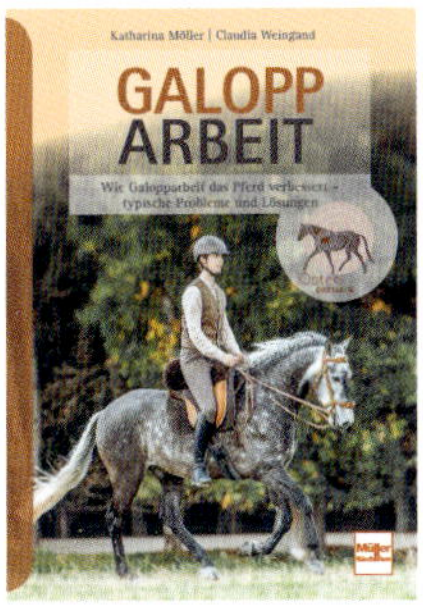

Vom frischen Galopp im Gelände bis zur Galopptraversale – Galoppieren macht dem Reiter Spaß und idealerweise auch dem Pferd. Der Galopp ist effizientes Bauchmuskel- und Ausdauertraining, wichtig für die Atemwege des Pferdes und für gesunderhaltendes Reiten unerlässlich. Gleichzeitig ist im Galopp die Belastung für Sehnen und Gelenke am höchsten, daher ist eine gute Trainingsplanung wichtig. Die Autorinnen erklären, unter welchen Voraussetzungen und warum Galopp nützlich ist, wann er schadet und welche Übungen helfen, um diese Gangart zu verbessern.

Katharina Möller/Claudia Weingand

GALOPP-ARBEIT – Wie Galopparbeit das Pferd verbessert – typische Probleme und Lösungen

144 Seiten, 150 Bilder | ISBN 978-3-275-02253-3 | € 24,90 / € (A) 25,60

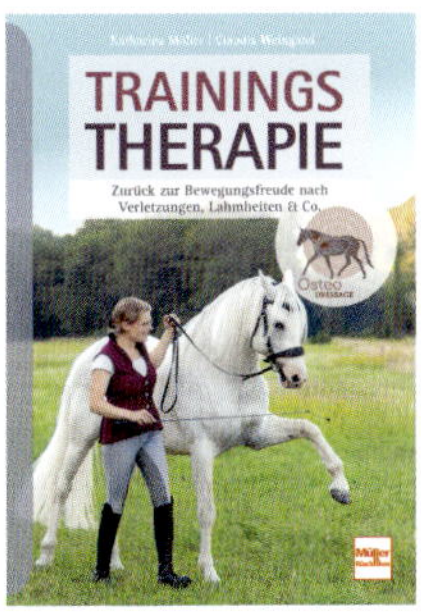

»Den können Sie jetzt wieder antrainieren.« Diesen Satz hört man häufig vom Tierarzt, nachdem eine Verletzung ausgeheilt ist. Arbeitet der Reiter das Pferd dann ohne sinnvollen Plan oder kann er diesen nicht umsetzen, steht er nach wenigen Monaten wieder vor ähnlichen Problemen. Um Schmerzgedächtnis und Kompensationsmuster zu überlisten und gesunde Bewegungen zu etablieren bedarf es der Trainingstherapie: Dabei wird das Pferd gezielt je nach seinen Befunden trainiert, denn geschädigte Strukturen heilen in unterschiedlichem Tempo und sprechen auf unterschiedliches Training an. Dieses Buch zeigt klare Wege und den sinnvollen Einsatz von Hilfsmitteln wie Tapes, Cavaletti und Co., um dem Pferd wieder Freude an der gesunden Bewegung zu vermitteln.

Katharina Möller/Claudia Weingand

TRAININGSTHERAPIE – Zurück zur Bewegungsfreude nach Verletzungen, Lahmheiten & Co

176 Seiten, 100 Bilder | ISBN 978-3-275-02209-0 | € 19,95 / € (A) 25,60